KB070812

High
Output
Management

하이 아웃풋 매니지먼트

앤드루 S. 그로브 지음 | 유정식 번역 및 감수

청림출판

새로운 시대, 생산성을 높이는 힘

거대한 변화

나는 이 책을 1983년에 처음 출간했다. 20년 동안 인텔에서 관리자로 일하면서 효과적으로 업무를 수행하는 데 도움이 되는 다양한 방법을 습득했고 그 결과를 이 책에 담았다. 내가 배운 방법은 관리업무의 기본적인 것으로 특히 중간관리자에게 필요한 내용이다. 그 후 시간이 꽤 흘렀지만 그 방법들 대부분이 여전히 유용하다고 생각한다. 관리의 기본은 변하지 않는다.

하지만 1980년대에 일어난 두 가지 중요한 사건이 관리자의 업무환경을 바꿔놓았고 그에 따라 나는 이 책의 서문을 새로 써야겠다고 생각했다. 두 가지 사건은 바로 메모리 분야에서 일본의 약진과 이메일의 출현이다.

이 두 가지 중요한 사건은 관리자에게 어떤 의미가 있을까?

모든 컴퓨터에 사용되는 가장 인기 있는 메모리인 DRAM(Dynamic Random Access Memories)을 생산하는 일본 기업은 1980년대에 완벽에 가까운 기술력에 도달했고, 메모리 시장을 개척해 초기 15년 동안을 독점했던 미국 기업과 어깨를 나란히 할 만한 생산능력을 뽐내기 시작했다. 또한 1980년대 중반은 퍼스널 컴퓨터 혁명이 일어났던 시기이기도 했다. 퍼스널 컴퓨터의 보급으로 메모리 수요가 증가했기 때문에 일본 DRAM 제조업체는 미국을 중심으로 형성된 기존 시장을 공략할 수 있었다. 모든 상황이 일본에 유리하게 돌아갔다.

내가 일하는 인텔은 일본 기업의 이러한 공습에 노출된 여러 기업 중 하나였다. 사실 인텔은 DRAM의 초기 생산업체 가운데 하나였고 처음에는 전체 메모리 시장을 독점하다시피 했다. 하지만 1980년대 중반이 되자 미국 업체뿐만 아니라 일본 기업의 거센 공격을 받아 시장점유율이 크게 하락했다. 일본 기업이 공격적인 가격 정책과 고품질을 무기로 공세를 펼치는 상황에서 인텔은 적자를 감수하면서까지 가격을 내려야 했다. 이렇게 발생한 손실 때문에 인텔은 매우 힘든 결정을 내려야 했다. 인텔은 회사 설립의 기본 비즈니스인 메모리에서 과감히 손을 떼고 가장 자신 있다고 생각했던 마이크로프로세서(microprocessor) 비즈니스로 전환했다.

이러한 비즈니스 전환이 이론적으로 매우 논리적이고 간단하다고 생각할지 모르지만, 실제로는 많은 직원을 이동 배치하고 해고해야 하며 여러 곳의 공장을 닫아야 한다는 의미였다. 쉽지 않은 일이었다. 그러나 경쟁업체의 거센 공격을 우리의 강점으로 돌파해야 한다는 것을 이미 알고 있었기에 큰 결정을 내렸다. 극심한 경쟁 상황에서 2등은 의미가 없다.

결과적으로 우리(인텔과 미국 반도체 산업)는 일본 기업의 맹공격을 이겨냈다. 인텔은 세계에서 가장 큰 반도체 기업으로 성장했고, 미국 반도체업체는 모든 면에서 일본 경쟁사보다 앞설 수 있었다. 하지만 되돌아보면 이런 일들은 세계화라는 거대한 파도의 전조에 불과했다.

세계화란 '비즈니스에는 국경이 없다'는 것을 의미한다. 자본과 아이디어만 있으면 지구의 어느 곳에서나 비즈니스를 펼칠 수 있다.

미국에 거주하는 상당수의 사람들은 높은 생활 수준을 누리고 있다. 미국의 상품과 서비스 시장은 세계에서 가장 크다. 그리고 최근까지 해외보다 미국 내에서 수요를 공급하는 것이 더 용이했다.

하지만 지금은 해외 시장이 미국 시장보다 빠르게 성장하고 있다. 그리고 미국 시장은 세계 어느 곳에서든 필요한 것들을 공급받을 수 있게 됐다. 예를 들어 나는 최근에 파타고니아(Patagonia, 남미의 지명이 아니라 의류 제조업체 이름)에서 고어텍스 재킷을 하나 구입했는데, 그것은 중국에서 만든 제품이었다. 미국의 브랜드와 기술(첨단 섬유제품은 미국에서 개발되었다)로 탄생한 고어텍스 재킷은 해외에 있는 하청업체가 파타고니아의 규격에 맞춰 생산하고 있다.

이 모든 상황의 파급효과는 명약관화하다. 만약 세계가 하나의 거대 시장처럼 움직인다면, 모든 직원은 동일한 일을 수행할 수 있는 세계의 모든 사람과 경쟁해야 한다. 매우 '절실'한 마음을 지닌 수많은 사람들과 말이다.

또 다른 파급효과 역시 예상할 수 있다. 제품과 서비스가 서로 차별성이 없어지면 경쟁우위(Competitive Advantage)는 '시간'에 의해 결정된다. 그렇기 때문에 이메일의 출현은 1980년대의 두 번째 중요한 사건이다.

일본의 DRAM이 거대한 조류의 첫 번째 파도이듯이, 이메일 또한 '정보흐름과 정보관리 기법의 혁명'을 알리는 첫 번째 징후다.

이메일의 보급은 매우 단순하지만 놀라운 두 가지 효과를 야기했다. 이메일은 며칠씩 걸리는 일을 단 몇 분으로 단축시켰고, 발신자는 많은 동료에게 메시지를 동시에 전달할 수 있게 되었다. 결과적으로 이메일을 사용하면서 과거보다 훨씬 더 많은 사람들이 보다 신속하게 업무를 파악하게 되어 비즈니스의 속도가 빨라졌다.

조금은 아이러니한 이야기를 하나 할까 한다. 1980년대에 무소불위의 경쟁력을 구가했던 일본 기업들이 빠르고 결단력 있게 움직일 수 있었던 이유는 그들의 독특한 사무실 환경 덕분이었다. 일본인은 관리자와 직원이 크고 긴 테이블에 모두 둘러앉는다. 각자 자신의 업무를 진행하다가도 정보 교환이 필요하면 같은 테이블에 모여 앉아 의견을 제시하는 것이다. 그래서 정보는 모든 직원에게 한 번에 신속하게 전달된다. 아이러니하게도 일본 기업은 직원들이 이런 방식으로 쉽게 소통할 수 있었기 때문에 결과적으로 이메일의 도입에 관심이 적었다.

이제 시계의 추는 다른 방향으로 움직이고 있다. 비즈니스가 전 세계를 무대로 삼아 확대되고, 시간이 핵심적인 경쟁 무기가 되어가면서 미국 기업은 일본 기업보다 유리한 고지를 점하게 되었다. 왜 그럴까? 일본 사무실에서 자연스럽게 행해지던 의사소통 방식이 '전자적인 방식'으로 대체되어 전 세계 직원에게 효과적으로 메시지를 전달하고 의견을 교환하기 때문이다.

이메일은 그저 첫 번째 파도일 뿐이다. 소리, 사진, 영화, 책, 금융 서비스 등 오늘날 모든 것들이 디지털로 모습을 바꾸고 있다. 그렇게 디지털화된 것들은 클릭 한 번으로 지구 어느 곳으로든 빠르게 전송된다.

이런 기술이 가져다준 결과를 가장 잘 보여주는 흥미로운 사례가 있다. 내가 알기에 우체국은 우편물의 90%를 자동으로 분류하지만 나머지 10%는 사람이 직접 주소를 입력해야 한다. 이런 작업으로 인한 비용을 줄이기 위해 우체국은 최근에 새로운 시스템을 도입했다. 판독이 불가능한 우편물 봉투를 디지털 사진으로 촬영하여 임금이 저렴한 지역에 전송하면 그곳의 직원이 디지털 이미지를 보고 주소를 입력한 다음 해당 우편집중국으로 그 정보를 전송하는 방식이다. 이것은 앞으로 세상을 아우를 트렌드의 시작에 불과하다.

이처럼 정보혁명은 업무 수행에 있어 안일함과 느슨함을 용납하지 않는다. 그렇기 때문에 우리가 던져야 할 질문은 바로 이것이다. "기업이 해야 할 일은 무엇이고 관리자가 해야 할 일은 무엇인가?"

새로운 환경과 경영

이 책이 누구를 대상으로 하는지 잠깐 언급하고 넘어가자. 나는 이 책을 조직에서 숨겨진 존재인 중간관리자가 읽기를 간절하게 바란다. 물론 업무 현장에서 일하는 직원과 회사의 CEO에게도 유용할 것이다. 모두 알다시피 직원을 대상으로 업무의 기본을 가르치는 교육 과정은 아주 많다. CEO와 임원을 위한 경영대학원(비즈니스 스쿨)도 많다. 하지만 두 집단 사이에는 일선 직원을 감독하거나, 엔지니어, 회계사, 영업 담당자 등으로 일하는 중간관리자라는 아주 큰 집단이 존재한다. 중간관리자는 규모가 좀 있는 모든 조직의 근육이자 뼈대임에도 불구하고, 위계에 있어 수평적인 조직이든 아니든 간에 종종 무시되고 있다. 우리 사회와 경제에 엄청나게 중요한 존재인데도 말이다.

중간관리자는 큰 조직에만 존재하는 것이 아니다. 사실 그들은 거의 모든 사업체에서 찾아볼 수 있다. 누군가 법률사무소에서 작은 세무 부서를 이끌고 있다면 그가 바로 중간관리자다. 학교 교장이거나 대리점의 점장, 혹은 소도시의 보험 중개인 역시 중간관리자다. 이들이 이 책의 초고를 읽으며 보여준 반응은 인텔이 아주 작은 조직에서 엄청나게 큰 기업으로 성장하면서 개발해낸 '관리 아이디어'를 널리 적용할 수 있다는 나의 생각을 확인시켜줬다.

누군가를 직접적으로 감독하지 않지만, 엄격히 말해 조직에 소속되지 않았다 해도 다른 사람의 업무에 영향을 미치는 사람 역시 중간관리자 그룹에 포함시켜야 한다. '노하우 관리자(know-how manager)'라고 불리는 그들은 지식과 기술의 원천으로서, 조직 구성원의 컨설턴트처럼 활동하는 스페셜리스트이자 전문가다. 그들이 바로 느슨하게 정의된 정보 네트워크상의 연결점인 셈이다. 교사, 시장조사 연구원, 컴퓨터 전문가, 교통 엔지니어는 감독의 권한을 행사하는 전통적인 의미의 관리자는 아니지만 자신의 노하우를 통해 타인의 업무에 영향을 끼친다. 그렇기 때문에 노하우 관리자를 중간관리자라고 부를 수 있는 것이다. 세계가 점차 정보 지향적이고 서비스 지향적으로 변화함에 따라 노하우 관리자는 중간관리자의 일원으로서 점차 중요성을 크게 인정받을 것이다. 그러니 우리는 노하우 관리자를 간과해서는 안 된다.

당신이 노하우 관리자이든 전통적인 관리자이든 기업은 세계화와 정보혁명의 영향권 안에서 운영될 수밖에 없다. 오늘날의 기업은 적응하거나 죽는 것, 이 두 가지 선택 외에는 없다. 우리의 눈앞에서 망해가는 기업도 있지만 현실에 적응하기 위해 애를 쓰는 기업도 있다. 수십 년 동안 잘 작동된 경영 방식은 이제 구시대의 유물이 되었다. '평생직장'이란 개념을 유지하던 기업도 이제는 한 번에 수만 명의 직원을 거리로 내몰고 있다. 불행히도 이런 현상은 모두 적응 과정의 일부다.

이런 기업의 모든 관리자는 새로운 환경에 적응해야 한다. 그렇다면 새로운 환경을 지배하는 규칙은 무엇인가? 첫째, 모든 것이 예전보다 더 빠르게 발생한다는 점이다. 둘째, 당신이 아니더라도 실현 가능한 것은 누군가에 의해 이루어질 것이라는 점이다. 정확히 말해, 이러한 변화는 예전보다 우리에게 우호적이지 않고 예측하기 어려운 업무환경으로 이어진다.

이런 업무환경에 놓인 관리자로서 당신은 '무질서에 대한 강한 인내심'을 가져야 한다. 무질서를 받아들이라는 말은 아니다. 그보다는 자신을 둘러싼 것을 질서 정연하게 만드는 데 최선을 다해야 한다. 나는 이 책에서 '브렉퍼스트 팩토리(Breakfast Company)'라는 가상기업을 등장시킴으로써 기름칠 잘 된 공장처럼 관리업무를 수행하는 것이 매우 이상적이라는 점을 강조하고자 한다. 하지만 관리자는 국내 혹은 세계적으로 벌어지는 인수합병의 혼돈을 이성적으로나 감정적으로 받아들일 준비를 해야 한다. 그리고 전에는 들어본 적이 없는 누군가가 개발한 신기술의 충격에 대비해야 한다.

당신은 관리자로서 불가능한 것을 시도하고 예상하지 못한 것을 예상하려고 노력해야 한다. 그리고 예상치 못한 것이 발생하면 그로 인한 무질서를 질서로 바꾸기 위해 더욱 노력해야 한다. 나는 '혼돈을 지배하라. 그러면 혼돈을 억제할 수 있다'를 하나의 모토로 삼고 있다.

많은 독자들이 이 책을 읽으면서 "내 생각은 다른데……"라고 느낄 것이다. 아마도 이렇게 생각할 것 같다. "인텔에서는 잘 돌아갈지 모르지만 우리 회사에서는 별로 효과가 없을 거야. 사장이 혼자 모든 결정을 내리는데, 뭐. 사장이 바뀌지 않는 한 이 책에서 말하는 어떤 것도 적용할 수 없어." 그러나 나는 책 내용의 대부분을 당신이 활용할 수 있을 것이라고 확신한다. 중간관리자는 자신이 관리하는 조직의 실질적인 '최고경영자(CEO)'다. 어떤 원리가 당신에게 매력적이라면 CEO의 지시가 있어야 도입하여 실행할 수 있다고 생각해서는 안 된다. 중간관리자는 작은 조직의 '마이크로 CEO'라고 말할 수 있다. 전사적인 도입과 실행이 없더라도 중간관리자는 적어도 자신이 관리하는 조직의 성과와 생산성을 향상시킬 수 있다.

이 책은 세 가지 기본적인 아이디어를 담고 있다. 첫 번째 아이디어는 '성과 지향의 관리'다. 인텔은 생산에서 사용되는 성과 지향의 원리와 방법을 관리자의 업무뿐만 아니라 조직의 다른 부문에도 적용하고 있다. 고도로 복잡한 실리콘 칩과 그런 칩으로 구성된 컴퓨터 제품을 제조하는 인텔은 현재 3만 명 이상의 직원이 일하고 있다(1995년 기준 ─ 옮긴이). 직원들 중 25%는 제품 생산에 직접 참여하고, 25%는 직원 관리 감독, 기계 유지 보수, 제조 공정 향상 등을 통해 생산에 간접적으로 기여한다. 또 25%는 생산계획 수립, 인사기록 관리, 대금 청구 및 결제 등의 행정업무를 수행하고, 나머지 25%는 신제품 디자인, 마케팅, 판매, 애프터서비스 등의 업무를 맡고 있다.

인텔을 설립하고 경영하면서 나는 반도체 칩을 제조하고, 청구서를 작성하고, 소프트웨어를 설계하고, 광고 카피를 만드는 모든 직원들이 넓은 의미에서는 결국 생산 활동에 참여한다는 것을 깨달았다. 또한 어떤 업무든 이런 기본적인 이해를 가지고 접근함으로써 생산의 원리와 방식이야말로 인텔을 체계적으로 관리하는 방법이라는 점을 깨달았다. 마치 재무 용어와 개념을 투자를 평가하고 관리하는 데 적용할 수 있는 것처럼 말이다.

두 번째 아이디어는 기업이든 정부기관이든 인간 활동의 대부분은 개인이 아니라 '팀'에 의해 수행된다는 것이다. 이 아이디어는 내가 이 책에서 가장 중요한 핵심 문구로 꼽는 하나의 문장으로 요약된다. 바로 '관리자의 성과는 그가 관리하고 영향력을 발휘하는 조직의 성과다'라는 문장이다. 여기서 한 가지 의문이 생긴다. 팀의 성과를 향상시키기 위해 관리자가 할 수 있는 일은 무엇인가? 신경 써야 하는 일이 매일 수없이 쌓여 있는 상황에서 관리자가 특별히 집중해야 할 일은 무엇인가? 이 질문에 답변하기 위해 나는 '관리 레버리지(managerial leverage)'란 개념을 제시한다. 이 말은 관리자가 팀의 성과 향상에 얼마나 영향력을 발휘하는지를 측정하는 용어다. 나는 관리의 생산성을 끌어올리려면 레버리지가 높은 과업을 선택하는 것이 중요하다고 생각한다.

팀 구성원들 개개인이 최고의 성과를 발휘해야만 팀이 잘 운영될 수 있다. 이것이 바로 이 책의 세 번째 아이디어다. 개개인이 최선을 다하도록 스포츠 선수들에게 동기를 부여하는 방법을 기업에도 적용할 수 있을까? 나는 충분히 가능하다고 생각한다. 그래서 이 책에서 나는 팀원의 성과 수준을 끌어올리고 유지시키는 데 필요한 '업무 관련 피드백(task-relevant feedback)'을 스포츠팀의 관점으로 바라봤다.

계획을 제아무리 많이 수립한들 앞에서 언급한 세계화와 정보혁명과 같은 변화를 예상할 수 없다는 것을 인정해야 한다. 그렇다고 해서 계획이 필요 없다는 뜻은 절대 아니다. 우리는 소방관들이 계획을 수립하는 방식을 배워야 한다. 다음에 화재가 어디에서 발생할지 예상할 수 없기 때문에 소방관은 일상적인 사건뿐만 아니라 예상치 못한 것에 대응할 수 있는 효과적이고 능력 있는 팀을 구성하는 데 주력한다.

기업이 변화에 능동적으로 대응하려면 관리의 계층구조가 단순해야 한다. 어느 누구에게라도 정보를 전달할 수 있는 이메일의 효과를 떠올리면 그 이유가 바로 이해될 것이다. 과거에 관리의 기본 중 하나였던 '정보 전달'은 더 이상 관리 기능의 중요한 요소가 아니다.

관리의 계층구조가 단순해지면 각 관리자는 10년 전보다 더 많은 직원을 관리하게 된다. 인텔의 관리 원칙 중 하나는 관리자와 직원 간의 '일대일 면담'이다. 상호 학습과 정보 교환이 무엇보다 중요하기 때문이다. 특정 문제와 상황을 논의하다 보면 관리자는 직원에게 자신의 기술과 지식을 가르치고 문제 해결의 접근 방법을 제안하게 된다. 동시에 직원은 그가 수행하는 일과 우려하는 것에 대한 상세한 정보를 관리자에게 알린다. 사실 일대일 면담을 준비하고 진행하려면 그만큼 시간이 소요된다. 바쁜 관리자에게 부담이 될 수밖에 없다.

그래도 일대일 면담은 필요하다. 하지만 직원 수가 다섯 명에서 열 명으로 늘어도 예전처럼 자주 일대일 면담을 할 수 있을까? 그렇지 않다. 그래도 그렇게 자주 해야 할까? 그럴 필요는 없다. 직원들은 10년 전보다 컴퓨터 네트워크를 통해 회사의 현재 상황을 더 잘 알고 있기 때문이다. 직원들은 최신 정보를 확보하는 데 있어 더 이상 관리자에게 의존하지 않는다. 관리자 역시 직원의 업무 상황을 파악하기 위해 일대일 면담에 힘을 들일 필요는 없다. 컴퓨터 스크린을 통해 직원이 입력한 업무 진척 사항을 살필 수 있기 때문이다.

사무실에서 테이블 주변에 앉아 있는 일본 직원을 떠올려보자. 이제 그들은 최신 정보를 얻기 위해 관리자를 직접 대면할 필요가 없다. 마주 앉아 논의해야 했던 관심 사항과 문제를 이제는 몇 분 안에 처리할 수 있기 때문이다. 관리자와 직원들은 전자적으로 만들어진 가상의 테이블에 앉아 이야기를 나눌 수 있게 됐다. 당신은 일대일 면담이 여전히 필요하다고 생각할지 모르겠다. 하지만 그 필요성은 내가 이 책을 처음 출간했을 때(1983년을 의미한다 — 옮긴이)보다 크게 줄어들었다. 결과적으로 관리자는 시간을 덜 들이고도 더 많은 직원을 다룰 수 있게 되었다.

경력 관리가 필요할 때

하지만 관리자는 CEO가 아니기 때문에 직원과 같은 입장일 수밖에 없다. 최근에 나는 중년 직장인의 실직 가능성이 1980년에 비해 두 배나 높아졌다는 기사를 읽은 적이 있다. 이러한 경향은 해를 거듭할수록 증가할 것이다.

당신이 어디에서 일하든지 간에 그저 단순한 직원이 아니라는 사실을 받아들여야 한다. 당신은 '나'라는 한 명의 직원을 둔 일종의 사업체다. 당신은 비슷한 업무를 담당하는 수많은 사람과 경쟁해야 한다. 세계로 시각을 넓히면, 당신의 일과 똑같은 업무를 훌륭히 수행하면서도 열의까지 더 높은 수많은 사람들이 존재한다. 지금은 회사에서 함께 업무를 수행하는 동료 직원들이 경쟁자로 보이겠지만, 사실 그들은 경쟁자가 결코 아니다. 당신 회사의 경쟁사에서 일하는 수천, 수십만, 수백만의 사람들이 당신의 경쟁자다. 그렇기 때문에 계속 일을 하려면 개인적인 경쟁우위를 확보해야 한다.

성장이 느리거나 도무지 성장할 수 없는 직업적 환경이라 해도 경쟁 대상이 없는 것은 아니다. 조직 내에서 수직 상승을 바라는 야심만만한 젊은 직원들이 있기 때문이다. 그들은 충분히 잘 해낼 자신감을 갖고 있지만 중간관리자가 버티고 있기에 실행에 옮기지 못할 뿐이다. 머지않아 CEO를 포함한 경영자는 업무를 충실히 수행하지만 젊은 직원의 승진을 가로막는 중간관리자를 계속 신임해야 하는지 선택의 기로에 설 것이다. 이러한 상황이 발생하지 않도록 해야 할 책임은 바로 중간관리자 자신에게 있다.

1980년대 중반 이전에 일했던 중간관리자에게 성공의 비결은 안정적이고 진취적인 기업에 입사하여 맡은 바 책임을 다하는 것이었다. 그러면 회사는 그에게 '평생직장'으로 보답했다. 그러나 이제는 아니다.

요약하면 세계화와 정보혁명이라는 상투적 표현이 중간관리자의 경력에 잠재적으로 치명적인 의미를 지니고 있다는 점이다. 애석하게도 아무도 중간관리자의 경력을 책임지지 않는다. 중간관리자 자신이 처음부터 끝까지 책임져야 한다. 매일 수백만 명의 사람과 경쟁해야 하고, 자신의 가치를 향상시켜야 하며, 자신의 경쟁우위를 확보하기 위해 늘 배우고 수용하며, 때로는 피할 줄도 알아야 한다. 필요하다면 다른 산업으로 이직하여 새로 시작할 수 있어야 한다. 여기서 핵심은 희생양이 되지 않으려면 중간관리자는 자신의 경력을 필히 관리해야 한다는 점이다.

내가 중간관리자에게 확실한 공식을 알려줄 수는 없다. 하지만 숙고해볼 만한 몇 가지 질문을 던질 수는 있다.

1. 관리자로서 진정한 가치를 창출하고 있는가, 아니면 단순한 정보전달자에 불과한가? 어떻게 더 많은 가치를 창출하는가? 부서 내에서 업무를 진정으로 향상시키는 방법을 지속적으로 탐색한다면 당신은 분명 관리자라고 할 만하다. 이 책의 핵심적인 요지는 바로 해당 부서의 성과가 바로 관리자의 성과라는 것이다. 원칙적으로 관리자는 하루 중 대부분의 시간을 자신의 책임하에 있는 직원의 성과와 그 가치를 향상시키는 데 써야 한다.

2. 주변에서 발생하는 일을 잘 알고 있는가? 회사 내부에서 일어나는 일뿐만 아니라 해당 산업 전체에서 벌어지는 일을 모두 꿰뚫고 있는가, 아니면 당신의 상사(경영자)나 타인이 어떤 일이 일어나는지 알려주기를 그저 기다리고 있는가? 당신은 다른 사람과 유기적으로 연결된 네트워크의 일원인가, 아니면 섬처럼 홀로 존재하는가?

3. 당신은 새로운 아이디어, 새로운 기법, 새로운 기술을 단순히 인지하는 수준에서 벗어나 직접적으로 시도하려 하는가, 아니면 그런 새로운 것들이 당신의 일터와 당신을 어떻게 변화시킬 수 있는지 누군가가 알려주기를 그저 기다리고 있는가?

나는 엔지니어로 훈련받은 사람이고 첨단기술 기업의 경영자라는 직책을 맡고 있다. 또한 나는 고객의 니즈를 충족시키기 위해 더 나은 제품과 서비스를 창출함과 동시에 생산성을 향상시키는 데 핵심적 역할을 수행하는, 미국에만 수백만 명이 존재하는 관리자 집단의 일원이기도 하다. 나는 낙천주의자라서 부를 창출하는 우리의 잠재력이 무한하다고 믿는다.

그러나 나는 사람들이 자신이 대처해야 할 변화를 항상 직시한다고 생각하지는 않는다. 그래서 나는 때로는 현실주의자가 돼야 한다고 생각한다. 당신은 급격한 변화에서 살아남은 후에야 낙천적으로 생각할 것이다. 생존의 열쇠는 더 많은 가치를 창출하는 법을 배우는 것이다. 이것이 내가 이 책을 통해 궁극적으로 말하고자 하는 바이다.

인텔에서 얻은 경험을 통해 나는 '생산 방법을 적용'하고 '관리 레버리지를 활용'하며 '최고 성과를 추구하는 운동선수의 욕망'을 직원들에게서 이끌어내면, 변호사, 교사, 엔지니어, 관리감독자, 도서 편집자 등 거의 모든 중간 관리자가 지금보다 더 생산적으로 일할 수 있다고 확신한다.

자, 이제 그 '공장'을 견학하기 위해 발걸음을 옮겨보자.

1995년 4월
앤드루 S. 그로브

High
Output
Management

차
례

이 책을 다시 펴내며 | 새로운 시대, 생산성을 높이는 힘 005
추천의 글 | 성과를 내는 관리자로 성장하는 법 026

PART 1
브렉퍼스트 팩토리 이야기

1장 | 생산의 기본 : 아침식사 만들기

제한단계 설정 040 | 생산 활동의 기본 유형 044
이상과 현실의 차이 046 | 가치 더하기 052

2장 | 브렉퍼스트 팩토리의 관리

적절한 지표 찾기 055 | 생산 과정을 구분해주는 블랙박스 059
미래의 결과물 조절하기 066 | 품질 보장하기 070
생산성을 향상하는 법 076

PART 2 ─────────────────────────

관리는 팀 게임이다

3장 | 관리업무의 레버리지

관리업무란 무엇인가 082 | 관리자의 실제 업무 086

관리 활동의 레버리지 096 | 관리 활동률 향상시키기 : 속도를 높여라 105

내재된 레버리지 : 직원은 몇 명이어야 하는가 109

업무 방해 : 관리업무의 고질병 111

4장 | 관리업무의 수단 : 회의

과정 지향 회의 116 | 미션 지향 회의 130

5장 | 의사결정

이상적인 모델 137 | 동료집단 신드롬 141

결과물을 내기 위한 노력 : 여섯 개의 질문 145

6장 | 내일의 결과물을 위한 오늘의 행동 : 계획

계획 과정 만들기 151 | 계획 과정의 결과물 158

목표를 통한 관리 : 일상업무에 계획 과정 적용하기 160

PART 3 ─────────────────────────
팀으로 이루어진 팀의 관리

7장 | 브렉퍼스트 팩토리의 성장
새로운 업무 방식이 필요하다 169

8장 | 하이브리드 조직
조직의 형태 173 | 하이브리드 조직의 특징 175

9장 | 이중보고
공장 경비원은 누구에게 보고해야 하나 184
하이브리드 조직을 돌아가게 만드는 방법 188 | 양면 조직 192

10장 | 통제의 방식
자유시장 체제의 원리 199 | 계약상의 의무 199 | 문화적 가치관 201
관리자의 역할 202 | 가장 적절한 통제 방식 203 | 업무의 통제 방식 206

PART 4 ─────────────────────────
플레이어

11장 | 스포츠에서 배우는 관리의 기법
생리적 욕구 216 | 안전 욕구 216 | 사회적 욕구 217 | 인정 욕구 219
자아실현 욕구 220 | 돈과 업무 관련 피드백 222 | 자아실현을 방해하는 실패
에 대한 두려움 225 | 자아실현 단계로 이끄는 방법 225

12장 | 업무 관련 성숙도에 따른 관리 기술

관리 스타일과 관리 레버리지 235 | 좋은 관리자가 되기란 쉽지 않다 237

13장 | 관리자의 가장 큰 역할 : 성과 평가

왜 문제인가 240 | 성과 평가하기 244 | 평가 결과 전달시 유의점 249
성과 평가를 잘 전달하기 위해 252 | 문제 해결의 단계 254
우수직원에 대한 평가 259 | 그 밖의 생각과 실천법 260

14장 | 가장 어려운 임무 : 면접과 퇴사 만류

면접을 볼 때 266 | 직원이 그만둘 때 274

15장 | 피드백을 통한 보상

성과급 체계 설계시 고려할 점 280 | 기본급 체계 방식 281
승진의 의미 283

16장 | 직원 교육이 관리자의 책임인 이유

누가 교육해야 하는가 288 | 나의 교육 방법 291

한 가지 더 296

감사의 글 | 이 책에 도움을 주신 분들 299

이 책을 옮기며 | 기술이 발전할수록 관리의 힘은 커진다 301

주석 305

성과를 내는 관리자로 성장하는 법

나는 이 책을 1995년에 처음 읽었다. 당시에는 기업가정신(entrepreneurship)을 가르쳐주는 블로그나 TED 동영상 같은 게 없었다. 사실 나처럼 창업을 하려는 사람을 위한 자료들이 거의 없던 시절이었다. 그래서 이 책은 출간되자마자 많은 사람들에게 사랑받았다. 뛰어난 경영자 가운데 이 책을 모르는 사람이 없었다. 최고의 벤처캐피탈리스트들은 이 책을 자신이 투자한 기업의 경영자에게 건네주었고, 실리콘밸리에서 성공하고 싶은 사람들은 책의 내용을 집어삼킬 듯 탐독했다. 인텔의 CEO가 기업가정신의 필수 기술인 '관리하는 법'을 가르쳐준다는 것에 우리 모두 놀라지 않을 수 없었다.

기술산업에서 최고의 기업인 인텔이 전하는 이 책의 메시지는 결코 사소한 것이 아니다. 인텔은 비즈니스 역사 속에서 가장 큰 변신에 성공한 기업이다. 설립된 지 10년 이상된 기업이 메모리 비즈니스에서 마이크로프로세서 비즈니스로 극적인 전환을 이루어냈던 것이다. 그 후 인텔은 전설적이라고 할 만큼 정밀하게 회사를 운영했고 수십억 달러를 자신 있게 투자할 만한 능력을 갖추었다. 당시에 훌륭한 운영 관리자를 채용하려면 인텔 주위를 맴돌아야 했다. 실리콘밸리의 최고 기업을 떠나고 싶은 사람을 발견하기란 행운에 가까웠지만.

앤드루 그로브는 그 자신이 입지전적인 인물이다. 그는 나치 점령하에 있다가 소련의 지배를 받던 헝가리의 유대인 가정에서 성장했다. 뉴욕으로 이주할 때 그는 영어를 한마디도 못했고 수중엔 돈 한 푼 없었다. 그는 언어적 열세를 극복하며 뉴욕시립대학교를 다녔고 UC버클리대학교에서 박사 학위를 취득했다. 영어가 모국어가 아닌 이민자는 페어차일드 반도체(Fairchild Semiconductor)에서 일하는 동안 '영어로' 반도체에 관한 한 교과서로 통하는 책을 썼다. 그 결과, 그는 인텔이 1968년에 설립되기 전부터 과학의 개척자로 인정받았고, 인텔을 그 시대의 영향력 있는 기술 기업으로 성장시키는 데 기여했다. 그 후 1997년에 〈타임(Time)〉은 불가능에 가까운 그의 성취를 인정하며 그를 '올해의 인물(Man of the Year)'로 선정했다.

이것이 부분적으로 이 책을 불세출의 역작이 되도록 만들었다. 아무것도 없는 상태에서 인텔을 경영할 수 있는 인재로 스스로 성장한 앤드루 그로브는 자신의 '마술'을 가르쳐주려고 본인의 일을 접기까지 했다. 전문 작가와 함께 책을 써도 되는데, 앤드루 그로브는 직접 이 책을 썼다. 이 얼마나 믿을 수 없는 선물인가?

이 책(1995년 버전)을 처음 본 순간을 잊을 수가 없다. 책표지는 인텔 로고 옆에 서 있는 앤드루 그로브였다. 지금껏 봤던 여느 CEO 사진과 달리, 앤드루는 정장을 입은 상태가 아니었다. 머리도 대충 빗은 듯했고, 팔짱을 끼고 위엄 있는 포즈를 취하지도 않았다. 게다가 일하다가 바로 사진을 찍은 것처럼 허리춤에 사원증을 매단 상태였다. 나는 깜짝 놀라서 정신이 멍할 정도였다. "사원증? 책표지 사진을 찍는다는데도 사원증을 빼놓지 않았다니!"

이제 와 생각하니 표지 사진은 완벽했다. 이 책을 읽으면 알게 되겠지만 앤드루 그로브는 본질을 중요하게 생각하는 사람이다. 그는 멋진 사진을 찍거나 자기 홍보를 하는 데 시간을 들이지 않았다. 사진에 혹하여 책을 사는 건 바보 같은 짓이라는 듯이. 그는 멋진 사진을 찍는 데 드는 시간을 책 쓰기에 사용했다. 그는 그저 교훈만을 전달하는 데 그치지 않았다. 표지 사진을 통해 논리적으로 감정적으로 연결된 방식으로 자신의 메시지를 표현했던 것이다. 당신은 이 책에서 그를 이해하게 될 것이고 그가 하고자 하는 말이 무엇인지 마음속 깊이 알게 될 것이다.

나는 1장의 제목을 보자마자 충격을 받았다. '생산의 기본 : 아침식사 만들기'라니! 흥미를 느꼈다. 반숙 달걀을 만드는 것이 교도소를 몇 개 지어야 하냐는 문제와 무슨 상관이 있지? 이 책은 우리에게 인간과 관련된 시스템을 다룰 때 적절한 시스템 설계가 중요하다는 기본적인 사실을 가르친다.

앤드루 그로브는 생산의 기본과 관련된 동일한 원리를 사용하여 사회를 어떻게 운영해야 하는지를 이해할 수 있게 보여준다. 그렇다고 더 많은 아이들을 교도소가 아니라 대학에 보내야 하고 교도소 대신 더 많은 학교를 지어야 한다고 주장하는 식은 아니다. 사실 그렇게 하면 역효과를 낳는다. 복잡한 시스템 문제를 규명하는 것과 문제를 해결하는 것은 완전히 별개의 사안이다. 물론 문제를 해결하는 것이 전적으로 중요한 일인데, 앤드루는 문제를 해결하는 데 필요한 여러 도구를 보여준다.

시간이 흐르면서 나는 이 책을 진정한 걸작이라고 생각하게 되었다. 그 이유는 이 책의 천재성을 적어도 세 가지 핵심으로 요약할 수 있기 때문이다.

첫째, 책 한 권으로도 설명이 부족한 개념을 단 한 문장으로 알기 쉽게 설명했다. 둘째, 이 책은 끊임없이 최신의 관리 아이디어를 소개하거나 오래된 개념에 새로운 통찰을 던져준다. 마지막으로 대부분의 경영서가 기본 역량을 가르치려고 하는 것과 달리, 이 책은 '훌륭해지는 법'을 가르친다.

앤드루 그로브는 관리를 다음과 같은 고전적인 방정식으로 소개한다.

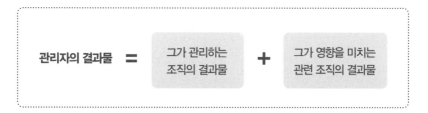

겉으로 보기엔 간단하지만, 그는 이 방정식을 통해 관리자와 개인적 기여

자(관리자가 아닌 직원을 말한다 — 옮긴이) 간의 본질적인 차이를 명확하게 표현하고 있다. 관리자의 스킬과 지식은 그것을 사용하여 직원이 더 많은 레버리지를 산출할 때만 가치가 있다. 관리자여, 당신은 어떻게 해야 자사 제품에 대한 입소문이 나는지 회사 내 어느 누구보다 잘 알고 있는가? 만약 당신이 그런 지식을 조직 구성원에게 효과적으로 전수할 수 없다면 그 지식은 아무런 가치가 없다. 관리자라면 응당 자기가 아는 바를 전수해야 한다. 당신이 얼마나 똑똑한지 혹은 얼마나 비즈니스를 잘 아는지가 팀의 성과와 결과물로 이어지지 않는다면 아무런 소용이 없다.

이러한 레버리지를 얻기 위한 '살아 있는 도구'로서 관리자는 앤드루 그로브의 이 말을 반드시 명심해야 한다.

> 어떤 사람이 일을 하지 않는 이유는 오직 두 가지뿐이다. 그 일을 할 수 없거나 하려고 하지 않는 것이다. 즉 능력이 없거나 동기가 없기 때문이다.

이 통찰은 관리자가 어디에 집중해야 하는지를 일러준다. 직원의 결과물을 향상시키기 위해 해야 할 일은 직원의 '동기를 높이는 것'과 그들을 '교육시키는 것'이다. 그것뿐이다.

앤드루 그로브는 설득력 있고 지혜로 충만한 문장을 통해 자신의 핵심 요점을 제시한다.

나는 어떤 결정이 현재의 격차를 줄이기 위한 방법인지 알아내고자 무진 애를 쓰는 사람들을 지금껏 너무나 많이 봤다. 하지만 현재의 격차는 과거의 어느 시점에 실패한 계획 때문이다.

다행히도 이 짧은 통찰의 가치는 젊은 독자에게 효과가 없지는 않다. 만약 당신이 제품을 개발한다면 개발 과정 초기에 쏟는 에너지는 열 배의 긍정적 효과가 있지만 그 과정의 끝부분에는 에너지를 쏟아봤자 오히려 열 배의 부정적 효과를 일으킨다는 점을 알아야만 한다.

이 책은 장 하나를 할애하여 자주 무시하곤 하지만 매우 중요한 관리 도구인 '회의'를 다루고 있다. 앤드루 그로브는 이 오래된 비즈니스의 원리를 새로운 시각으로 바라보게 해준다. 그는 '일대일 면담'을 실시하는 법부터 시작하여 회의의 중요성을 가르친다. 인텔의 CEO가 시간을 내어 일대일 면담을 실시하는 법을 설명하다니……. 가히 믿기가 어려울 정도다.

그 이유가 무엇일까? 일대일 면담은 '관리자와 직원' 관계의 기본적인 요소일 뿐만 아니라 관리자가 조직에 관한 지식과 정보를 얻을 수 있는 가장 좋은 원천이기 때문이다. 내 경험상 일대일 면담을 하지 않는 관리자는 조직에서 어떤 일이 벌어지는지 거의 알지 못한다.

　오늘날 여러 기술 기업을 방문하는 사람들은 그곳의 업무환경이 얼마나 자유분방한가를 자주 언급하지만, 왜 그렇게 하는지는 들어본 적이 별로 없다. 사실 많은 CEO가 왜 자신이 그런 트렌드를 따르는지 알지 못한다. 하지만 앤드루 그로브는 이를 완벽하게 설명한다.

　　인텔의 관리 스타일에 어리둥절해하던 기자가 어느 날 내게 물었다. "그로브 사장님, 인텔은 근무복장이 자유롭고, 사무실 대신 파티션을 쓰고, 간부 전용 주차구역 같은 특혜가 없던데, 지나친 가식 아닌가요?" 나는 그것이 가식이 아니라 생존이 걸린 문제라고 답했다. 인텔은 항상 지식의 힘이 강한 사람을 포지션이 높은 사람과 섞어놓음으로써 그들이 합심하여 회사에 오랫동안 영향을 미칠 결정을 내리게 한다.

　이런 방식으로 이 책은 복잡한 문제의 핵심에 빠르게 접근하도록 한다. 또한 이 책은 관리에서 가장 불쾌한 문제를 제기하고 다룬다. 앤드루 그로브는 관리자가 자신이 관리하는 직원과 친구 관계여야 하는지에 대해 질문을 던진다.

모든 사람들은 무엇이 프로다운 것이고 적절한 것인지를 결정해야 한다. 친구인 부하직원에게 성과 평가를 엄격하게 하는 상황을 상상함으로써 스스로를 실험해보라. 그런 상상을 하면 마음이 거북해지는가? 그러면 직장에서 친구를 만들지 마라. 아무런 느낌이 없다면 당신은 개인적 관계를 통해 업무 관계를 강화할 수 있을 것이다.

그는 그 과정을 세분화함으로써 어려운 것을 관리 가능하도록 만든다.

궁극적으로 이 책은 단순히 능력 있는 관리자가 아니라 전문가를 양성하는 데 힘을 집중하고 있다.

이것에 관한 대표적인 예가 '업무 관련 성숙도'를 다룬 장이다. 이 장의 내용은 개인적으로 내게 아주 의미가 있다. 내가 인터뷰 때 제일 유용하게 사용하는 질문을 고안해내는 데 큰 도움이 됐기 때문이다. "실무적인 관리자가 되는 게 좋을까요, 아니면 실무에는 관여하지 않는 관리자가 되는 게 더 나을까요?"

아주 단순한 질문처럼 보이지만 관리자의 95%는 자신이 취할 수 있는 방법에 대해 깊이 생각하지 않는 것 같다. 앤드루 그로브의 말처럼, 이 질문의 답은 그때그때 다르다. 구체적으로 말하면 관리해야 할 직원에 따라 다르다. 만약 직원이 업무에 미숙하다면 직접 챙겨야 한다. 직원이 좀 더 숙달되면 업무를 위임하는 방식이 타당하다.

앤드루는 이에 관해 훌륭한 사례를 제시한다.

> 그 직원은 일을 잘하지 못했다. 내 동료의 반응은 이랬다. "그 친구
> 는 실수를 통해 배워야 해. 그게 일을 배우는 방법이지!" 이때의 문제는
> 그 직원의 '교육비'를 고객이 부담한다는 것이다. 동료의 방법은 완전히
> 잘못된 것이다.

앤드루 그로브라는 사람이 누구인지 가장 잘 나타내는 장은 아마도 마지막 장인 '직원교육이 관리자의 책임인 이유'일 것이다. 이른바 '지식 경제(knowledge economy)' 분야의 관리자는 직원이 매우 똑똑해서 교육이 전혀 필요 없다고 믿곤 한다. 앤드루 그로브는 식당 예약전화를 받는 일처럼 상대적으로 간단한 업무를 충분히 교육받지 못한 직원으로 인해 고객이 얼마나 황당할 수밖에 없는지를 설명함으로써 관리자의 인식을 멋지게 바꿔준다. 그런 다음 그는 직원이 적절한 교육을 받지 못한다면 고객이 얼마나 '열 받을지' 상상해보라고 강하게 말한다. 마지막으로 그는 관리자가 직원의 결과물에 영향을 미칠 수 있는 방법은 두 가지뿐이라는 자신의 논지를 반복한다. 그것은 동기 부여와 교육이다. 관리자가 교육하지 않으면 할 일의 절반을 무시하는 것과 같다.

그 장을 읽는 내내 앤드루 그로브의 강한 열정을 느꼈다. 결국 그를 나타내는 가장 적확한 표현은 '그는 교사다'라는 문장일 것이다.

이 책을 읽고 여러 해가 지난 후에 앤드루 그로브를 처음으로 만났다. 그를 만나는 자리에서 나는 너무나 흥분한 나머지 내가 얼마나 이 책을 좋아하는지를 불쑥 말하고 말았다. 앤드루 그로브는 특유의 스타일로 되물었다. "왜죠?" 예상 못한 반응이었다. 나는 그가 "고맙습니다." 혹은 "그 말을 들으니 기쁘군요"라고 말할 줄 알았던 것이다. 하지만 그게 앤드루 그로브의 스타일이다. 그는 항상 누군가를 가르쳤고 '학생'들에게 더 많은 것을 항상 기대했으니까.

완전히 허를 찔린 나는 머릿속으로 재빨리 그럴 듯한 이유를 찾아내 이렇게 답했다. "제가 지금껏 읽은 모든 경제·경영 도서들은 사소한 것을 이야기하고 있는데 당신 책은 실질적인 문제를 다루고 있습니다." 이 말을 듣던 '마스터'는 부드러운 음성으로 차마 가치를 매길 수 없는 이야기를 들려주었다.

당신이 경제·경영서에 대해 말하다니 재밌네요. 저는 최근에 집에 있는 책꽂이에 공간이 더 이상 없다는 걸 알게 됐죠. 그래서 선택을 해야 했습니다. 책을 버려야 할지 아니면 더 큰 집을 사야 할지. 뭐, 그것은 그리 어려운 결정은 아니었지만 문제는 어떤 책을 버리느냐는 것이었죠. 저는 경제·경영서를 버려야겠다고 생각했습니다. 하지만 문제가 있었어요. 제가 가진 거의 모든 책들은 저자가 보내준 것이었고 감사인사와 함께 직접 사인까지 해준 것이었으니까요. 저는 책을 모두 버리고 싶지 않았습니다. 그래서 사인 받은 페이지를 오려내고 나머지는 버리기로 했죠. 덕분에 저는 사인 받은 페이지를 모은 묶음을 가지게 됐고 좋은 책을 보관할 공간을 확보했답니다.

나는 지금까지 이런 이야기를 해주는 사람을 만난 적이 없다. 특이하다 할 만큼 그는 사고와 성과를 위한 최고의 기준과 인간의 근원적인 믿음 사이에서 균형을 유지한다. 누가 책꽂이에 꽂아두기에 충분히 좋은 책이어야 한다는 높은 기준을 적용하면서 동시에 그 책을 읽기 바란 사람의 마음을 헤아려 사인 받은 페이지를 보관할까?

그 후 2001년에 앤드루 그로브를 다시 만났고, 투자자에게 자신의 비즈니스가 전혀 문제없다고 말해놓고서 최근에 실적 달성에 실패한 여러 CEO에 관해 질문했다. 인터넷 붐을 따라 급등하던 기업의 거품이 일순간 꺼져버렸을 때 나는 그렇게 많은 기업들이 그런 결과를 예측하지 못했다는 것에 놀라움을 감출 수 없었다. 앤드루 그로브는 내가 예상 못한 답변을 했다. "CEO는 항상 좋은 뉴스를 미리 알려주는 지표를 따라 행동합니다. 하지만 나쁜 뉴스일 때는 뒤늦게 알려주는 지표를 보고서야 행동하죠."

"왜 그렇죠?" 나는 물었다. 그는 책을 쓸 때의 문체로 이렇게 답했다. "위대한 것을 만들려면 낙관주의자가 되어야 합니다. 낙관주의자란 말의 정의는 '모든 사람이 불가능하다고 생각하는 것을 해내려고 노력하는 사람'이기 때문입니다. 낙관주의자는 결코 나쁜 뉴스를 미리 알려주는 지표에 귀를 기울이지 않습니다."

이런 통찰은 어떤 책에서도 나온 바가 없었다. 그래서 내가 이 주제에 대해 글을 써보라고 제안하니 그는 이렇게 답했다. "왜 제가 그래야 하죠? 인간의 본능을 따르지 않는 방법에 관해 글을 쓰는 건 시간 낭비일 겁니다. 마치 '피터의 법칙'(14장에 나오는 설명 참조 바란다 – 옮긴이)을 없애려고 하는 것과 같죠. CEO는 반드시 낙관주의자여야 하고 그러는 것이 전적으로 좋은 겁니다." 이것이 바로 앤드루 그로브다. 그는 놀라울 정도로 통찰력 있고 모든 사람의 모든 결점을 알아차린다. 하지만 그는 누구보다 인간의 잠재력을 믿는다. 아마도 이것이 그가 누군가를 더 나은 상태에 도달하도록 가르치는 데에 굉장히 많은 시간을 쏟은 이유일 것이다.

몇 년 동안 앤드루 그로브에게 배울 수 있었던 것은 영광스러운 경험이었다. 나는 모든 사람들이 이 책을 읽음으로써 나와 같은 경험을 갖기를 기대한다. 내가 지금껏 만난 가장 뛰어난 교사가 쓴 이 놀라운 책을 당신이 즐거운 마음으로 읽으리라 믿는다.

2015년
벤 호로비츠 Ben Horowitz

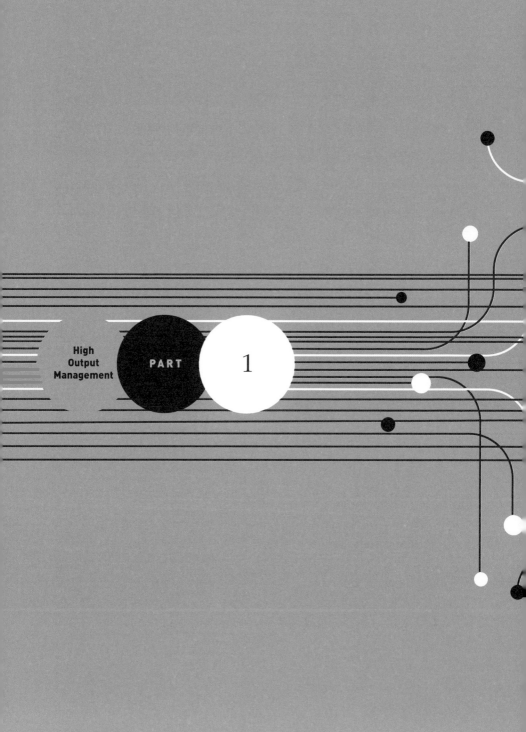

High
Output
Management

PART

1

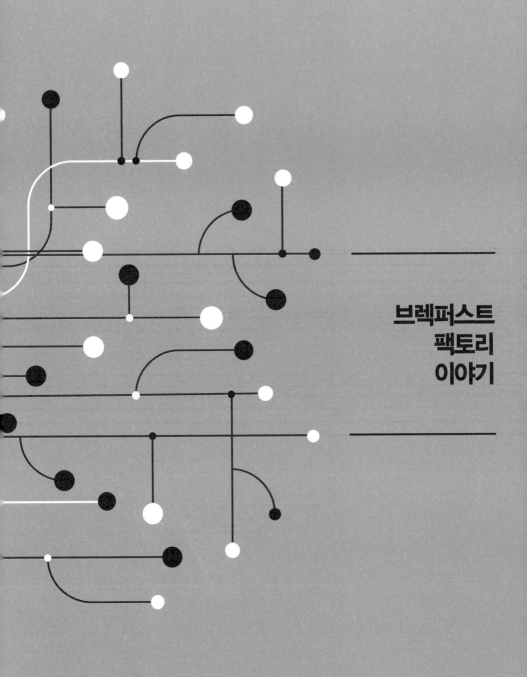

브렉퍼스트
팩토리
이야기

1장 High Output Management

생산의 기본
: 아침식사 만들기

제한단계 설정

생산의 기본을 이해하기 위해 우선 식당의 웨이터라고 가정해보자(대학 때 나는 아르바이트로 웨이터 일을 했다). 당신의 업무는 3분간 삶은 반숙 달걀과 버터를 바른 토스트에 커피를 곁들인 아침식사를 손님에게 제공하는 것이다. 항상 신선하고 따뜻한 상태로 이 세 가지 음식을 동시에 제공할 수 있도록 준비하는 것 또한 당신의 일이다.

이 업무는 생산의 기본적인 요건을 모두 포함하고 있다. 고객의 요구에 대응하기 위해 '예정된 시간'에 '최적의 품질'로 가능한 한 '가장 저렴한 가격'으로 제품을 생산하여 전달하는 과정이 바로 그렇다. 그렇다고 고객이 원하는 제품이 무엇이든 간에 그가 원하기만 하면 언제든지 제공할 수는 없는 노

40

릇이다. 그러려면 무한한 생산능력과 그에 따라 엄청난 규모의 재고가 필요하기 때문이다. 식당에 찾아온 손님은 자리에 앉는 순간부터 버터를 바른 따뜻한 토스트와 김이 모락모락 나는 커피와 함께 3분간 삶은 완벽한 반숙 달걀을 기대한다. 이러한 기대를 충족시키려면 당신은 손님이 언제 오더라도 곧바로 음식을 제공하도록 주방을 준비해두거나, 완벽하게 삶은 반숙 달걀, 버터를 바른 따뜻한 토스트, 커피를 미리 만들어두어야 한다. 그러나 두 가지 방법 모두 효율적이지 못하다.

생산자에게는 적절한 시간 안에 제품을 제공해야 하는 책임이 있다. 식당에서는 손님이 도착하고 5~10분 내에 식사를 가져다주어야 한다. 그리고 식당은 경쟁력 있는 가격으로 음식을 판매함으로써 비용을 충당하고 적절한 이익을 남겨야 한다. 어떻게 해야 가장 현명한 방법일까? 이 질문에 답을 찾으려면 생산 흐름을 먼저 살펴봐야 한다.

우리가 해야 할 첫 번째 일은 전체적으로 운영을 좌우하는 단계를 찾아내는 것이다. 이를 '제한단계(limiting step)'라고 부른다. 아침식사 제공이라는 운영 과정에서 어떤 음식을 준비하는 것이 가장 오래 걸릴까? 커피는 이미 주방에 끓여놓았고 토스트는 1분 정도 걸리기 때문에 준비 시간이 가장 오래 걸리는 것은 반숙 달걀이다. 그래서 식당은 달걀을 삶는 데 걸리는 시간을 중심으로 전체 업무를 계획해야 한다. 반숙 달걀은 준비하는 데 가장 오래 걸릴 뿐만 아니라 대부분의 손님이 아침식사의 가장 중요한 메뉴로 여기기 때문이다.

이때 해야 할 일을 그림으로 표현하면 다음과 같다. 손님이 앉아 있는 테이블에 식사를 가져다주는 시점에서 거꾸로 거슬러 올라가면 세 가지 메뉴를 모두 확실히 준비하는 데 걸리는 각각의 시간을 계산할 수 있다. 먼저 쟁반에 세 가지 음식을 모두 올리는 시간이 필요하다. 그 전에는 토스터에서 토스트를 꺼내고 주전자에서 커피를 따라야 하며 끓는 물에서 달걀을 꺼내야 한다. 이런 일을 해야 하는 시간에 달걀을 삶는 시간을 더하면 전체 과정의 소요시간이 산출된다. 이를 생산용어로 말하면 '총 가공시간(total throughput time)'이라고 한다.

이제 토스트로 눈을 돌려보자. 달걀을 삶는 시간을 기준으로 토스트를 구워낼 시간을 산정해야 한다. 마지막으로 토스트를 구워내는 시간을 기준으로 커피를 언제 컵에 따라야 하는지를 결정해야 한다. 핵심은 시간이 가장 오래 걸리는 단계(혹은 가장 어렵거나, 가장 민감하거나, 가장 비용이 많이 드는 단계)를

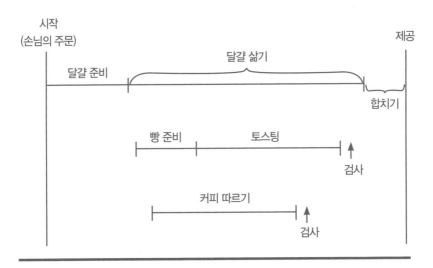

달걀 삶기가 제한단계가 된다.

기준으로 생산 흐름을 구성하는 것이다. 세 개의 단계가 언제 시작되어 언제 끝나는지를 주목하라. 가장 중요한 단계(달걀 삶는 데 걸리는 시간)를 중심으로 흐름을 계획하고 개별 가공시간에 따라 각 단계를 엇갈리게 배치했으니 말이다. 이렇게 엇갈리게 배치하는 것을 생산용어로 '오프셋(offset)한다'라고 한다.

제한단계라는 원리는 매우 폭넓게 적용할 수 있다. 인텔은 대학교 졸업생을 신입사원으로 채용한다. 몇몇 관리자가 대학교를 방문하여 졸업 예정자와의 면접을 거쳐 가능성 높은 지원자에게 본사를 방문해 면접을 볼 수 있는 기회를 준다. 이를 위해 인텔은 상당한 교통비를 기꺼이 부담한다. 그러면 여러 부문의 관리자와 엔지니어가 본사를 찾은 학생을 면밀하게 면접한다. 그런 다음 심사숙고하여 인텔에 필요한 능력을 가진 학생에게 입사를 제의하고, 이 제의를 받아들인 학생이 최종적으로 인텔에 입사한다.

생산의 기본 원리를 적용하려면 가장 비용이 많이 들고 관리자의 시간을 가장 많이 잡아먹는 단계, 즉 학생이 본사와 공장을 방문하여 면접을 보는 단계를 중심으로 '채용 흐름'을 설계해야 한다. 이 단계에서 최종 입사자 한 명당 소요되는 시간과 비용을 최소화하려면 본사로 와서 면접 보는 지원자 수 대비 '입사 제의를 수용하는 학생 수'를 증가시켜야 한다. 그래서 인텔은 본사에서 면접을 보라고 초청하기 전에 전화 인터뷰를 실시하여 부적격자를 미리 걸러낸다. 이 방법을 쓰면 돈을 절약할 수 있고, 본사 방문자 수 대비 입사 제의 수용자 수를 상당히 높일 수 있으며, 한 명을 채용하는 데 돈이 많이 드는 제한단계를 줄일 수 있다.

여기서 '타임 오프셋'의 원리 역시 찾아볼 수 있다. 학생들이 졸업하는 시점을 기준으로 거꾸로 거슬러 올라가면, 언제 대학 캠퍼스에서 1차 면접을 해야 하는지, 언제 전화 인터뷰로 부적격자를 걸러내야 하는지, 언제 본사(혹은 공장)에 초청해야 하는지 등 모든 단계가 졸업 시즌에 맞춰 적절하게 실행되도록 채용 담당자가 각 단계를 엇갈리게 배치할 수 있으니까 말이다.

생산 활동의 기본 유형

다른 생산 원리들도 아침식사 준비 과정 안에 숨어 있다. 아침식사를 제공하는 과정에는 다음과 같이 '생산 활동(production operation)'의 세 가지 기본 유형이 담겨 있다.

- **공정**(Process) : 달걀을 반숙으로 삶는 것처럼 무언가를 물리적으로 혹은 화학적으로 변화시키는 활동
- **조립**(Assembly) : 달걀, 토스트, 커피를 쟁반에 담아 아침식사를 구성하듯이 각기 다른 것을 함께 모아 새로운 것을 만드는 활동
- **검사**(Test) : 아침식사를 손님에게 제공하기 전에 커피는 김이 모락모락 피어오르는지 토스트는 연한 갈색으로 잘 구워졌는지 살펴보듯이 제품의 개별 구성 요소와 전체의 특성을 점검하는 활동

공정, 조립, 검사 활동은 생산성이 요구되는 전혀 다른 종류의 업무에도 바로 적용될 수 있다. 예를 들어, 신제품을 판매하기 위해 영업사원을 교육시키는 업무를 생각해보자. 이때도 생산 활동의 세 가지 유형을 쉽게 규명할

수 있다. 여기서 공정은 제품에 관한 엄청난 양의 기초자료를 영업사원이 쉽게 이해하도록 의미 있는 '판매 전략'으로 변환시키는 과정이라 말할 수 있다. 다양한 판매 전략을 조합하여 하나의 정연한 프로그램으로 만드는 것은 조립 활동에 해당된다. 이때 적절한 제품 판매 전략과 시장 데이터(경쟁력 있는 가격 설정과 가용성 등)를 브로슈어, 안내서, 플립 차트와 같은 영업자료로 만든다. 검사 활동은 선택된 일부 영업사원과 현장 영업 관리자가 그 자료를 가지고 가상고객을 대상으로 '예행 연습'을 실시하는 것이라고 말할 수 있다. 만약 예행 연습 과정에서 문제가 발견되면 가상고객이 제기한 문제점을 기초로 영업자료를 재작업(rework)해야 한다.

컴퓨터 소프트웨어에 있어 중요한 부분인 '컴파일러(compiler)' 개발의 경우에도 공정, 조립, 검사의 관점으로 바라볼 수 있다. 컴퓨터는 자신의 언어로 번역된 정보를 입력받을 때만 인간의 명령을 이해하여 수행한다. 컴파일러는 일종의 '번역기'로 컴퓨터가 자연어와 비슷한 용어와 문구로 쓰여진 프로그래밍 언어를 해석하도록 해준다. 컴파일러가 있으면 프로그래머는 컴퓨터가 정보를 처리하는 방식을 따를 필요 없이 인간에게 자연스러운 방법으로 프로그래밍할 수 있다. 기계가 자신의 방식으로 인간의 언어를 기계어로 번역하고 해석하는 것은 매우 대단한 일이다. 그렇기 때문에 컴파일러를 개발하려면 숙련되고 재능 있는 소프트웨어 엔지니어가 엄청난 노력을 기울여야 한다. 하지만 그 노력은 컴퓨터 사용을 단순하게 만들어준다는 점에서 매우 가치가 있다.

어떤 경우에서든 컴파일러를 구성하는 개별 요소를 개발하는 일은 일련의 공정 단계를 의미한다. 소프트웨어의 실질적인 작동 요소는 기본적인 설계 노하우와 세부 사양을 바탕으로 만들어진다. 각 요소는 '단위 검사(unit test)'라고 불리는 개별적인 검사를 거치는데, 검사를 통과하지 못하면 소프트웨어의 결함 부분은 '재작업'이라는 공정으로 다시 보내진다. 모든 요소가 각각 해당되는 단위 검사를 통과한 후에는 하나의 컴파일러로 '조립'한다. 그다음, 고객에게 완성품을 전달하기 전에 '시스템 검사(system test)'가 이루어진다. '타임 오프셋'도 이 과정에서 폭넓게 사용된다. 개별 생산 단계별로 가공 시간이 설정되어 있기 때문에 한 단계에서 다음 단계로 넘어가는 시점을 모두 사전에 계산하고 계획할 수 있다.

아침식사 준비, 대졸 신입사원 채용, 영업사원 교육, 컴파일러 디자인에는 서로 비슷한 점이 없는 것 같지만 이것들은 모두 특정 결과물을 생산하기 위해 기본적으로 동일한 흐름을 따른다.

이상과 현실의 차이

알다시피 현실은 이상과 달리 가시덤불로 가득하다. 체계적인 흐름도상에서는 아침식사 준비의 가용능력이 무한하다고 가정한다. 어느 누구도 아침식사를 준비하기 위해 달걀을 삶으면서 토스터와 주전자 사용을 기다리지 않아도 된다고 말이다. 하지만 그런 이상적인 상황은 존재하지 않는다. 만약 당신이 여러 명의 종업원 가운데 한 명이 되어 토스터를 사용할 차례를 기다리며 줄을 서 있다면 어떤 일이 벌어질까? 대기하는 상황에 맞춰 생산 흐름을 조정하지 않는다면 조리하는 데 3분이면 되던 달걀이 6분이나 걸리게 된다. 그렇기 때문에 토스터의 한정된 가용능력으로 인해 음식 준비의 흐름을 새로운 제한단계를 중심으로 재편해야 한다. 달걀은 여전히 아침식사라는 제품의 품질을 좌우하기 때문에 '타임 오프셋'은 변경되어야 한다.

　이러한 변화를 브렉퍼스트 팩토리의 생산 흐름에 반영할 수 있을까? 다음의 그림을 통해 아침식사가 담긴 쟁반을 손님 테이블에 가져다주는 시점을 기준으로 거꾸로 거슬러 올라가 생산 과정이 어떻게 영향을 받는지 살펴보자. 달걀의 조리 공정은 커피와 마찬가지로 그대로다. 하지만 토스터의 한정된 수용능력으로 인해 상당한 변화가 발생한다. 이제부터는 토스터를 기다리는 시간과 빵을 구워내는 시간을 감안해야 한다. 이 말은 전체 생산 과정이 다르게 인식되어야 한다는 뜻이다. 토스터의 가용능력이 제한단계가 되고 이를 중심으로 생산 흐름이 재편되어야 하기 때문이다.

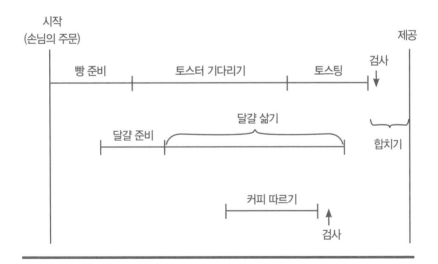

한정된 토스터의 가용능력 때문에 토스트를 만드는 것이 제한단계가 된다.

이제 상황을 좀 더 복잡하게 만들어보자. 만약 토스트를 만들기 위해 줄을 서 있는데 달걀을 삶아야 하는 시간이 된다면 어떻게 될까? 갈등이 되는 상황이지만 해소할 방법은 없다. 만약 당신이 레스토랑 관리자라면 달걀 담당 한 명, 토스트 담당 한 명, 커피 담당 한 명, 전체 관리감독자 한 명을 채용하여 각 직원을 '스페셜리스트'로 운영할지 모르겠다. 하지만 이런 인력 구성은 엄청난 '오버헤드(overhead, 제조간접비 – 옮긴이)'를 발생시키고 비용이 많이 드는 탓에 적용하기가 어렵다.

만약 당신이 웨이터라면 달걀 삶기를 시작하면서 뒤에 서 있는 다른 웨이터에게 부탁하여 토스터에 빵을 넣어달라고 부탁할 수 있지만 매번 다른 사람에게 의존해야 한다면 그 결과물이 일정하지 않을 가능성이 있다. 관리자로서 당신은 토스터를 하나 더 구매하여 문제를 해결할지 모르지만 그렇게 되면 값비싼 '자본설비(capital equipment)'를 추가하는 꼴이다. 물론 토스터를 계속 돌려서 따뜻한 토스트를 쌓아놓는 방법도 있다. 언제든지 토스트를 바로 쟁반에 담을 수 있으니까 말이다. 하지만 못 먹고 버리는 토스트가 발생하여 비용이 늘어난다. 하지만 관리자는 적어도 이런 해결책 구상을 통해 아침식사 제공에 있어 '장비의 가용능력, 인력, 재고'의 조정이 중요하다는 점을 인식하게 된다.

각각의 대안이 비용을 증가시키기 때문에 관리자는 자원을 배치하는 가장 '비용 효과적(cost-effective)'인 방법을 찾아야 한다. 어떠한 제품을 생산하든지 간에 이러한 최적화가 핵심이다. 어떠한 상황이든지 최소한의 비용으로 최단의 제공 시간과 최고의 품질을 얻을 수 있는 좋은 방법이 있다는 것을 명심하라. 좋은 방법을 찾으려면 장비의 가용능력, 인력, 재고 간의 트레이드 오프(trade-off, 둘 중 하나를 얻으려면 다른 하나를 희생해야 하는 상충관계에 있는 경우－옮긴이)를 명확하게 이해해야 한다. 그렇다고 정량적으로 이해할 필요는 없다. 토스터를 작동시키는 사람을 대상으로 스톱워치를 들고 '시간－동작 연구(time-and-motion study)'를 할 필요는 없다. 토스트 재고로 인한 비용과 추가된 토스터의 가용능력 간의 정밀한 트레이트 오프를 수학적으로 계산할 필요도 없다. 중요한 것은 생산 과정의 다양한 요소 간의 관계를 명확히 이해하는 사고방식이다.

이제 브렉퍼스트 팩토리를 대량의 아침식사를 생산하는 사업체로 한 단계 심화하여 생각해보자. 관리자인 당신은 먼저 연속적으로 달걀을 삶아내는 장비(연속 달걀 조리기)를 구매하여 3분 안에 완벽하게 반숙으로 삶은 달걀을 안정적으로 만들어내게 한다. 이 기계의 모양은 다음의 그림과 같을 것이다.

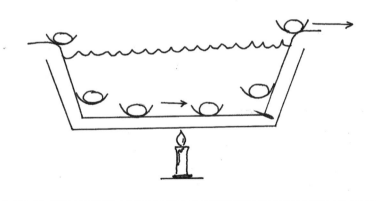

연속 달걀 조리기 : 3분간 삶은 달걀을 지속적으로 공급하는 장치

이제부터 이 비즈니스는 '3분간 삶은 달걀'에 대한 높고 안정적인 수요가 존재한다고 가정한다는 점에 주목하라. 즉 자동화 장비가 유연하게 대처하지 못하기 때문에 '4분간 삶은 달걀'은 비록 고객의 요구가 있더라도 즉각 생산하지 못한다. 둘째, 연속 달걀 조리기의 생산량을 '연속 토스터(토스트를 연속적으로 만들어내는 장비 – 옮긴이)'의 생산량과 맞춰야 하고, 각 장비를 운용하고 제품을 운반하는 전문화된 인력과도 조화를 이루어야 한다. 고객의 주문과 상황에 맞춰 아침식사를 제공하던 유연성을 포기하고 '연속 운영(continuous operation)'을 선택했기 때문이다. 그래서 고객은 브렉퍼스트 팩토리의 새로운 상황을 받아들일 용의가 있다면 좀 더 싼 가격에 좀 더 균일한 제품 품질을 얻는다는 것으로 자신의 기대치를 수정해야 한다.

하지만 '연속 운영'이 비용 절감과 품질 개선을 항상 보장하지는 않는다. 만약 연속 달걀 조리기가 고장난 것을 아무도 몰라서 물의 온도가 최적조건을 벗어난다면 어떤 일이 벌어질까? '재공품(work-in-process, 제조 공정 중에 있는 미완성 제품 – 옮긴이)'인 조리기 내의 모든 달걀과 고장이 발생된 줄도 모르고 산출된 달걀은 아무런 쓸모가 없다. 그때 만들어진 토스트는 같이 제공될 달걀이 없기 때문에 역시나 버릴 수밖에 없다. 어떻게 해야 이러한 고장 리스크를 최소화할까? '기능 검사(functional test)'를 수행하는 것이 한 가지 방법이다. 가끔씩 달걀을 꺼내어 품질을 검사하는 것이다. 하지만 그렇게 하면 검사용 달걀을 폐기할 수밖에 없다(이 또한 비용이다 – 옮긴이). 두 번째 방법은 '공정 중 검사(in-process inspection)'로서 여러 가지 형태로 실시될 수 있다. 예를 든다면 단순하게 온도계를 물에 집어넣어 온도를 자주 체크하는 것이다. 만약 항상 온도계를 점검하는 사람을 고용하기 싫다면, 1~2도 정도의 온도 변화가 감지될 때마다 벨을 울리는 전자장치를 연결할 수도 있을 것이다. 여기서 중요한 것은 제품을 망가뜨리는 방식의 검사가 아니라 가능한 한 '공정 중 검사'를 택해야 한다는 점이다.

연속 달걀 조리기에서 문제가 발생할 수 있는 또 다른 경우는 무엇이 있을까? 달걀 껍데기가 깨졌거나 달걀이 상한 경우도 문제고, 크기가 너무 크거나 작아도 조리 시간에 영향을 미치기 때문에 문제가 된다. 이런 문제를 피하기 위해서 당신은 입고되는 시점에 달걀을 살펴보고자 할 텐데 이를 '입고 검사(incoming test)' 혹은 '인수 검사(receiving test)'라고 부른다. 만약 어떤 이유로 달걀 상태가 좋지 않다면 달걀을 납품업체로 돌려보내면 그만이겠지만, 그러면 사용할 달걀이 없기 때문에 아무 일도 못한다. 이런 경우에 대비하려면 '원자재 재고(raw material inventory)'가 필요할 것이다. 하지만 재고 규모는 얼마나 커야 할까? 이때 적용 가능한 원리는 바로 새로운 원자재를 공급받기 전까지 사용할 물량을 충분히 충당할 수 있는 정도로 설정해야 한다는 것이다. 이 말은 달걀 납품업자가 하루에 한 번 납품을 한다면 원활한 생산을 유지하기 위해 하루 분량의 재고를 가져야 한다는 뜻이다. 하지만 재고를 보유하려면 돈이 들기 때문에 재고 보유에 따른 이득과 비용을 잘 따져봐야 한다. 원자재 비용과 금리뿐만 아니라 '기회 리스크(opportunity at risk)'를 측정하는 데 신경 써야 한다. 하루 동안 연속 달걀 조리기를 꺼야 한다면 그 비용은 얼마일까? 그 결과 얼마나 많은 고객을 잃게 될까? 잃어버린 고객을 다시 끌어 들이려면 그 비용은 또 얼마나 될까? 이러한 질문이 기회 리스크가 무엇인지 알게 해준다.

가치 더하기

모든 생산 흐름은 기본적인 특징 하나를 가지고 있다. 바로 재료들이 공정을 거치면서 더 많은 가치를 갖게 된다는 점이다. 삶은 달걀은 날달걀보다 더 가치 있고, 완벽하게 구성된 아침식사는 각 구성 부분보다 더 가치 있으며, 최종적으로 고객 앞에 마련된 아침식사는 그보다 더 가치가 있다. 아침식사가 차려진 테이블은 고객이 '앤드루의 맛있는 아침식사'라는 간판을 보고 주차장 안으로 들어올 때 기대하는 가치를 담고 있다. 마찬가지로 완성된 컴파일러는 의미 분석, 코드 추출, 실행 시간 등과 같은 구성요소보다 더 가치 있고, 인텔에게 입사를 제의하고픈 대학 졸업생은 처음에 캠퍼스에서 만나 아무런 질문을 하지 않은 대학생보다 더 가치 있다.

기본적으로 항상 주의를 기울여야 할 것은 가능한 한 '최저 가치(the lowest-value)' 단계에서 생산 과정의 문제를 감지하고 해결해야 한다는 점이다. 따라서 상한 달걀을 고객에게 제공되었을 때가 아니라 납품받을 때 알아내어 반품해야 한다. 마찬가지로 입사 희망자가 본사를 방문하기 전인 캠퍼스 면접 때 부적격자를 미리 탈락시켜야 한다. 그래야 본사 방문 경비를 절약할 수 있고 지원자와 면접관 모두의 시간을 아낄 수 있다. 또한 완성된 컴파일러를 검사하여 문제를 발견하기보다 컴파일러를 구성하는 각 단위를 검사하는 과정에서 성능 문제를 미리 발견하도록 노력해야 한다.

마지막으로 이상하게 들릴지 모르겠지만 범죄자를 체포하여 교도소에 수감하는 것을 일종의 생산 과정이라고 가정하고 형사 처벌 시스템을 살펴보자. 생산 과정은 범죄 행위가 경찰에게 접수되고 경찰이 이에 대응하면서 시작된다. 많은 경우 몇 가지 질문을 던지고 나면 추가적인 조치가 필요하지 않다. 하지만 필요하다고 판단되면 두 번째 단계인 면밀한 수사가 진행된다. 하지만 이때 증거 부족이나 고소 취하 등으로 종결되는 경우가 있다. 만약 다음 단계로 사건을 진행시킬 수 있다면 용의자가 체포될 것이다. 경찰은 기소를 위해서 목격자를 찾아내려 한다. 물론 기소하더라도 증거 불충분으로 기소가 기각되는 경우도 있다. 기소가 진행된다면 그다음 단계는 재판이다. 그런데 용의자가 무죄로 판명 나는 경우도 있고 소송이 기각되는 경우도 있다. 하지만 유죄가 확정되면 판결 선고와 항소 및 상고로 이어진다. 어떨 때는 유죄로 판명된 자에게 집행유예와 보호감찰의 형이 주어지고, 또 어떨 때는 항소심에서 판결이 뒤집어지기도 한다. 이런 과정을 모두 통과하면 최종 단계는 죄수를 교도소에 수감하는 것이다.

만약 각 단계로 진행되는 비율과 관련 비용을 논리적으로 추측한다면 놀라운 결론에 도달하고 만다. 한 사람의 범죄자를 체포하여 교도소로 보내는 데 드는 사회적 비용을 산출하면 100만 달러가 족히 넘는다. 그 이유는 체포된 용의자들 중 실제로 교도소에 수감되는 자의 비율이 아주 적기 때문이다. 교도소가 죄수로 넘쳐나고 감방이 부족하기 때문에 상당수의 범죄자들이 징역을 짧게 살거나 징역형을 받지 않고 집행유예와 같은 형을 받는다. 이것은 생산의 기본 원리를 위반하는 엄청나게 값비싼 트레이드 오프다. 이때의 제한단계는 '유죄판결을 받는 단계'다. 감방 하나를 만드는 데 8만 달러가 들고, 죄수 한 명을 1년 동안 수감하는 데 드는 비용은 1~2만 달러 정도다. 이 비용은 범죄자를 교도소까지 보내는 데 드는 100만 달러에 비하면 적은 금액이다. 감방을 만드는 데 드는 8만 달러가 부족해서 100만 달러가 넘는 돈을 부담한다는 것은 우리 사회가 형사 처벌 시스템에 투자한 돈을 잘못 사용하는 것이다. 그리고 이런 일이 발생하는 이유는 전체 과정을 제한하는 단계(즉 제한단계)를 '비어 있는 감방의 수'라고 잘못 알고 있기 때문이다.

브렉퍼스트 팩토리의
관리

적절한 지표 찾기

당신이 제공하는 아침식사를 좋아하는 여러 고객과 우호적인 은행의 도움에 힘입어 토스트, 커피, 달걀이라는 특화된 생산 라인을 보유한 브렉퍼스트 팩토리가 문을 열었다. 브렉퍼스트 팩토리의 관리자로서 당신은 직원을 채용하고 여러 대의 자동화 장비를 잘 갖춰놓았다. 하지만 운영을 잘 하려면 좋은 지표(indicator 혹은 measurement)가 필요할 것이다. 물론 당신의 결과물(output)은 더 이상 당신이 개인적으로 만드는 아침식사가 아니라 브렉퍼스트 팩토리가 제공하는 모든 아침식사, 창출되는 이익, 고객만족 등으로 바뀐다. 이러한 결과물이 어떤 수준인지, 어느 정도인지 파악하려면 여러 개의 지표가 필요하다. 효율을 높이고 더 많은 결과물을 얻기 위해서 당신에겐 보다 많은 지표가 필요할지도 모른다. 선택 가능한 지표의 수는 무수히 많지만 그런 지표가 가치를 발휘하려면 당신은 특정한 운영 목표에 초점을 맞춘 지표를 선택해야 한다.

브렉퍼스트 팩토리의 관리자로서 당신은 매일의 생산 목표를 달성하기 위해 다섯 개의 지표를 설정해야 한다고 가정하자. 그 다섯 개는 무엇일까? 다시 말해, 당신이 매일 아침 사무실에 도착하자마자 확인하길 바라는 다섯 가지 정보는 무엇일까?

나라면 다섯 개를 이렇게 정하겠다. 첫 번째는 당일의 '판매 예측치(sales forecast)'다. 얼마나 많은 아침식사를 판매하기로 계획을 세워야 할까? 예측의 신뢰도를 평가하기 위해서 아마도 당신은 어제 판매하기로 계획했던 양과 실제로 어제 판매한 양을 알고자 할 것이다. 다시 말해 아침식사 판매 계획과 실제 판매 간의 차이(variance)가 궁금할 것이다. 두 번째 핵심 지표는 '원자재 재고'다. 오늘 하루 팩토리를 운영하기에 충분한 달걀과 빵, 커피를 보유하고 있는가? 재고가 너무 적다면 추가 주문을 넣어야 하고, 재고가 너무 많다면 오늘 넣기로 한 달걀 주문은 취소해야 한다.

또 하나의 중요한 지표는 '장비(equipment)'의 상태다. 어제 어딘가가 고장이 났다면 오늘의 판매 예측치 달성을 위해 장비를 수리하거나 생산 라인을 재배치해야 한다. 또한 당신은 '인력(manpower)'의 현 상황을 점검해야 한다. 만약 두 명의 웨이터가 병가 중이라면 계획된 판매량을 맞추기 위해 무언가를 강구해야 할 것이다. 임시로 아르바이트 직원을 고용해야 할까? 아니면 토스터 담당직원을 웨이터 자리에 배치할 것인가?

마지막으로, 당신은 '품질(quality)'에 관련된 지표를 설정해야 할 것이다.

각 웨이터가 제공하는 아침식사의 수를 모니터링하는 것으로는 충분하지 않다. 왜냐하면 웨이터가 기록적으로 많은 아침식사를 서비스했더라도 그가 손님에게 무례하게 굴었을지도 모르기 때문이다. 이 비즈니스는 당신이 판매하는 것을 원하는 사람들, 즉 고객에게 의존하고 있기 때문에 서비스에 대한 고객의 의견에 관심을 가져야 한다. 그 일환으로 계산대 옆에 '고객 의견함'을 설치해야 한다. 어제 웨이터 중 한 명에게 통상적인 수보다 많은 불만이 제기됐다면, 그가 출근하자마자 그 이야기부터 꺼내야 한다.

이 모든 지표들은 브렉퍼스트 팩토리 운영에 필수적인 요소다. 매일 이 지표들을 일찌감치 점검한다면 일과 중에 심각한 문제로 심화하기 전에 대책을 강구할 수 있을 것이다.

지표들은 각각이 모니터링되는 방향으로 관리자의 관심을 집중시키는 경향이 있다. 마치 자전거 타기와 비슷하다. 바라보는 곳으로 자전거가 향하는 것처럼 말이다. 예를 들어, 재고 수준을 주의 깊게 측정하기 시작하면 재고량을 낮추려는 방향으로 행동하기 쉬운데, 어느 정도까지는 바람직한 조치라고 볼 수 있다. 하지만 재고 수준이 너무 낮아져서 수요의 증가에 대응할 수 없는 부작용이 생길지도 모른다. 지표가 행동을 유도하는 경향이 있기 때문에 관리자는 지표에 과도하게 반응하지 않도록 주의를 기울여야 한다. 이를 해결하는 방법은 서로 반대되는 지표를 '짝지어' 측정하는 것이다. 재고를 예로 든다면, '재고 수준(inventory level)'이란 지표와 '부족 빈도(incidence of shortage)'란 지표를 모두 살펴볼 필요가 있다. 부족 빈도가 상승하면 재고가 너무 낮아지지 않도록 필요한 조치를 취할 수 있을 것이다.

이런 원리는 인텔에서 컴파일러를 개발할 때 여러 번 사용했다. 각 소프트웨어 유닛의 '성능'과 '완료일'을 동시에 판단하는 것이 하나의 예다. 이 두 개의 지표를 동시에 관찰함으로써 관리자는 완성될 가능성이 거의 없는 이상적인 수준의 컴파일러를 만들려는 무리수와 성능이 모자란 컴파일러를 서둘러 완성하려는 조급함을 피할 수 있다. '서로 짝지은 지표들'을 모니터링하면 최적의 결정을 내릴 수 있다.

단일 지표와 '짝지은 지표'는 행정업무를 수행할 때 무엇보다 유용하다. 인텔은 지난 몇 년 동안 행정업무의 생산성을 향상시키는 핵심 도구로 지표를 잘 활용했기 때문에 이런 결론에 도달할 수 있었다. 첫 번째 원칙은 어떤 지표든 없는 것보다 낫다는 것이다. 그러나 지표가 실질적인 효과를 발휘하려면 단순히 업무 활동 자체가 아니라 업무의 결과물을 측정해야 한다. 영업사원이 그가 수주한 주문으로 평가받지 그가 한 전화통화로 평가받지 않는 것처럼 말이다.

좋은 지표를 설정하는 두 번째 조건은 그것이 손에 잡히는 것(physical)이고 계량적(countable)이어야 한다는 것이다. 행정업무의 결과물을 효과적으로 측정하는 지표의 예는 다음과 같다.

행정 기능	업무 결과물 지표
외상 매입	처리한 전표 수
건물 유지관리	청소가 완료된 사무실 면적
고객 서비스	입력된 주문 수
데이터 입력	처리된 거래 수
채용	채용된 사람 수(채용 유형별)
재고 관리	창고에 관리 중인 아이템 수

여기에 나열한 지표들은 모두 정량적인 결과물 지표이기 때문에 업무의 질적인 측면을 다루는 지표와 짝을 이루어야 한다. 따라서 외상 매입의 '처리한 전표 수'란 지표는 '감사 부서나 공급업체에 의해 발견된 오류 수'라는 지표와 짝을 이루어야 한다. 그리고 '청소가 완료된 사무실 면적'이란 지표는 해당 빌딩 안에서 사무실을 사용 중인 '고위관리자의 평가(객관적이면서 동시에 주관적인)'와 짝을 지어야 한다.

이러한 지표는 여러 가지 쓸모가 있다. 첫째, 개인이나 집단의 목적이 무엇인지 아주 분명하게 보여준다. 둘째, 행정 기능을 측정할 때 객관적인 타당성을 제공한다. 셋째, 동일한 기능을 수행하는 행정 부서들을 서로 비교할 수 있도록 측정 방법을 알려준다. 지표를 통해 주요 빌딩의 건물 유지관리 부서의 성과를 다른 빌딩의 건물 유지관리 부서의 성과와 비교할 수 있는 것이다. 실제로 여러 가지 지표가 설정되면 경쟁의식이 생겨나고 일하고자 하는 동기를 자극하는 효과가 발생한다. 그리고 그에 따라 성과가 향상된다. 이에 대한 자세한 내용은 나중에 스포츠 경기에 빗대어 설명할 것이다.

생산 과정을 구분해주는 블랙박스

브렉퍼스트 팩토리는 다음 그림과 같이 식재료가 투입물이 되어 웨이터, 보조원, 관리자의 노동력에 의해 아침식사라는 결과물을 내어놓는 블랙박스와 같다고 볼 수 있다.

일반적으로 생산 과정과 유사한 활동이라면 무엇이든 블랙박스로 단순

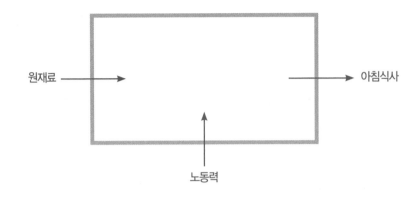

원재료 →

노동력

아침식사

블랙박스의 개념으로 본 브렉퍼스트 팩토리

하게 표현할 수 있다. 대학 캠퍼스에 찾아가서 신입사원을 뽑는 과정도 블랙 박스로 나타낼 수 있는데, 이때의 투입물은 '캠퍼스 면접에 지원한 학생'이 되고, 결과물은 '입사 제의를 수용한 졸업생'이 된다. 그리고 노동력은 캠퍼 스 면접을 진행하는 면접관, 본사 면접에 면접관으로 참여하는 관리자와 엔 지니어가 된다. 마찬가지로 현장 영업사원을 대상으로 한 교육도 블랙박스 로 그릴 수 있다. 투입물은 '제품 성능에 관한 기초 자료'이고 결과물은 '훈련 된 영업사원'이다. 이 경우 노동력은 기초 자료를 유용한 영업 도구로 만드 는 데 참여하고 그렇게 만들어진 도구를 현장 영업사원이 활용하도록 훈련 시킨 마케팅 및 머천다이징 직원이 된다. 전부는 아니지만 대부분의 행정업 무도 블랙박스로 표현할 수 있다. 고객에게 청구서를 보내는 업무를 수행하 는 부서의 경우, 구매 물품, 가격, 출고 기록 등 '고객에 관한 정보'가 투입물 이 되고 대금을 지불하도록 고객에게 발송하는 '최종 청구서'가 결과물이 된다. 그리고 관련된 모든 직원의 업무를 노동력으로 간주하면 된다.

이처럼 블랙박스는 생산 과정에서 투입물, 결과물, 노동력이 무엇인지 잘 구분해준다. 생산 과정을 운영하는 능력을 향상시키려면 블랙박스에 몇 개의 창(window)을 만들어서 내부가 어떻게 돌아가는지를 살펴야 한다.[1] 아래의 그림처럼 창을 통해 들여다보면 어떤 생산 과정이든 내부의 진행 상황을 더 잘 이해하고 향후의 결과물이 어떠할지 잘 가늠할 수 있다.

'선행지표(leading indicator)'는 블랙박스 내부를 들여다보는 도구로서 미래가 어떤 양상일지를 미리 알려준다. 그리고 선행지표를 활용하면 수정 조치를 취할 수 있는 시간적 여유를 확보할 수 있기 때문에 사전에 문제를 제거할 수 있다. 물론 선행지표로 도움을 받으려면 그것의 유용함을 반드시 믿어야 한다. 당연한 말처럼 들리지만 업무 현장에서 신뢰는 말처럼 쉬운 일이

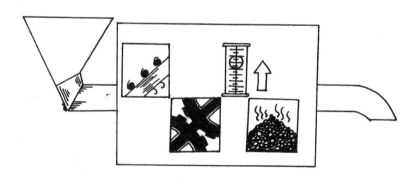

블랙박스의 창을 통해 내부를 들여다보면 미래의 결과물을 가늠할 수 있다.

아니다. 문제가 존재한다는 확신이 들지 않은 상태에서 비용이 많이 드는 사전 조치를 취하기는 어렵기 때문이다. 하지만 선행지표가 알려주는 방향에 따라 행동하려는 준비를 갖추지 않으면 모니터링하는 동안 불안감만 가중될 것이다. 그렇기 때문에 지표는 믿을 수 있는 것이어야 하고 그래야 경고 신호가 발발하면 언제든지 대처할 수 있을 것이다.

선행지표는 장비 고장 시간부터 고객만족지표에 이르기까지 브렉퍼스트 팩토리를 운영하는 데 필요한 매일의 모니터링 사항을 포함한다. 이 두 가지 모니터링 결과는 운영 시간 내 장차 문제가 발생할 것인지, 아닌지의 여부를 알려준다. '선형지표(linearity indicator)'는 블랙박스 위에 만들 수 있는 창의 일반적인 형태다. 아래의 그림은 대학 졸업생 채용 과정을 나타낸다.

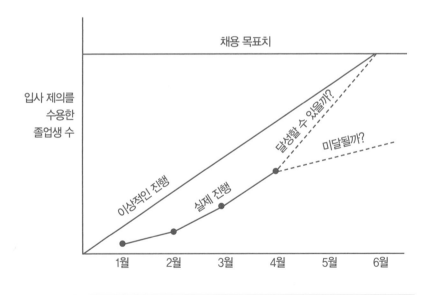

선형지표는 목표를 달성할 수 없을 경우 미리 경고를 해줄 수 있다.

이 그림에 찍힌 점들은 월별로 입사 제의를 수용한 대학 졸업생의 수를 나타낸다. 만약 진행상황이 계획대로 진행되었다면 1월부터 6월까지의 채용 목표치에 해당하는 직선을 따라 점이 찍혔을 것이다. 4월까지의 채용 실적을 보면 이상적인 선에 매우 미달함을 알 수 있다. 이 지표를 보고 우리는 목표치에 도달하는 유일한 방법은 남아 있는 두 달 동안 지난 4개월보다 높은 '입사 제의 수용률'을 기록하는 것이다. 이처럼 선형지표는 초기에 목표 달성 여부를 알려줌으로써 행동을 미리 시정할 수 있는 시간을 준다. 선형지표가 없다면 아무런 조치를 취할 수 없는 6월에 가서야 목표치에 도달하지 못했다는 걸 깨닫게 된다.

이런 방식을 생산 관점에서 바라보자. 정기적으로 월별 목표를 수립하기 때문에 모든 것이 문제없이 돌아갈 거라 생각할지 모르지만 블랙박스 위에 창을 내어 월별로 실제 생산량을 측정하고 그것을 계획 생산량(이상적인 직선으로 그려진)과 비교해야 한다. 이렇게 하면 생산량이 균일하게 분포되거나, 각 월의 마지막 주에 집중된다는 사실을 발견하게 된다. 만약 후자의 경우라면, 관리자가 인력과 장비를 효율적으로 운용하지 못하기 때문이라고 볼 수 있다. 그리고 상황이 개선되지 않으면 월말로 가면서 장비의 작은 고장이나 인력상의 소소한 문제가 그 달 전체의 목표 생산량 달성을 어렵게 만들 수 있다. 선형지표는 그러한 문제를 예상하도록 해주기 때문에 매우 중요하게 다뤄져야 한다.

'경향지표(trend indicator)' 또한 중요하다. 경향지표는 기간(과거 몇 개월 대비 이번 달의 성과)이나 특정 기준 혹은 기대수준을 기준으로 산출량(제공된 아침식사 수, 완성된 소프트웨어 모듈, 판매된 상품권 등)을 보여준다. 경향을 관찰하면 과거에서 미래를 추론할 수 있는데, 이러한 추론은 블랙박스 안을 들여다보는 또 하나의 창 역할을 한다. 또한 특정 기준에 따른 측정값을 통해 왜 결과가 그렇게 나왔는지를 충분히 따져볼 수 있다.

미래를 예상하는 또 하나의 좋은 방법은 향후 몇 개월 동안의 결과물을 예측할 수 있는 '스태거 차트(stagger chart)'를 사용하는 것이다. 이 차트를 매달 업데이트하여 최신의 예측치를 과거의 예측치와 비교할 수 있다. 하나의 예측치가 다음의 예측치와 얼마나 달라지는지 쉽게 볼 수 있기 때문에 단순한 트렌드 차트를 사용할 때보다 미래의 경향을 예상하는 데 더 유용하다.

예측 실시월	예상 주문량											
	7월	8월	9월	10월	11월	12월	1982년 1월	2월	3월	4월	5월	6월
1981년 7월	22	28	34	29								
8월	*23	27	33	31	29							
9월		*21	30	30	35	33						
10월			*29	32	32	32	29					
11월				*27	32	31	32	31				
12월					*27	27	31	30	40			
1982년 1월						*26	28	29	39	30		
2월							*24	30	36	32	34	
3월												

(*표시는 그 달의 실제 수치를 의미함)

나는 스태거 차트가 미래의 비즈니스 경향을 예상하는 데 가장 좋은 도구라고 생각한다.

내 경험상, 경제 트렌드를 예측하는 데 스태거 차트보다 생산적인 것은 어디에도 없다. 앞의 표는 인텔의 모 부서에 접수되는 주문 예측치로서 스태거 차트가 어떻게 사용되는지를 잘 보여준다.

이 차트는 연속적으로 다음 달의 예상 주문량을 보여주는데, 월별 예측치뿐만 아니라 예측치가 어떻게 변화하는지도 나타낸다. 물론 이렇게 비즈니스의 경향을 바라보는 방법은 누가 담당하든지 간에 예측 업무를 아주 진지하게 임하도록 해준다. 특정 월에 대한 자신의 예측치가 앞으로의 예측치와 반복적으로 비교되고 또한 실제값과 비교될 거란 점을 잘 알기 때문이다. 하지만 더 중요한 것은 스태거 차트가 특정 월에서 다음 달로 이어지면서 예측했던 대로 개선됐는지 아니면 저하됐는지를 보여줌으로써 비즈니스에 매우 가치 있는 지표를 제공한다는 점이다. 나는 모든 경제학자와 투자 자문가가 스태커 차트의 형태로 자신의 예측을 나타내야 한다고 생각한다. 그래야 그들이 어떤 예측을 하든지 평가할 수 있을 테니 말이다.

궁극적으로 지표는 모든 유형의 문제를 해결하는 데 큰 도움이 될 수 있다. 만약 문제가 발생하면 운영상의 모든 변수를 바로 보여주는 '계기판'을 통해 어떤 것이 정상 기준에서 벗어났는지 조사할 수 있기 때문이다. 체계적으로 지표를 설정하고 관리하지 않으면, 임기응변식으로 필요한 정보를 구할 수밖에 없고 문제는 더 악화될 가능성이 크다.

미래의 결과물 조절하기

어떤 공장이든 산출량을 조정하기 위한 두 가지 방법이 있다. 몇몇 산업에서는 '수주 생산(build to order, 고객 주문에 맞춘 생산)' 방식을 적용한다. 예를 들어, 소파를 구입하려 할 때 매장에 진열된 소파를 바로 들고 오는 경우가 아니라면 원하는 물건을 오랫동안 기다려야 할 것이다. 가구 공장은 주문이 들어오면 그때 만들기 시작한다. 생산 일정에 여유가 있는지 살핀 다음 고객이 주문한 가구를 제작하는 것이다. 대중적으로 많이 팔리는 자동차가 아니라 특이한 자동차를 주문할 때도 마찬가지다. 고객이 원하는 특이한 색상과 옵션을 적용하려면 시간이 필요하기 때문이다. 브렉퍼스트 팩토리 역시 주문이 들어오면 아침식사를 조리하는 수주 생산 방식이다.

고객이 원하는 소파를 제작하려면 4개월이 걸리는데 경쟁사의 공장에서는 동일한 소파를 4주 만에 만들 수 있다면 고객을 확보하기가 쉽지 않을 것이다. 따라서 수주 생산 방식을 고수하고 싶더라도 공장의 산출량을 조절하는 다른 방법을 강구해야 한다. 간단히 말해, 미래의 주문량을 계획하는 '예측 생산(build to forecast)'을 해야 한다. 이를 위해 생산업체는 특정 기간 동안 특정 제품에 대한 예상 주문량을 기초로 생산 활동을 수행해야 한다.

이때의 위험부담은 '재고 리스크'를 떠안아야 한다는 점이다. 만약 주문량이 예측에 미치지 않거나 다른 제품에 대한 수요가 더 많다면 생산업체는 엄청난 곤경에 처할 수밖에 없다. 어떤 경우든지 원치 않는 재고가 발생한다. 예측 생산을 하려면 미래의 수요 예측이 정확해야 한다는 리스크를 부담해야 한다.

인텔은 예측 생산 방식을 사용하는데, 제조 공정시간이 매우 깊에도 불구하고 고객이 자신의 니즈에 우리가 시기적절하게 대응하길 요구하기 때문이다. 브렉퍼스트 팩토리는 손님의 주문이 들어오면 아침식사를 만들지만, 수요 예측치에 따라 공급업체(예 : 달걀 공급업자)에서 재료를 구입한다. 마찬가지로, 대부분의 기업은 예상되는 니즈를 충족시키기 위해 대학 졸업생을 신입사원으로 채용한다. 대학 졸업생이 배출되는 시즌이 있기 때문에 니즈가 있을 때만 뽑으려는 것은 어리석은 짓이다. 전형적으로 컴파일러와 같은 컴퓨터 소프트웨어는 고객의 개별 주문보다는 시장의 예상 니즈에 따라 개발된다. 따라서 예측 생산은 실제 비즈니스에서 매우 일반적인 방식이다.

예측 생산된 제품을 고객에게 전달하는 일은 사이클이 각기 다른 두 개의 과정으로 구성된다. 다음 그림에서 보듯이, 생산 흐름에 따라 원재료가 여러

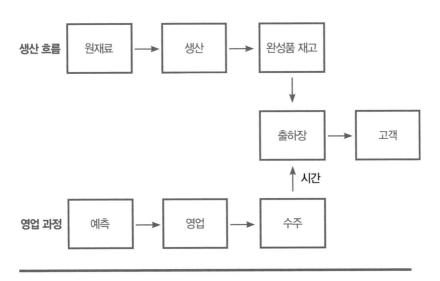

제품 주문서와 완성품이 출하장에 동시에 도착해야 한다.

생산 단계를 거쳐 최종적으로 완성품 창고로 입고된다.

이와 동시에, 영업사원은 유망고객을 대상으로 영업 활동을 통해 수주를 따낸다. 이상적인 경우라면 제품 주문서와 완성품이 동시에 출하장에 도착해야 한다.

예측 기법이 매우 복잡하기 때문에 예측의 모든 책임을 예측업무를 담당한 관리자에게 지우려는 유혹에 빠질지 모른다. 하지만 이는 바람직하지 않다. 올바른 방법은 생산 부서와 영업 부서 모두에게 예측치를 준비하도록 하는 것이다. 그래야 자신의 예측을 기준으로 성과를 내야 한다는 책임감을 가질 수 있다.

인텔은 두 개의 수평적 흐름(생산 흐름과 영업 과정)을 가능한 한 정확하게 일치시키려고 노력한다. 만약 둘이 일치하지 않으면 고객 주문을 만족시키지 못하거나 고객이 원치 않는 제품을 생산하고 있다고 결론 내린다. 어떤 경우든지 문제다. 수주 예측치가 실제 수주량과 일치한다면 공장의 생산량으로 고객의 요구사항을 훌륭히 만족시킬 수 있다.

하지만 그런 이상적 상황은 현실에서 좀처럼 나타나지 않는다. 고객 주문에 시간을 맞추지 못하거나 고객이 변심하는 경우가 자주 발생하기 때문이다. 기한을 지키지 못하거나, 실수를 저지르거나, 예상치 못한 문제에 봉착하는 경우가 생산 과정에서 나타날 수 있다. 영업 과정이든 생산 흐름이든 완벽하게 예측할 수는 없기 때문에 충분히 숙고하여 시스템에 적절한 수준의 '여유(slack)'를 설정해야 한다. 재고가 가장 대표적인 여유의 예라 할 수 있다. 재고가 많을수록 더 많은 변화에 대응할 수 있고 고객 주문을 만족시킬 수 있다. 하지만 재고를 설정하고 유지하려면 돈이 들기 때문에 조심스럽게 조절해야 한다. 가장 이상적인 방법은 '최저 가치 단계(the lowest-value stage)'에 있는 원재료의 재고를 유지하는 것이다(여기서 가치가 낮다라는 의미는 생산 활동을 통해 부가가치가 충분히 더해지지 않았다는 뜻이다 – 옮긴이). 브렉퍼스트 팩토리에서 날달걀의 재고를 설정했듯이 말이다. 가치가 낮은 재고를 유지할수록 재고 비용으로 얻을 수 있는 생산상의 유연성이 더 커진다.

생산과 영업 예측에 스태거 차트를 활용하는 것도 좋은 방법이다. 앞에서 언급했듯이, 스태거 차트는 실제 결과뿐만 아니라 예측치가 변해가는 경향을 보여준다. 만약 예측치의 변동이 자주 관찰된다면 그 부정확함의 원인을 명확히 밝힘으로써 주문량과 생산량에 대한 예측능력을 향상시킬 수 있을 것이다.

미래의 수요를 예측하여 행정부서의 업무 결과물을 조정하는 것도 생산성을 증진시키는 데 있어 매우 중요하다. 물론 행정업무를 조절하는 방법으로 예측 기법을 적용하는 것은 매우 드문 일이다. 행정업무는 생산 공장과 질적으로 다른 일이라 여겨졌다. 그래서 단위조직의 규모와 범위를 정하는 데 필요한 객관적인 성과 기준들이 부족하다.

하지만 행정부서의 특성을 나타내는 지표를 조심스럽게 발굴하여 주시한다면 공장에서 사용하는 방법을 행정업무에도 적용할 수 있을 것이다. 트렌드 데이터에서 유추한 실질적인 기준을 가지고 다양한 예측업무를 수행하는 데 필요한 인력 규모를 예측할 수 있다. 예측의 원리를 엄격하게 적용하면 인력을 한곳에서 다른 곳으로 재배치할 수 있고, 행정 활동의 확대 혹은 축소에 대한 예측치에 따라 인력을 유지할 수 있다. 엄격히 적용하지 않으면 행정부서의 인력은 "사람들은 어떤 일을 하든지 그 일을 완성하는 데 허용된 시간 모두를 사용하려고 한다"라는 유명한 '파킨슨의 법칙(Parkinson's Law)'처럼 늘 느슨한 상태에 있을 수밖에 없다. 명확한 기준을 가지고 업무량 예상치를 기초로 행정부서의 인력을 객관적으로 운용하는 것이 생산성의 유지와 향상에 도움이 된다는 것은 의심할 여지가 없다.

품질 보장하기

생산에서 가장 중요한 것은 최소의 비용으로 고객이 만족할 만한 제품을 제공하는 것이다. 고객이 실질적으로 수용할 만한 제품의 품질을 보장하려면 아침식사를 준비하는 것이든, 대학 졸업생을 채용하는 것이든, 소프트웨어 모듈을 만드는 것이든, 모든 생산 흐름이 검사 단계를 거쳐야 한다. 최저 비용으로 수용 가능한 품질을 얻기 위해서는 누적 가치가 최저 수준인 단계에서 불량한 재료를 걸러내는 것이 아주 중요하다. 그렇기 때문에 앞에서 언급한 바와 같이 삶은 달걀보다는 불량한 날달걀을 골라내는 것이 낫고, 지원자가 인텔을 방문하기 전에 전화 면접에서 걸러내는 것이 더 좋다. 간단히 말해, 더 많은 투자가 이루어지기 전에 반품시키거나 생산 흐름에서 제외시켜라.

생산에서는 원재료를 검사하는 '최저 가치 시점에서의 검사'를 '입고 재료 검사(incoming material inspection)' 혹은 '인수 검사'라고 부른다. 생산 과정을 블랙박스로 표현한다면 생산 과정 중에 실시되는 검사는 '공정 중 검사'라고 불린다. 마지막으로 가장 나중에 실시되는 검사, 즉 고객에게 전달되기 직전에 실시되는 검사를 '최종 검사(final inspection)' 혹은 '출고 품질 검사(outgoing quality inspection)'라고 말한다. 이 세 가지 유형의 검사를 그림으로 표현하면 아래와 같다.

입고 재료 검사에서 재료가 불량으로 판정나면 두 가지 조치 중 하나를 택할 수 있다. 공급업체에게 돌려보내거나, 재료의 불량 여부를 판단하는 기준을 낮춰서 그 재료를 사용하는 것이다. 후자의 경우는 양호한 재료를 사용할 때보다 생산 과정에서 불량률이 높아지지만 공급업체가 양호한 재료를 공급하기 전까지 공장 라인을 멈추는 것보다는 비용이 적게 들 것이다. 이러한 결정은 품질보증, 생산, 설계 엔지니어링 부서의 대표로 균형 있게 구성

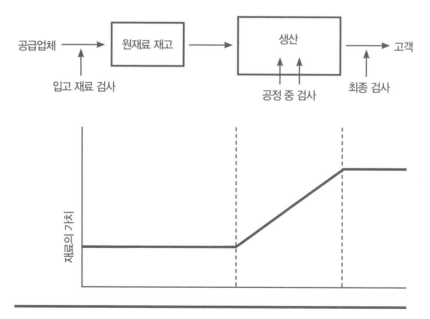

핵심원칙은 최저 가치 단계에 있을 때 결함 있는 재료를 솎아내는 것이다.

된 그룹에 의해서만 내려질 수 있다. 이 그룹은 파급효과를 고려하여 질이 좀 떨어지는 원재료를 걸러낼지, 수용할지를 결정한다.

대부분의 경우 특정 검사 시점에 불량 재료를 수용하거나 걸러내는 결정은 경제적인 관점으로 이루어지지만, 그런 결함으로 인해 고객이 '신뢰 문제(reliability problem)'를 제기할 가능성이 있다면 절대로 질 낮은 재료를 투입해서는 안 된다. 불량 제품이 야기하는 부정적 결과는 측정하기가 어렵기 때문에 신뢰도에 대해서는 타협의 여지가 있을 수 없다. 인공심장을 만드는 데 필요한 부품을 예로 들어보자. 만약 몇몇 부품이 입고 시점에 제대로 작동하지 않는다면, 아직 출고된 것이 아니기 때문에 고장 난 부품을 양호한 것으로 대체할 수 있을 것이다. 물론 이렇게 하면 비용은 늘어난다. 하지만 나중에 부품이 고장을 일으키면, 즉 인공심장이 이식된 후에 문제가 발생하면 그로 인한 손실은 금전적인 피해보다 훨씬 크다.

물론 검사를 실시하면 생산 흐름을 간섭하고 복잡하게 만들기 때문에 추가적인 비용이 소요된다. 어떤 재료는 반복적으로 재활용되어야 하는데, 그 때문에 나머지 재료의 이동과 흐름에 혼선을 주기도 한다. 따라서 검사를 통해 얻고자 하는 결과(즉 품질 개선 효과)와 생산 과정에 대한 간섭 정도를 균형 있게 고려하여 검사를 진행해야 한다.

이 두 가지 니즈를 균형 있게 감안하는 데 흔히 사용되는 몇 가지 기법을 살펴보자. 대표적으로 '관문 검사(gate-like inspection)'와 '모니터링(monitoring)'이 있다. 전자의 경우, 모든 재료는 검사가 완료되기 전까지는 다음 단계로 넘어가지 못한다. 검사를 통과하면 생산 과정의 다음 단계로 넘어가지만 검사를 통과하지 못하면 그 이전의 단계로 보내져서 그곳에서 재작업을 받거나 폐기된다. 후자의 경우, 재료의 샘플을 취해 검사를 실시하게 되는데, 만약 샘플이 검사에 불합격을 받으면 불량률을 계산하여 해당 재료에 표시한다. 이때 샘플로 취해지지 않은 나머지 재료는 생산 과정을 따라 계속 이동한다. 이렇게 하여 생산의 매끄러운 흐름을 유지시킬 수 있지만, 만약 모니터링 테스트에서 연속으로 몇 개의 샘플이 불량으로 판정되면 바로 생산 라인을 정지할 수도 있다. 이때의 트레이드 오프는 무엇일까? 만약 모든 재료를 검사하기로 한다면(즉 관문 검사를 한다면) 공정 시간이 늘어나 생산 과정 전체가 느려진다. 모니터링을 한다면 이와 비슷한 수준의 생산 지연 현상은 나타나지 않겠지만, 모니터링 결과에 따라 조치를 취하고 라인을 정지시킨다 해도 불량 재료는 이미 섞여 있다. 이 말은 최저 가치 단계에서 불량 재료를 걸러내지 못한다는 뜻이다. 결국 가치가 높은 단계에 이르러서야 불량 재료를 생산 과정에서 제외시키게 된다. 쓸 수 있는 비용이 동일하다면 관문 검사보다 모니터링 방법을 더 많이 실시할 수 있지만, 관문 검사를 자주 실시할수록 제품의 전반적인 품질을 향상시킬 수 있다. 트레이드 오프가 있기 때문에 어떤 방법을 선택할 것인지는 관리자가 상황에 맞게 결정해야 한다. 일반적인 선택 기준을 말하자면, 경험상 커다란 문제에 봉착할 가능성이 적을 때는 모니터링에 의존하는 것이 좋다.

　제품의 품질을 보장하는 데 소요되는 비용을 줄이기 위한 또 하나의 방법은 '변동적 검사(variable inspection)'다. 품질 수준은 시간에 따라 달라지기 때문에 제품 검사의 빈도를 달리한다는 것은 매우 상식적인 생각이다. 예를 들어, 몇 주 동안 문제가 발견되지 않았다면 검사 횟수를 줄이는 것이 합리적일 것이다. 하지만 문제가 발생하기 시작하면 품질이 원래 수준으로 회복될 때까지 더 자주 검사해야 한다. 이러한 검사 방법(변동적 검사)의 이점은 비용을 줄이고 생산 흐름에 대한 간섭을 최소화한다는 것이다. 하지만 이 방법은 그리 자주 사용되지 않는다. 왜 그럴까? 아마도 인간은 항상 해오던 습관에 따라 움직이는 존재이기 때문일 것이다.

적절히 고려된 현명한 검사 계획은 제품 생산이나 행정업무의 효율과 생산성을 확실히 증진시킬 수 있다. 아침식사를 준비하거나 기계를 생산하는 일과는 확연히 다른 예를 들어보자.

나는 최근에 잡지에서 런던의 미국 대사관이 밀려드는 비자 신청을 감당하지 못한다는 기사를 읽은 적이 있다.[2] 1년에 100만 명의 영국인이 비자를 신청하고 그들 중 98%가 비자 승인을 받는다. 60명의 대사관 직원은 하루에 6,000건의 신청서를 처리해야 한다. 대부분의 신청서는 우편으로 접수되고, 평균적으로 6만에서 8만 개의 영국 여권이 대사관 내에 머무르게 된다. 한편, 항상 100명 이상의 영국인과 외국인이 비자 신청을 위해 대사관 건물 앞에 길게 줄을 서 있다. 대사관은 이러한 문제를 보다 효율적으로 해결하기 위해 여러 가지 방법을 강구했다. 여행자가 일찍 비자를 신청하면 3주 안에 받을 수 있다는 신문 광고를 내기도 했다. 또한 대사관은 당일에 비자를 받아야 하는 신청자를 위해 본인의 여권과 비자 신청서를 직접 제출할 수 있는 함을 설치했다. 이렇게 했음에도 불구하고 건물 앞의 줄은 짧아지지 않았다.

사실 대사관의 이런 조치는 문제를 악화시키기만 했다. 비자 처리 속도를 전반적으로 높여야 한다는 기본적인 이슈를 전혀 고려하지 않았기 때문이다. 요구되는 처리 시간이 각기 다른 신청서를 분류하는 데 시간과 돈을 투여했지만, 아무런 효과 없이 업무 부담만 가중되고 말았다.

영국 여행객이 미국을 방문하기를 원한다면, 미국 정부는 그들을 짜증스럽게 만들지 않아야 한다. 대사관이 인력을 확충하는 데 돈을 쓸 수 없다면, 생산의 기본 원칙으로부터 간단한 해결책을 찾을 수 있다. 이 말은 현재의 시스템을 품질 테스트로 대체할 필요가 있다는 뜻이다.

그러기 위해서 대사관 공무원은 신청서를 100% 확인하는 것은 불필요한 일이라는 점을 받아들여야 한다. 비자 신청서의 98%가 문제없이 통과되기 때문에 대사관이 샘플링 테스트(품질 보증 테스트 중 하나)를 도입한다면 처리 시간을 단축시키면서도 무자격자가 입국할 확률이 높아지지 않도록 만들 수 있다. 게다가 대사관은 이미 결정된 항목에 따라 체크할 수 있는 샘플을 선정할 수 있다. 이런 비자 발급 과정은 국세청의 업무와 다를 바 없다. 국세청은 샘플을 선정해 조사와 감사를 실시함으로써 국민 개개인을 일일이 조사하지 않아도 국민들이 세법을 준수하도록 만드니까 말이다.

나중에 관리업무의 생산성을 살펴볼 텐데, 관리자가 자신의 책임하에 있는 특정 활동에 깊숙이 관여하는 행동이 바로 '변동적 검사'의 원리를 적용한 것임을 알게 될 것이다. 만약 관리자가 여러 직원이 수행하는 모든 것을 확인한다면, 그것은 시간을 낭비하는 참견일 뿐이다. 관리자의 참견이 많으면 직원은 자신의 업무에 책임감을 느끼지 않는 데 익숙해지고 만다. 관리자가 모든 것을 세밀하게 확인하고 간섭할 것임을 너무나 잘 알기 때문이다. 변동적 검사의 원리를 적용하면 이러한 관리 행태의 문제를 잘 해결할 수 있고 관리업무의 생산성을 향상시키는 중요한 도구를 손에 쥘 수 있다.

생산성을 향상하는 법

앞에서 예로 든 블랙박스의 동작 원리는 생산성에 대한 가장 간단하면서도 유용한 정의를 제시한다. 블랙박스 내의 각 기능의 생산성은 결과물을 소요된 노동력으로 나눠보면 알 수 있다. 따라서 생산성을 향상하는 한 가지방법은 무엇을 수행하든지 간에 '더 빨리' 하는 것이다. 그렇게 하려면 업무환경을 재구축하거나 '더 열심히 일해야' 한다. 업무의 내용은 변하지 않은채 업무를 더 빨리 한다는 말은 '직원 한 명의 시간당 업무량(activities per employee-hour)'을 늘린다는 뜻인데, 이를 블랙박스에 적용하면 더 많은 '시간당 결과물'을 얻을 것이다. 블랙박스의 결과물은 그 안에서 벌어지는 활동에비례하기 때문이다.

생산성을 향상하는 두 번째 방법은 업무의 특성을 변화시키는 것이다. 그저 일을 빨리 하는 것이 아니라 업무의 내용을 바꾸는 것이다. 직원 한 명의시간당 업무량을 그대로 유지하더라도 업무에 따른 결과물을 증가시키려면그렇게 해야 한다. '무작정 열심히 일하기보다 스마트하게 일하자'는 슬로건처럼 말이다.

여기서 나는 특정 유형의 업무 활동을 통해 얻어지는 결과물, 즉 '레버리지(leverage)'라는 개념을 소개하고 싶다. 높은 레버리지를 갖는 활동은 높은수준의 결과물을 산출하고, 낮은 레버리지를 갖는 활동은 반대로 낮은 수준의 결과물을 낸다. 예를 들어, 달걀 두 개를 삶고 토스터 두 대를 사용할 수있는 웨이터는 남들이 1인분을 준비하는 동안 2인분의 아침식사를 제공할수 있다. 그 웨이터의 '활동당 결과물(output per activity)', 즉 레버리지는 상대

생산성은 더 빠른 속도로 업무를 수행하면 증가한다.

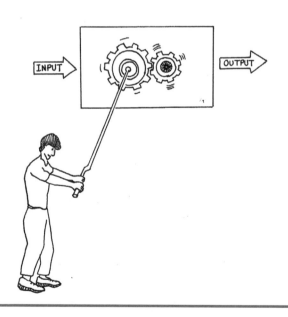

또는 활동의 레버리지를 높임으로써 증가할 수 있다.

적으로 높다. 반면, 한 번에 단지 달걀 한 개를 삶고 토스터 한 대를 사용하는 웨이터의 레버리지는 상대적으로 낮다. 자연어에 가까운 프로그래밍 언어(컴파일러로 번역되는 언어)를 사용하는 소프트웨어 엔지니어는 프로그래밍 시간당 더 많은 문제를 해결할 수 있기 때문에 그의 결과물과 레버리지는 높다고 말할 수 있다. 0과 1로(2진법으로) 복잡하게 프로그래밍하는 엔지니어는 동일한 문제를 해결하는 데 더 많은 시간을 쓸 것이고, 그의 결과물과 레버리지는 낮을 수밖에 없다. 따라서 생산성을 높이는 아주 중요한 방법 한 가지는 블랙박스 내부의 업무 흐름을 높은 '활동당 결과물', 즉 높은 레버리지를 갖는 활동들로 재배열하는 것이다.

모든 유형의 업무에 대해서 자동화는 레버리지를 향상시키는 한 가지 방법이다. 기계의 도움을 받으면 사람은 더 많은 결과물을 산출할 수 있으니까 말이다. 하지만 생산업무와 행정업무 모두의 생산성을 높일 수 있는 방법이 하나 더 있다. 그것은 바로 '업무 단순화(work simplification)'다. 이 방법을 써서 레버리지를 높이려면 먼저 생산 과정의 플로차트(flow chart)를 있는 그대로 그려보라. 모든 단계가 빠짐없이 표시되어야 하고 차트를 예쁘게 그리려고 생략하는 단계가 있어서는 안 된다. 그런 다음, 플로차트에 표시된 단계의 수를 세라. 그리고 단계 수를 몇 개까지 줄일 것인지 대강의 목표를 설정하라. 인텔의 경험에 따르면, 업무 단순화의 첫 번째 시도에서 보통 30~50%의 단계를 줄일 수 있다.

실질적으로 업무 단순화가 구현되려면 "왜 각각의 단계가 수행되는가?"라는 질문을 던져야 한다. 대부분의 경우, 아무런 이유 없이 업무 흐름 속에 존재하는 단계가 많다는 사실을 깨닫게 된다. 그렇게 불필요한 단계들은 관행이나 형식상의 이유로 아무런 실효성을 지니지 못한 채 존재한다. 런던의 미국 대사관, 즉 '비자 팩토리'가 신청자 전체를 처리할 필요가 없다는 점을 떠올려보라. 따라서 어떤 단계가 존재하는 이유가 무엇이든 상관없이 각 단계에 대해 "왜 이 단계가 필요하지?"란 질문을 반드시 던지고 "이 단계 없이도 업무를 할 수 있지 않을까?"란 의심을 가져야 한다. 인텔에서는 전체적으로 행정업무의 약 30%라는 상당한 양의 업무 단계를 감축할 수 있었다.

물론 업무 단순화의 원리가 생산 분야에서 완전히 새로운 개념은 아니다. 사실 업무 단순화는 산업공학자들이 수백 년 동안 해오던 일 가운데 하나다. 하지만 행정업무, 관리업무 등 '소프트한 업무 영역'의 생산성 향상을 위해 업무 단순화의 원리를 적용하는 것은 새로운 일이고 여전히 진전이 더디다. 우리가 극복해야 할 가장 큰 문제는 행정 및 관리 업무의 결과물이 무엇인지 정의하는 일이다. 앞으로 살펴보겠지만 '소프트한 업무 영역'에서 결과물과 활동을 구분하는 일은 매우 어렵다. 그리고 앞에서 언급했듯이 결과물을 강조하는 것이 생산성 향상의 핵심이며, 단순히 활동만을 증가시키는 것은 반대의 효과를 야기한다.

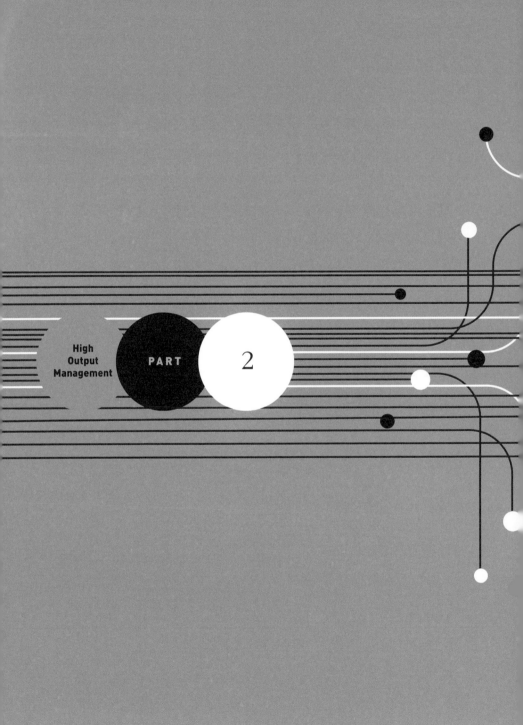

High
Output
Management

PART

2

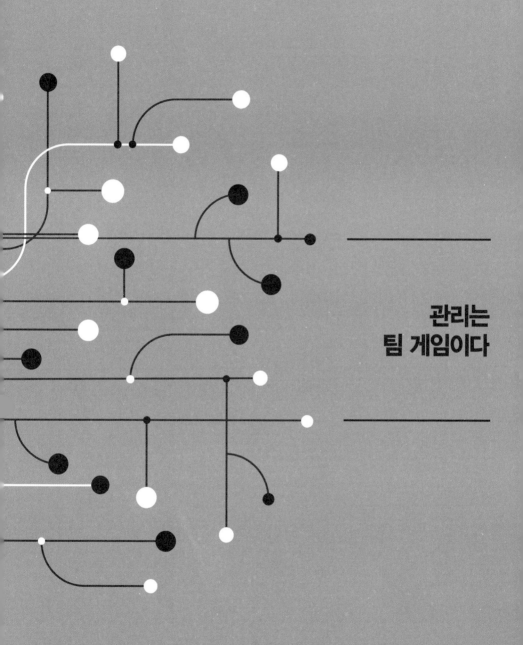

관리는
팀 게임이다

관리업무의 레버리지

관리업무란 무엇인가

"무엇이 관리자의 결과물인가?"

내가 중간관리자에게 이 질문을 던지자 다음과 같은 대답이 나왔다.

- 판단과 의견 제시
- 방향 제시
- 자원 할당 및 배치
- 오류 발견
- 직원 훈련 및 역량 개발
- 교육 과정에 강사로 참여
- 제품 기획
- 협상

이것이 관리자의 결과물이라고 말할 수 있을까? 나는 그렇게 생각하지 않는다. 이런 것은 행동이나 최종 결과를 내는 과정에서 관리자가 수행하는 일을 표현한 말이지 결과물이 아니다. 그렇다면 관리자의 결과물은 무엇일까? 인텔의 웨이퍼 가공 공장을 책임지는 공장장이라면 그의 결과물은 최종 공정을 마친 고품질의 실리콘 웨이퍼. 디자인 그룹을 담당하는 관리자라면 올바르게 진행되어 언제든 생산에 적용될 수 있는 완성된 디자인이 그의 결과물이다. 고등학교 교장이라면 교과 과정을 완료하거나 상급 학년으로 올라갈 만큼 교육받은 학생이 결과물이다. 외과의사라면 어떨까? 치료를 마치고 완치된 환자가 그의 결과물이다. 지금까지의 내용을 공식으로 표현하면 다음과 같다.

왜 그럴까? 비즈니스든 교육이든 외과수술이든 결과물을 얻기 위해서는 여러 개의 팀이 함께 업무를 수행해야 하기 때문이다.

관리자가 자신만의 개인 업무를 훌륭히 수행한다 해도 그것만이 그의 결과물을 구성하지는 않는다. 관리자에게 부하직원이 있거나 관리자의 영향을 받는 사람들이 있다면, 그의 결과물은 부하직원과 관련 직원이 만들어낸 결과물로 측정해야 한다. 만약 관리자가 지식 전문가, 즉 노하우 관리자라면 관련 부서에 영향을 미치는 그의 잠재력은 엄청날 것이다. 노하우 관리자는 문제 해결에 어려움을 느끼는 팀에게 통찰력 있는 의견을 제시하는 '내부 컨설턴트'로서 모든 팀의 업무와 결과물에 영향을 끼친다. 변호사가 어떤 제약 회사의 제조허가를 얻어냄으로써 회사가 수년간 연구한 결과물을 대중에게 전달하는 데 일조하는 것처럼 말이다. 마케팅 분석 담당자는 수많은 제품, 시장, 경쟁사 정보를 검토하고 시장 조사 결과를 분석하며 실태 파악을 위해 현장을 방문함으로써 회사 내 많은 관련 부서의 결과물에 직접적으로 영향을 미친다. 그가 내놓은 데이터 분석 결과와 제안은 회사 전체의 행동 방향에 중요한 지침으로 작용할 것이다. 그렇기 때문에 '관리자'라는 말의 정의는 좀 더 확대되어야 한다. 즉 노하우와 정보를 수집하고 분석함으로써 회사에 기여하는 사람들(노하우 관리자) 역시 중간관리자로 봐야 한다. 조직 내에서 그들이 엄청난 영향력을 행사하기 때문이다.

하지만 여기서 알아야 할 핵심 개념은 관리자의 결과물이 그가 관리하는 부서 혹은 그의 영향력이 미치는 부서에 의해 달성되는 결과물이라는 점이다. 관리자의 고유 업무는 분명 중요한 일이지만 그것만으로는 결과물을 창출하지 못한다. 그가 관리하는 조직이 결과물을 만들어낸다. 미식축구 코치나 쿼터백이 혼자만의 힘으로 득점하고 경기를 이기지 못하는 것과 마찬가지다. 코치의 지시를 받은 팀 전체가 참여하여 경기를 승리로 이끄는 것이다. 리그 성적은 팀이 만들어내는 것이지 개인만의 기여가 아니다. 비즈니스 역시 팀 활동이다. 여기서 비즈니스란 말은 상업적 의미의 비즈니스뿐만 아니라 교육, 정부 행정, 의료 서비스 등 모두를 포괄한다. 비즈니스는 언제나 팀을 통해 승리를 이룰 수 있다.

84

관리자는 결과물에 영향을 미치는 일련의 활동에 깊숙이 관여해야 한다. 이 장 서두에서 인텔의 중간관리자가 말했듯이, 관리자는 의견을 제안하고 판단을 내려야 한다. 또한 방향성을 제시해야 하고 자원을 배치해야 하며 오류를 감시해야 한다. 이 모두가 결과를 달성하는 데 필요한 것들이다. 그러나 결과물과 행동을 결코 동일시해서는 안 된다.

관리자로서 내가 인텔에서 수행하는 역할을 예로 들어보자. 회사의 사장으로서 나는 내 직속 직원(사업부장 등)을 관리 감독함으로써 결과물에 영향을 미칠 수 있다. 또한 나는 내가 직접 관리하지 않는 부문의 관리자에게도 내가 관찰한 바를 제안함으로써 영향력을 행사할 수 있다. 나는 나의 이런 활동이 회사 전체의 결과물에 기여함으로써 관리자로서 나의 결과물이 회사에 도움이 될 거라고 생각한다. 인텔의 어느 중간관리자는 이런 질문을 한 적이 있다. 생산 공장을 방문하여 공정을 지도하고, 몇 단계 아래의 직원들이 겪는 문제까지 신경 쓰면서도 어떻게 자신에게 주어진 고유 업무를 수행할 시간을 낼 수 있느냐는 질문이었다. 나는 그에게 "내 업무가 뭐라고 생각하는가?"라고 물었다. 그는 잠시 생각하더니 이렇게 대답했다. "제 생각에는 그런 일들 모두가 사장님 업무인 것 같습니다. 그렇죠?" 그런 일이 내 업무의 전부는 아니지만 분명 내 업무다. 그런 일들이 인텔의 결과물 창출에 기여하기 때문이다.

다른 예를 들어보자. 인텔에서 엔지니어로 일하는 신디는 웨이퍼 가공 공장의 엔지니어링팀에서 관리자로 일한다. 또한 회사의 모든 공장에서 특정 기술 공정을 원활하게 수행하는 데 필요한 '표준 공정(standard procedure)'을 수립하는 자문위원회의 일원이기도 하다. 두 가지 역할을 통해 신디는 웨이퍼 가공 공장의 결과물에 기여하고 있다. 엔지니어링팀의 관리자로서 그녀는 자신이 일하는 공장의 결과물을 늘리는 활동을 수행하고, 동시에 자문위원회의 멤버로서 관련 부서(인텔의 다른 웨이퍼 가공 공장들)의 결과물 향상에 영향을 미치는 전문 지식을 제공하고 있다.

블랙박스를 다시 떠올려보자. 기업 내의 구조를 여러 기어가 맞물려 돌아가는 기계에 비유한다면, 중간관리자가 어떻게 결과물에 영향을 미치는지 쉽게 이해할 수 있다. 문제가 발생하면 중간관리자는 조직에 대응할 수 있는 힘을 제공한다. 마치 기계가 부드럽게 돌아가지 않으면 기름칠을 하는 것처럼 말이다. 또한 중간관리자는 기계가 목적에 맞게 돌아가도록 전문지식을 제공하기도 한다.

관리자의 실제 업무

"아빠는 무슨 일을 해요?" 많은 사람들이 이런 질문에 답을 하는 데 애를 먹었고 지금도 그렇다. 자신이 무슨 일을 하는지 정확하게 인식해 한마디로 요약하기란 상당히 어렵다. 일의 많은 부분들이 그렇게 일관적이지 못하기 때문에 자신이 회사에서 하는 일을 다른 이에게 쉽사리 이해시키지 못하는 것 같다. 이러한 문제는 자신이 실제로 수행하는 '활동'과 자신이 달성하는 '결과물'을 잘 구분하지 못하기 때문이다. 결과물은 중요하고 의미 있으며 가치 있는 것으로 여겨진다. 반면, 활동은 사소하고 덜 중요하며 혼란스러운 것처럼 보인다. '완치시킨 환자'가 결과물인 외과의사의 입장에서는 손을 씻고

환부를 도려내고 봉합하는 활동은 그리 중요한 일이 아니라고 볼 수도 있다.

관리자가 실제로 하는 일이 무엇인지 알아보기 위해 내가 평소보다 바쁜 날에 작성한 일과표를 살펴보자. 다음의 표에 내가 관여한 활동과 그에 대한 설명을 덧붙여놓았다. 그리고 이 책의 나머지 부분에서 살펴볼 행동의 유형을 표시했다(괄호로 표시한 부분).

하루일과표

시간 / 활동	설명 (행동의 유형)
8:00~8:30 다른 회사로 이직하겠다며 사직서를 낸 관리자와 면담	이직하려는 이유를 들어보고 그의 마음을 되돌릴 수 있겠다는 생각이 들었다. 경력 전환에 관해 다른 관리자와 이야기해보라고 그를 설득했고(넛지), 이 문제를 다른 관리자들과 함께 내가 직접 해결하기로 결정했다(의사결정).
경쟁사에서 전화가 옴	명목상으로는 업계 친선 모임에 관한 전화였지만, 우리의 비즈니스 여건을 파악해보려는 것 같았다. 나도 그렇게 상황을 떠보았다(정보 수집).
8:30 ~ 9:00 어제 오후에 온 우편물을 읽음	편지 가운데 절반 정도에 나의 메시지를 적었다. 메시지는 비즈니스 활동을 독려하거나 승인하지 않는다는 내용, 그리고 특정 조치에 대해 칭찬하는 내용이었다(넛지). 그 중 하나의 메시지는 작은 프로젝트를 진행하겠다는 요청을 기각한다는 것이었다(의사결정). (물론 이 경우 모두 '정보 수집' 활동을 했다)
9:00 ~ 12:00 임원회의(회사 고위 경영진이 매주 참여하는 정기회의). 회의 주제는 다음과 같다. • 지난달의 수주실적과 출하실적 • 연간 사업계획 수립시의 우선 　순위에 관한 토론 • 주요 마케팅 프로그램에 대한 　현황 검토	(정보 수집) (의사결정) 이 프로그램이 성과가 없어 검토가 필요하다는 지난 회의의 결정에 따라 이 주제가 논의되었다. 이 프로그램이 예전 것보다는 조금 낫다고 판단했지만(정보 수집) 보고를 들은 후에 많은 참석자들이 문제점에 대한 의견을 개진하고 개선책을 제안했다(넛지).

• 특정 생산라인의 생산 사이클 타임을 줄이기 위한 프로그램 검토	이 프로그램이 원활하게 진행된다는 점을 파악했다(이것은 정보 수집에 만 해당된다. 더 이상의 조치가 필요하지 않다).
12:00 ~ 1:00 회사 구내식당에서 점심식사	교육훈련 팀원들과 우연히 자리를 함께했다. 팀원들은 해외 지사 및 공장에 나를 비롯한 고위 임원들을 참여시키기가 어렵다는 불만을 토로했다(정보 수집). 처음 듣는 이야기였다. 나는 내 일정표에 추가했고 해외 지사/공장 교육에 신경을 쓰도록 지시하겠다고 메모했다.
1:00 ~ 2:00 특정 제품의 품질 문제에 관한 회의	회의에서는 주로 제품의 상태와 그동안 적용된 개선조치에 관해 충분한 정보를 습득하는 데 시간을 사용했다(정보 수집). 사업부장은 제품 출하를 재개하기로 결정한다는 말로 회의를 마무리했다. 나 역시 동의했다.
2:00 ~ 4:00 직원 오리엔테이션 프로그램에서 강의	오리엔테이션 프로그램은 고위 임원들이 모든 직원들에게 회사 및 주요 비즈니스 부서의 설립 목적, 역사, 경영 시스템 등을 설명하기 위한 자리다. 이것은 분명 '정보 전달(information—giving)' 활동이다. 나는 회사가 교육을 중요시한다는 것을 몸소 보여줬을 뿐만 아니라 참석자의 질문에 대한 답변을 통해 회사의 가치를 명확하게 설명했다는 점에서 모범을 보였다. 그리고 그런 질문을 통해 이런 자리가 아니면 만날 수 없는 많은 직원들의 관심사와 이해 수준을 느낄 수 있었다. 따라서 이 활동은 정보 전달인 동시에 정보 수집이라 말할 수 있다.
4:00 ~ 4:45 사무실에서 전화	규정을 벗어났다고 생각되는 어느 직원의 연봉인상을 거부했다(의사결정). 나는 다른 주(州)의 새로운 지역으로 이전할 것인지를 논의하기 위해 관련된 사람들과 회의를 진행하기로 결정했다(이것은 의사결정 회의를 개최한다는 의사결정이다).
4:45 ~ 5:00 비서와 이야기	다음 주에는 여러 개의 회의 참석에 시간을 내야 한다는 것에 관하여 논의했다. 나는 내가 참석하지 않겠다고 결정한 회의에 대해 대안을 제안했다(의사결정).
5:00 ~ 6:15 업무 진행 보고서를 포함하여 오늘 온 우편물을 읽음	아침에 읽은 우편물과 마찬가지로 이것도 넛지와 의사결정이 섞인 정보 수집이다. 우편물을 읽고 나의 의견과 메시지를 적었기 때문이다.

이 일과표에서 명확한 패턴을 찾기가 쉽지는 않다. 내가 일을 처리하는 방식은 언뜻 보면 무작위적인 것 같다. 아내는 나의 하루가 자신의 일과와 아주 비슷하다는 반응을 보였다. 피곤함을 느끼고 집에 가야겠다는 생각이 들 때 내 일과가 끝나는 것이다. 일을 끝마쳤을 때가 아니다. 내 일은 절대 끝나지 않는다. 가정주부처럼 관리자의 일은 절대 끝나지 않는다.[3] 항상 마쳐야 할 일과 해야 할 일의 양이 할 수 있는 일의 양보다 많기 때문이다.

관리자는 여러 개의 공을 돌리며 떨어뜨리지 않으려고 애쓰는 곡예사처럼 자기 조직의 결과를 최대로 끌어올리는 여러 활동에 자신의 에너지와 집중력을 수시로 전환해야 한다. 관리자는 자신의 레버리지가 극대화할 수 있는 지점으로 움직여야 한다.

일과표에서 봤듯이, 나는 일과 시간의 대부분을 정보 수집에 쓰고, 정보를 얻기 위해 많은 방법을 사용한다. 나는 정규 보고서와 메모를 읽지만 즉석에서 정보를 취득하기도 한다. 나는 회사 안팎의 사람들과 이야기를 나누고 다른 회사의 관리자나 재무 분석가, 기자와도 만나 의견을 교환한다. 고객의 불만은 내부고객의 것이든 외부고객의 것이든 아주 중요한 정보의 원천이다. 예를 들어 내가 강사로 참여하기도 하는 인텔의 교육훈련 부서는 내게 내부고객에 해당한다. 그 부서 사람들의 격의 없는 불만을 차단하고 귀를 닫는 행위는 중대한 실책이다. 그들에겐 내가 회사 내부의 '공급자'인 셈인데, 불만을 차단한다면 공급자로서 나의 성과를 평가받을 기회를 잃어버리기 때문이다. 사람들은 자신을 위해 내가 무언가를 해주기를 바라기 때문에 불만을 토로한다. 자신의 의견을 납득시키려는 목적으로 유용한 정보를 쏟아내기도 하는데, 그들의 요청을 들어줄 것인가 말 것인가는 차치하더라도 이런 점을 기억해둬야 한다.

솔직히 나는 나에게 가장 유용한 정보는 일상적으로 자유롭게 이루어지는 대화 속에 있다고 생각한다. 구두 정보는 문서로 작성된 것보다 훨씬 빠르게 관리자에게 전달된다. 일반적으로 정보는 시기적절할수록 가치가 더 높은 법이다.

그렇다면 왜 문서로 작성된 보고서가 필요할까? 보고서는 분명히 시기적절하게 정보를 제공하지 못한다. 그러나 문서로 된 보고서는 데이터를 보관하고 임시변통의 투입물의 유효성을 평가하는 데 도움이 되며 놓쳤을지 모르는 사항을 확보하는 일종의 '안전그물(safety-net)'의 역할을 한다. 보고서는 또 하나의 기능을 가지고 있다. 보고서를 구성하고 쓰는 과정에서 작성자는 말로 할 때보다 더 정교하게 표현하려고 애쓰기 마련이다. 즉 작성자는 까다로운 부분을 규명하고 다루는 과정을 통해 스스로를 훈련시키고 본인의 생각을 정립한다. 어찌 보면 보고서는 정보 소통의 방법이라기보다 '자기 훈련(self-discipline)'의 수단이다. 보고서는 읽히는 것보다는 직접 작성하는 것에 의미가 있다.

이와 비슷한 경우가 많다. 뒤에 살펴보겠지만, 연간 사업계획을 수립하는 목적은 그것을 달성하느냐가 아니라 그것 자체다. 마찬가지로 자본지출 승인 과정이 중요하지 승인 자체가 중요하지는 않다. 자본지출 요청서를 작성하고 근거를 찾기 위해 사람들은 심도 있는 분석을 반복하며 숫자와 씨름하는데, 이것이야말로 가치 있는 정신적 훈련이다. 이러한 훈련의 과정이 있기 때문에 자본지출 승인이 의미 있는 것이다.

정보를 수집하는 역량을 향상하고 유지하려면 정보가 어떻게 들어오는지를 먼저 이해해야 한다. 정보 수집에도 일종의 계층 구조가 존재한다. 구두로 얻는 정보가 가장 가치가 있지만 불분명하고 완전하지 못하며 때로는 부정확하기도 하다. 신문의 헤드라인이 이야기의 대략적인 의미만 나타내는 것과 같다. 헤드라인은 상세한 내용을 전달하지 못하고 실제 이야기를 왜곡된 의미로 전달할 가능성이 있다. 그렇기 때문에 누가, 무엇을, 왜, 어디에서, 어떻게 했는지를 파악하려면 신문 기사를 읽어야 한다. 그렇게 한 다음에 필요한 부분을 반복해서 읽고 자신의 생각을 정리한다. 시사잡지나 책을 읽을 때도 마찬가지다. 정보의 계층이 무엇이든 간에 모두 중요하기 때문에 어느 한 계층의 정보에만 의존할 수 없다. 가장 완벽한 정보를 시사잡지를 통해 얻을 수 있다 해도 어떤 사건에 관한 기사가 실린 잡지를 일주일이나 기다리려고 하지는 않을 것이다. 정보의 원천은 서로 보완되어야 하고 어느 정도 중복되어야 한다. 그래야 이미 알고 있는 것들을 검증할 수 있다.

정보를 수집하는 데 특별히 효율적인 방법이 있는데, 대부분의 관리자들이 그것을 잘 알지 못한다. 그것은 회사 내의 특정 장소를 방문하여 그곳에서 어떤 일이 벌어지는지 '관찰'하는 것이다. 왜 그래야 할까? 누군가가 관리자를 만나러 방 안으로 들어오면 어떤 장면이 펼쳐질지 상상해보자. 방문자와 인사를 하고 이야기를 나누는 동안 대화와 침묵이 반복되는 미묘한 상황이 연출될 것이다. 2분이면 정보를 충분히 교환할 수 있는데도 만남은 보통 30분 정도 이어진다. 하지만 만약 관리자가 사무실 밖으로 나가 직원들이 일하는 곳으로 찾아간다면 대화는 2분 정도로 간단하게 끝나고 각자 문제 해결에 집중할 수 있다. 직원이 대화를 필요로 하는 경우에도 마찬가지다. 관리업무를 수행하는 데에 이러한 '직접 대화'는 매우 효과적이고 효율적인 방법이다.

그런데 왜 관리자는 이런 직접 대화를 하려 하지 않을까? 그것은 특별한 목적 없이 업무 현장(사무실이나 공장 등)을 이리저리 돌아다닌다는 인상을 줄까 봐 염려하기 때문이다. 인텔은 공식적 업무 수행을 위한 방문 프로그램을 운영함으로써 이런 문제를 해결하고 있는데, 이것이 즉석에서 업무와 관련된 대화가 이루어지도록 만드는 발판이 되었다. 예를 들어, 인텔은 관리자들이 '미스터 클린(Mr. Clean)'이라 불리는 검사제도에 참여하게 함으로써 보통은 가볼 법하지 않은 곳을 방문하도록 유도한다. 관리자는 청소 상태, 정리 정돈 상태, 안전 장비 등을 확인하는데, 그렇게 1시간 정도 점검 활동을 하면서 주변을 살피고 처음 보는 환경에 익숙해진다.

내 일과표에서 봤듯이, 관리자는 정보를 수집하는 사람이자 정보의 원천이다. 관리자는 자신의 지식을 본인이 관리하는 구성원들에게, 그리고 자신이 영향을 미치는 관련 부서에 전달해야 한다. 단순한 사실 전달을 넘어서 관리자는 자신의 목적, 우선순위, 업무를 처리하는 데에 선호하는 바 등을 직원들과 반드시 소통해야 한다. 이것은 매우 중요하다. 관리자가 그런 것들을 전달해줘야 직원들은 어떻게 해야 관리자가 받아들일 결정을 내릴 수 있을지 알기 때문이다. 관리자는 자신의 목적과 선호하는 접근방식을 올바르게 전달하는 것이 성공적인 업무 위임의 핵심임을 명심해야 한다. 나중에 살펴보겠지만, 조직문화를 구성원 모두가 공유하는 것이 비즈니스의 필수요건이 되었다. 조직문화의 가치에 따라 행동하는 사람(지성적인 '기업 시민')은 동일한 조건하에서 일관되게 행동할 것이다. 그렇게 되면 관리자는 직원을 올바르게 행동시킬 목적으로 도입하는 공식적 규칙, 절차, 규정의 경직성으로 인한 비효율 때문에 골치를 썩을 필요가 없다.

　관리 활동에서 그 다음으로 중요한 요소는 의사결정이다. 실제로 관리자가 결정을 내리는 경우는 그리 많지 않다. 하지만 결정을 내려야 할 때마다 관리자는 여러 가지 형태로 참여한다. 관리자는 사실적인 자료를 제공하고 의견을 개진하며, 여러 대안의 장점과 단점을 토론함으로써 좀 더 좋은 결정을 내릴 수 있도록 한다. 또한 이미 내려진 결정이나 이제 막 결정 단계에 도달한 사안을 검토하여 승인하거나 거부한다.

　의사결정을 어떻게 내려야 하는지는 나중에 다루기로 하자. 여기서는 의사결정의 두 가지 유형에 대해 알아본다. 첫 번째는 미래지향의 의사결정이다. 예를 들어 자본지출 승인 과정에서 앞을 내다보는 결정을 한다면 회사는 다양한 미래 상황을 상정하여 재무 자원을 할당한다. 두 번째 유형은 진행 중인 문제나 위기에 대처하기 위한 결정이다. 이런 결정은 기술적이거나(예 : 품질 관리 문제) 사람과 관련된(사직서를 낸 직원과 이야기 나누기) 상황에서 내리게 된다.

　의사결정은 현재 비즈니스가 마주하는 사실과 이슈를 얼마나 잘 이해하고 있느냐에 달려 있다. 이것이 바로 정보 수집이 관리자의 업무에서 매우 중요한 이유다. 다른 활동들(정보 전달, 의사결정, 롤모델로서 모범 보이기 등)은 모두 조직이 직면한 과제, 이슈, 요구사항, 문제 등과 관련하여 관리자가 가지고 있는 정보에 달려 있다. 정보 수집은 관리업무의 기본이고, 이런 이유로 나는 하루 중 많은 시간을 정보 수집에 쏟는다.

　가끔은 사무실에서 다른 사람이나 부서에 영향을 미치는 일을 수행하기도 한다. 동료에게 전화를 걸어 의사결정 방향에 대해 제안하거나, 특정 상황을 어떻게 보는지에 관한 의견을 메모로 전달하거나, 구두 보고 자리에서 코멘트를 하거나 하면서 말이다. 관리자는 이런 활동이 자신이 선호하는 행동을 타인에게 제안하는 것이지 지시나 명령을 내리는 것은 아니라고 생각할지도 모른다. 그러나 그런 활동들은 단순히 정보를 전달하는 것보다 강하다. 이를 '넛지(nudge)'라고 부른다.[4] 넛지를 통해 관리자는 자신이 원하는 방향으로 개인과의 면담이나 팀 회의의 결과를 유도한다. 넛지는 관리자가 항상 관여하는 매우 중요한 관리 활동이고, 확고하고 명확한 방향성을 제시하는 의사결정과는 구분되어야 한다.

마지막으로, 모든 관리자의 역할 중에는 좀 더 섬세한 것이 존재한다. 관리자는 부하직원, 동료, 상사 등 조직 내의 사람들에게 롤모델이 된다. 많은 사람들이 관리자가 리더가 되어야 한다고 말해왔다. 사실 하나의 관리 활동만으로 리더십을 갖췄다고 말할 수는 없고 '이것이 바로 본보기다'라고 정해져 있는 것도 없다. 단도직입적으로 말하면, 가치와 행동규범은 대화나 메모로 쉽고 간단하게 전달되지 않는다. 눈에 띄는 행동을 통해 전해지는 것이다.

모든 관리자들은 영향력을 발휘하기 위해 눈에 띄는 행동을 할 필요가 있지만 자신만의 방법을 찾아야 한다. 몇몇 관리자들은 대규모의 집단 앞에서 자신의 생각과 가치를 공개적으로 말하는 데 별다른 불편함을 느끼지 않는다. 하지만 좀 더 조용하고 지적인 분위기에서 일대일로 사람들을 만나 일하기를 좋아하는 관리자도 있다. 어떤 리더십 스타일이든 조직의 구성원들에게 롤모델이 된다면 상관없다.

내가 대규모 조직에서만 필요한 리더십만을 이야기한다고 오해하지 말기 바란다. 작은 지점의 보험 설계사는 지속적으로 친구에게 전화를 걸어서 직원에게 해야 할 행동에 대해 가치 있는 조언을 할 수 있다. 점심식사 후에 술에 약간 취한 채 사무실로 돌아오는 변호사도 마찬가지다. 큰 회사든 작은 회사든 관리자는 자신의 일을 진지하게 수행함으로써 구성원에게 가장 중요한 관리의 가치를 보여줄 수 있다.

관리자 업무 중 상당한 부분을 차지하는 일은 인력, 돈, 자본 등의 자원을 할당(배치)하는 것이다. 하지만 관리자가 매일 할당해야 할 가장 중요한 자원을 하나만 꼽으라면 그것은 바로 '시간'이다. 이론적으로 돈과 인력, 자본은 언제든지 구할 수 있지만 시간은 절대적으로 제한된 자원이다. 그래서 시간의 할당 및 사용에는 상당한 주의가 필요하다. 내 생각에는 자신의 시간을 어떻게 다루느냐가 직원들의 롤모델이 되려는 리더에게 가장 중요한 요소다.

앞에서 봤듯이 나는 보통 하루에 25개 정도의 활동에 참여하는데, 대부분 정보 수집 및 전달뿐만 아니라 의사결정과 넛지에 해당된다. 또한 나는 내 시간의 3분의 2를 누군가와의 회의에 쓴다. 내가 회의에 많은 시간을 쓴다고 우려할지 모르지만, 정보 수집, 정보 전달, 의사결정, 넛지, 그리고 모범(롤모델)을 보이는 활동을 회의가 아니라면 어디에서 수행할 수 있는가? 회의는 활동이 아니라 하나의 수단이다. 관리자는 회의나 메모, 하다못해 확성기를 통해 관리 활동을 수행할 수 있겠지만, 성취하고자 하는 것을 위해서는 가장 효과적인 수단을 선택해야 하고, 그런 수단은 관리자에게 최대의 레버리지가 된다. 회의에 대해서는 나중에 좀 더 자세하게 살펴보자.

관리 활동의 레버리지

관리자의 결과물은 그의 통제력과 영향력하에 있는 여러 조직의 결과물로 이루어진다. 관리자가 자신의 결과물을 어떻게 향상시킬 수 있을까? 이 질문의 답을 얻기 위해 레버리지라는 개념을 살펴보자. 레버리지는 어떤 관리 활동을 통해 산출된 결과물을 측정하는 요소다. 따라서 관리자의 결과물은 다음의 방정식처럼 관리 활동과 연결시킬 수 있다.

관리자의 결과물 = 조직의 결과물

$$= L_1 \times A_1 + L_2 \times A_2 + \cdots\cdots$$

이 공식에 따르면 관리자가 수행하는 모든 활동(A_1, A_2 등)에 따라 조직의 결과물이 증가해야 한다. 그리고 증가의 정도는 활동의 레버리지(L_1, L_2 등)에 의해 결정된다. 그러므로 어떤 관리자의 결과물은 다양한 레버리지를 갖는 개별 활동의 결과물을 모두 합한 것이다. 성과를 달성하느냐 마느냐는 매일 수행하는 여러 활동의 레버리지에 달려 있다는 뜻이다.

관리 생산성(managerial productivity), 즉 업무시간당 관리자의 결과물은 다음과 같은 세 가지 방법으로 향상될 수 있다.

1. 관리 활동의 실행속도를 높인다.

2. 관리 활동들 각각의 레버리지를 증가시킨다.

3. 레버리지가 낮은 관리 활동을 줄이고 레버리지가 높은 관리 활동을 늘린다.

관리 활동의 레버리지를 유형별로 살펴보자.

레버리지를 높이는 활동

기본적으로 다음과 같은 세 가지 경우에 레버리지를 높일 수 있다.

- 한 사람의 관리자가 많은 구성원에게 영향을 미칠 때
- 관리자의 간단명료한 말과 행동이 장기간에 걸쳐 구성원의 활동이나 행동에 영향을 미칠 때
- 독특하고 핵심적인 지식이나 정보를 제공하여 대규모 집단의 업무에 영향을 끼칠 때

첫 번째가 가장 분명한 경우다. 인텔에서 연간 재무계획 수립을 담당하는 재무관리자인 로빈의 경우를 살펴보자. 로빈은 계획 수립 과정의 각 단계별로 어떤 정보를 수집하고 어떤 정보를 제시해야 하는지 '미리' 정한다. 이 행동으로 그녀는 계획 과정에 참여하는 직원 200여 명의 관련 업무에 직접적으로 영향을 끼친다. 계획 활동에 돌입하기 전에 어느 정도 준비기간을 설정하여 다른 관리자들이 겪는 혼란과 모호함을 줄여주기 때문이다. 결과적으로 그녀의 업무는 전체 조직의 생산에 기여하므로 큰 레버리지를 가지고 있다고 말할 수 있다. 하지만 이 레버리지는 전적으로 시기에 달려 있다. 계획

회의 전에 미리 준비 활동을 해야 레버리지가 크다. 만약 로빈이 준비 활동을 게을리하다가 나중에 허둥지둥한다면 레버리지는 크게 낮아질 것이다.

레버리지가 시기적절한 행동에 의해 결정되는 예를 또 하나 들어보자. 능력 있는 직원이 사직하기로 결심했다는 소식을 듣는다면 관리자는 어떻게 해야 할까? 그 직원의 마음을 바꾸고 싶다면 관리자는 즉각적으로 행동을 취해야 한다. 행동을 미루면 모든 기회가 사라진다. 행동의 레버리지를 극대화하기 위해서 관리자는 시기적절하게 행동해야 한다. 이를 항상 명심해두자.

레버리지가 항상 긍정적인 것만은 아니다. 몇몇 관리 활동은 조직의 결과물을 감소시킬 수도 있다. 아주 간단한 예로, 내가 어떤 회의의 핵심 참석자인데 아무런 준비 없이 참석했다고 하자. 이럴 경우 나는 회의 참석자들의 시간을 뺏는 것(내 부주의로 인한 직접적 비용)일 뿐만 아니라 그 시간에 다른 일을 할 수 있는 기회도 빼앗은 것이다.

관리자가 자신의 지식, 스킬, 가치를 여러 구성원에게 전달한다면 그들 각각이 다른 이들에게 자신이 배운 바를 전달할 것이기 때문에 그의 레버리지는 크다고 말할 수 있다. 다시 한 번 말하지만, 레버리지는 긍정적일 수도 있고 부정적일 수도 있다. 나는 직원 오리엔테이션 과정에서 내 강의의 레버리지가 높고 긍정적이기를 바란다. 2시간의 강의 동안 나는 인텔에 관한 많은 정보를 200여 명의 신입직원에게 전달하려고 노력한다. 특별히 전달하고자 하는 정보 외에도 나는 질문에 대한 나의 답변 태도와 전반적인 나의 행동을 통해 막 입사하여 흡수력이 큰 신입직원에게 인텔의 일하는 방식을 알려준다.

이러한 유형의 레버리지에 대해 한 가지 예를 더 들어보자. 인텔의 마케팅 엔지니어인 바버라는 영원사원에게 회사 제품을 교육하는 일을 한다. 그녀가 자신의 업무를 잘 해낸다면 영업사원은 제품 판매에 필요한 준비를 잘 갖출 것이지만, 그렇지 못하면 회사의 손실이 커질 것이 뻔하다.

앞서 예로 들었던, 기술조정위원회의 멤버인 신디 역시 그렇다. 그녀는 회사의 모든 생산 부문 직원에게 특정 기술을 전파하려고 노력한다. 사실 그녀는 인텔 내 관련 부문의 당사자에게 높은 레버리지를 발휘하기 위해 기술조정위원회를 교육의 비공식적인 매개체로 활용한다.

관리자는 어떤 활동에 드는 시간을 줄이는 방법만으로 높은 레버리지를 발휘할 수 있는데, 그렇게 하더라도 다른 사람의 성과에 장기간 영향을 미치게 된다. 성과 평가가 좋은 예다. 관리자가 평가를 준비하고 그 결과를 전달하는 데 별로 시간을 쓰지 않더라도 피평가자의 업무에 상당한 영향을 끼칠 수 있다. 이때 관리자의 레버리지는 긍정적일 수도 있고 부정적일 수도 있다. 관리자가 평가에 별로 노력하지 않아도 직원은 동기를 얻어 방향을 재설정할 수 있지만, 반대로 '알게 뭐야?'라며 의기소침해질 수도 있다.

비망록을 만드는 일처럼 하찮아 보이는 업무도 일상업무를 오랫동안 향상시킬 수 있다. 단순한 기계적 보조장치를 설치하는 것은 한 번으로 끝나는 활동이지만 그것을 계속 이용하는 관리자의 생산성을 향상시킬 가능성이 있다. 그렇다면 이때의 레버리지는 매우 높다고 말할 수 있다.

높지만 부정적인 레버리지의 예를 들어보자. 연간 사업계획 과정을 마친 인텔의 어느 관리자는 금년의 성공적인 비용 절감 노력에도 불구하고 자신의 부서가 내년에 매출이 나아지지 못할 것이라는 점을 알게 됐다. 실의에 빠진 그 관리자가 주변 사람들에게 곧바로 영향을 미치는 바람에 부서 전체가 침울한 분위기에 휩싸이고 말았다. 그는 직원들 중 누군가가 이런 사실을 알려주고 나서야 표정관리의 중요성을 깨달았다. 부정적인 레버리지의 또 다른 예는 관리자가 다른 사람의 업무에 영향을 미치게 될 결정을 미루면서 모호한 태도를 보이는 것이다. 결정을 내리지 않는 것은 나쁜 결정과 다를 바 없다. 초록불이 켜지지 않았다면 빨간불을 뜻하는 것이고, 이렇게 되면 조직 전체의 업무는 마비될 수 있다.

실의에 빠진 관리자와 결정을 미적대는 관리자 모두 궁극적으로 엄청난 부정적인 레버리지를 낳을 수 있다. 형편없는 영업 교육 때문에 직원들이 나쁜 영향을 받았다면, 재교육을 통해 조치를 취할 수 있다. 하지만 실의에 빠지거나 결정을 미적거려서 발생한 부정적인 레버리지는 대처하기가 매우 어렵다. 종잡을 수 없는 부정적 영향이 조직 전체에 퍼지기 때문이다.

'관리자의 간섭(managerial meddling)' 역시 부정적 레버리지다. 직원이 스스로 일하게 두지 않고 자신의 지식이나 경험을 강요할 때 직원들은 이를 간섭이라고 받아들인다. 예를 들어 어느 고위관리자가 원치 않는 경향을 보여주는 지표를 발견하고 책임자에게 어떤 조치를 취해야 하는지 일일이 명령한다면 이것이 바로 관리자의 간섭이다. 일반적으로 간섭은 관리자가 자신의 업무 지식(실질적이든 그렇지 않든)을 과신하는 경우에 생겨난다. 간섭이 심하면 직원들이 다양한 상황에서 스스로 문제를 해결하려는 의지를 보이기보다 제한적인 조치만 취하면서 상사에게 의존하는 부정적 레버리지가 생겨난다. 조직의 결과물은 결국 장기적으로 감소되기 때문에 관리자의 간섭은 분명히 부정적인 레버리지다.

레버리지가 높은 관리 활동의 세 번째 유형은 독특한 스킬과 지식을 지닌 관리자가 있을 때 볼 수 있다. 인텔의 마케팅 엔지니어로 일하면서 제품 라인의 가격 설정을 책임지는 자가 대표적인 예다. 현장에서 뛰는 수백 명의 영업사원은 가격이 지나치게 높게 설정되면 부정적인 영향을 받을 수 있다. 그들이 열심히 영업 활동을 하더라도 좋은 성과를 내지 못할 테니까 말이다. 물론 가격이 너무 낮게 설정되면 수익성이 떨어질 것이다.

다른 예를 들어보자. 특정 제조 공정에 대한 독특하고 세부적인 지식을 지닌 인텔의 어느 개발 담당 엔지니어는 그 지식을 효과적으로 활용하고 있다. 그 공정이 회사의 모든 제품 디자이너들의 업무 기반을 실질적으로 제공할 것이기 때문에 그 개발 담당 엔지니어가 발휘하는 레버리지는 엄청나다. 정유회사에서 일하는 지질학자나 보험회사의 보험계리인도 마찬가지다. 이들은 조직 전체의 업무에 중요한 일을 수행하는 전문가다. 중요한 사실을 이해하고 통찰을 지닌 사람들[이들은 '지식 전문가(knowledge specialist)' 혹은 '노하우 관리자'라고 부른다]은 다른 사람들의 업무에 엄청난 영향력을 행사한다. 따라서 그들의 레버리지는 매우 높다.

관리의 '기술'은 비슷하게 보이는 여러 활동들 중에서 다른 사람들에게 높은 레버리지를 행사하는 것을 두세 개 선택하는 능력에 달려 있다. 나의 경우, 고객의 불만을 면밀히 살피는 것이 '고(高) 레버리지' 활동들 중 하나다. 이 활동이 고객을 만족시키는 것 외에 어떻게 내 업무를 실행해야 하는지에 대한 중요한 통찰을 알려주기 때문이다. 그런 불만들이 아주 많고 자주 반복된다 해도 모든 것에 내가 주의를 기울이지는 못한다. 10~20개 불만 중에 하나를 뽑아 면밀하게 분석하고 조치를 취하는 것이 바로 관리자에게 필요한 관리의 기술이다. 이 기술의 기본은 어떤 불만 뒤에 더 심각한 문제들이 도

사리고 있음을 알아차리는 본능적인 감각이라 할 수 있다.

레버리지를 위한 업무 위임

관리자의 시간은 업무 가치에 따라 사용되어야 하기 때문에 업무 위임은 관리에 필수적인 요소다. '위임자(delegator)'와 '피위임자(delegatee)'는 동일한 정보를 공유해야 하고 문제 해결에 필요한 운영적인 아이디어와 의견, 요구 조건 등을 공유해야 한다. 양측이 정보와 아이디어를 공유하지 않는다면 피위임자는 특정 지시를 수행하는 대리인에 불과할 수밖에 없고 세부적인 사항까지 일일이 지시하는 간섭의 경우와 마찬가지로 관리의 레버리지가 낮을 수밖에 없다.

이런 상황을 머릿속에 그려보자. 당신의 상사인 내가 연필을 손에 쥐고 당신에게 다가가 연필을 받으라고 말한다. 당신이 연필을 잡으려고 손을 뻗지만 내가 내주지 않는다고 하자. 그러고는 나는 이렇게 말한다. "뭔가 문제가 있나? 연필을 자네에게 주려는데, 왜 그러는 거야?" 관리자는 단순히 그 일을 하는 게 좋아서 진정으로 위임하고 싶지 않을 수도 있다. 다른 사람에게 위임할 수도 있지만 그 일이 좋아서 계속 수행하기로 결정내린 것이라면 관리의 효과 측면에서 그리 문제될 것은 없다. 하지만 이럴 때 관리자는 자신이 하는 일을 정확히 알아야 하고 엄청난 부정적 레버리지를 쏟아낼 수 있는 '진실하지 않은 위임'을 가식적으로 행해서는 안 된다.

관리자는 자신에게 익숙한 활동을 위임해야 할까, 아니면 그렇지 않은 활동을 위임해야 할까? 답을 하기 전에 위임하고 나서 완전히 손을 떼는 것은 포기하는 것이나 마찬가지라는 점을 떠올려라. 절대 위임한 일에서 손을 뗄

수는 없다. 위임했다고 해도 그 일의 달성에 책임이 있기 때문이다. 위임한 업무를 모니터링하는 것이 결과를 보장하는 유일하고 실질적인 방법이다. 모니터링은 간섭이 아니다. 모니터링은 어떤 활동이 기대에 부응하여 진행되는지를 확인하는 것이다. 자신에게 익숙한 활동은 모니터링하기가 쉽기 때문에 관리자는 자신이 가장 잘하는 활동을 위임해야 한다. 하지만 앞에서 언급한 '연필 건네기 상황'에서 봤듯이, 자신이 잘 아는 활동을 위임하는 것이 감정의 결을 매우 거스를 수 있다는 점을 기억하라.

앞에서 소개한 나의 하루 일과표를 다시 살펴보자. 임원 회의에서 참석자들은 진행상황을 소개하는 두 가지 보고를 받았는데, 하나는 매우 중요한 마케팅 프로그램의 현 상태에 관한 것이었고 다른 하나는 제조 공정 시간 단축을 목표로 하는 프로그램의 진척 사항에 관한 것이었다. 이 두 가지 프로그램에 대한 검토가 바로 모니터링의 예다. 이 보고가 있기 한참 전에 임원들은 각 프로그램을 어느 중간관리자에게 맡겼고 프로그램의 내용에 대해 여러 관리자와 고참 직원이 동의하는지 확인했다. 중간관리자는 프로그램을 자신에게 위임한 임원에게 자신의 결과가 보고될 것임을 알기에 열심히 프로그램을 수행했다.

위임의 결과를 모니터링하는 것은 품질 보증에서 쓰이는 모니터링과 비슷하다. 품질 보증의 원리를 적용한다면 관리자는 프로세스 내의 최저 가치 단계에서 모니터링을 해야 한다. 예를 들어 보고서 작성을 위임한다면 초안을 검토해야 한다. 관리자는 내용의 기초적인 문제를 잡아내지 못한 상태로 직원이 최종본을 다듬도록 해서는 안 된다. 직원의 업무를 체크하는 횟수를 결정할 때는 품질 보증의 두 번째 원리를 적용하라. 직원의 상황에 따라 서로 다른 샘플링 방식을 적용하는 등 여러 가지 방법을 사용해야 한다. 어떤 직원은 생소한 일을, 어떤 직원은 익숙한 일을 위임받기 때문에 체크의 횟수를 늘리거나 줄이거나 해야 한다. 직원에 대한 신임도가 아니라 특정 업무에 대한 직원의 경험과 예전의 성과(이를 업무 관련 성숙도라고 말하는 데 나중에 자세히 다룰 것이다)를 참조하여 모니터링의 횟수를 결정해야 한다. 시간에 따라 직원의 업무가 진척되면 그에 상응하여 모니터링의 강도를 낮추어야 한다.

품질 보증의 원리를 효과적으로 사용하려면 관리자는 반드시 무작위로 세부사항을 검토해야 하는데, 이는 직원이 만족스럽게 일을 진척시킨다는 것을 확인하는 정도면 충분하다. 위임한 일의 세부사항 모두를 체크하는 것은 생산된 제품을 모두 검사하겠다는 것과 같다.

의사결정은 어떤 의미에서 보면 직원에게 일을 위임한 다음에 업무의 과정을 모니터링하는 행위라 말할 수 있다. 왜 그럴까? 인텔에서 자본설비 구매를 어떻게 승인하는지 살펴보자. 임원들(경영진)은 한 직원에게 결재를 요청하기 전에 전체적인 문제를 주의 깊게 조사하도록 지시한다. 그리고 그의 생각이 얼마나 좋은지 모니터하기 위해서 검토 회의 중에 결재 요청에 관하여 매우 특별한 질문을 던진다. 만약 그가 설득력 있게 대답하면 임원들은 그의 요청을 승인한다. 이러한 기법을 통해 임원은 자신이 직접 나서지 않고서도 좋은 결정을 내릴 수 있다.

관리 활동률 향상시키기 : 속도를 높여라

관리업무의 결과물을 증가시키는 가장 확실한 방법은 업무 수행의 속도를 높이는 것이다. 방정식으로 표현하면 다음과 같다. 여기에서 L은 활동의 레버리지를 뜻한다.

$$\frac{\text{관리의 결과물}}{\text{시간}} = L \times \frac{\text{수행된 활동}}{\text{시간}}$$

관리자의 생산성(시간 대비 결과물)을 향상시키는 가장 보편적인 방법은 시간관리 기법이었다. 즉 앞의 방정식에서 양쪽 변의 분모(시간)를 줄이는 것이었다. 시간관리 컨설턴트는 서류 작업을 한 번으로 줄이고, 스탠드업 미팅만을 진행하고(시간을 줄이기 위해), 문을 등지고 앉도록 책상을 돌려놓는 것이 생산성을 높이는 방법이라고 하나같이 말할 것이다.

내 생각에 이러한 시간관리 기법은 생산의 원리를 적용하면 더 효과를 발휘할 수 있다. 먼저, 제한단계를 규명해야 한다. 우리 업무에서 '달걀'에 해당하는 것이 무엇인지 찾아야 한다. 관리자의 업무 가운데 어떤 것은 절대적으로 일정에 따라 일어나야 한다. 내 경우에는 직원 대상의 강의가 그렇다. 나는 강의가 언제 예정돼 있고 준비해야 할 것이 무엇인지를 알고 있다. 200명이 넘는 직원이 나를 기다리기 때문에 시간적인 여지는 있을 수 없다. 따라서 나는 이 제한단계를 중심으로 나의 다른 업무 일정을 결정하고 강의 앞뒤의 여유시간을 확보해야 한다. 관리자는 자신이 변경할 수 없는 것이 무엇인지 판단해야 더 효율적으로 일할 수 있다.

관리업무에 적용할 수 있는 생산의 두 번째 원리는 비슷한 업무를 '일괄수행(batch)' 하는 것이다. 무엇을 생산하든지 어느 정도의 준비 시간(set-up time)이 필요하다. 관리업무를 효율적으로 진행하려면 비슷한 활동을 수행하는 사람들에게 동일한 준비 시간을 따르도록 해야 한다. 3분 안에 좋은 품질의 달걀을 일정하게 삶아내도록 만들어진, 달걀 삶는 기계를 예로 들어보자. 만약 손님에게 4분 동안 삶은 달걀을 제공하기로 결정한다면 뜨거운 물속에서 달걀을 이동시키는 컨베이어 벨트의 속도를 줄여야 할 것이다. 이렇게 조정하려면 시간이 소요되기 마련이다. 기계의 너트와 볼트를 조정해야 할 뿐만 아니라 4분 동안 삶은 달걀 몇 개를 샘플링하여 품질을 검사해야 하기 때문이다.

준비 시간은 관리업무에도 연관성이 많다. 예를 들어, 직원 교육에 사용할 여러 프레젠테이션 자료를 준비해둔다면 교육 때마다 동일한 자료를 사용할 수 있기 때문에 생산성은 확실하게 향상될 것이다. 마찬가지로 관리자가 읽어야 할 보고서가 아주 많거나 결재해야 할 보고서가 쌓여 있다면, 시간을 정해두고 그것들을 한꺼번에 처리해야 한다. 그래야 그 업무에 필요한 '정신적' 준비 시간의 사용을 극대화할 수 있기 때문이다.

공장을 운영하는 것과 가게 한 곳을 경영하는 것은 어떻게 다를까? 찾아온 손님에게 서비스를 제공할 준비를 갖춘 가게의 주인은 필요한 일을 처리하고 다음 손님을 맞이한다. 한편 공장은 고객의 개별적인 주문이 아니라 예측에 따라 운영된다. 내 경험상, 관리업무의 상당 부분은 예측할 수 있다. 따라서 할 수 있는 일들을 예측하고 자신을 그 일들에 맞추는 것은 관리업무에서 흔히 발생하는 '감정의 분열'을 최소화하는, 중요하고 상식적인 방법이다. 핵심 이벤트를 중심으로 일정을 예측하고 계획하는 것은 글자 그대로 효율적인 공장을 운영하는 것과 같다.

그렇다면 관리자의 예측 수단은 무엇일까? 그것은 아주 단순한 것이다. 바로 달력이다. 대부분의 사람들은 들어온 요청을 기록하는 용도로 달력을 사용한다. 누군가가 관리자에게 무언가를 요청하면 그것이 관리자의 달력에 자동적으로 뜨도록 하는 경우가 있는데, 이것은 아무 생각 없는 소극적인 방법이다. 시간을 더욱 효율적으로 관리하려면 관리자는 그 날의 '제한단계'에 해당하는 업무 사이에서 시간적으로 쫓기지 않는 일의 일정을 정하겠다는 확고한 결심을 가지고 자신의 달력을 마치 '생산' 계획의 도구처럼 사용해야 한다.

여기서 생산의 또 다른 원리 하나가 적용될 수 있다. 생산 담당 직원들은 지표를 신뢰하기 때문에 공장이 생산능력에 맞게 이미 운영 중이라고 생각하면 추가적인 재료를 투입하려고 하지 않는다. 만약 투입한다면 그 재료는 중간쯤 진행되다가 병목 구간에서 멈추고 말 것이다. 그래서 공장 관리자들은 애초부터 투입을 거부하고 시스템에 과부하가 걸리지 않도록 초기 수준을 유지한다. 때로는 생산능력에 관한 지표가 잘 만들어지지 않았거나 믿을 만하지 않기 때문에 추가 재료의 투입이 어렵기도 하다. 얼마나 많은 시간이 우편물을 읽고 보고서를 쓰고 동료와 회의하는 데 필요할까? 정확하게 알 수는 없겠지만 관리자는 각각 필요한 시간에 대한 감각을 지녀야 한다. 그리고 업무 일정을 잡는 데 그 감각을 활용해야 한다.

달력을 생산계획의 도구로 사용하려면 다음의 두 가지 사항을 염두에 두어야 한다.

- '시간이 촉박한 일들' 간의 빈곳을 '필요하지만 촉박하지 않은 일들'로 채우겠다는 계획을 가지고 달력을 적극적으로 사용해야 한다.
- 처리능력을 넘어서는 일은 거부해야 한다.

처리능력을 벗어난 일은 처음부터 거절하는 것이 중요하다. 왜냐하면 어떤 일이 가치가 높은 단계(high-value state)에 이른 상태에서 처리능력 부족으로 무산된다면 그만큼 돈과 시간의 손실이 크기 때문이다. 명확하게 혹은 암묵적으로 거부 의사를 밝혀야 한다. 그러지 않으면 언젠가 "아니요"라고 말했어야 했다고 후회하는 때가 온다. 시간은 유한한 자원이어서 하나의 일을 수락하면 다른 일은 어쩔 수 없이 거부해야 한다는 점을 명심하라.

다음으로 적용할 수 있는 또 하나의 생산 원리는 일정계획에 어느 정도 '여유시간'을 허용하는 것이다. 예를 들어, 고속도로 설계자는 고속도로가 수용할 수 있는 최적의 자동차 수를 알고 있다. 그보다 적은 수의 자동차가 운행한다면 도로가 수용능력에 맞춰 사용되지 않는 것이다. 하지만 최적 상태인 상태에서 몇 대의 자동차들이 교통 흐름에 합류한다면 모든 것이 엉망이 되고 만다. 설계자는 러시아워일 때 도로 진입을 통제하는 새로운 계측기를 사용하여 적정 자동차 수를 유지할 수 있을 것이다. 동일한 원리가 관리업무에 적용될 수 있다. 일할 수 있는 적정수준을 정해놓고 충분한 여유시간을 설정하면 예상치 못했던 전화가 걸려와도 그 날의 일정이 뒤죽박죽되지는 않을 것이다. 그렇기 때문에 얼마간의 여유시간을 설정해야 한다.

또 하나의 생산 원리는 이와는 완전히 반대되는 것이다. 관리자는 프로젝트 측면에서 '원재료 재고'를 가지고 있어야 한다. 이것을 '공정 중 재고'와 혼동해서는 안 된다. 공정 중 재고는 연속 달걀 조리기 속의 달걀들처럼 시간이 지나면 못쓰게 되기 때문이다. 원재료 재고는 해야 하지만 당장 끝낼 필요는 없는 일로 채워져야 한다. 장기적으로 부서의 생산성을 향상시키기 위해 관리자가 재량껏 수행하는 프로젝트가 대표적인 예다. 이런 '프로젝트 재고'가 없다면 관리자는 직원을 간섭하는 데 대부분의 시간을 쓸 것이다.

마지막으로 적용 가능한 원리는 이것이다. 대부분의 생산업무는 매번 새로운 절차를 만들기보다 이미 인정받은 절차를 따르고 예전 작업에서 사용한 특정 방법을 사용한다. 그러나 관리자는 일관성을 잃어버리기 쉽고 동일한 업무에 너무나 많은 방법을 적용하기가 쉽다. 이런 관행이 있다면 속히 고쳐야 한다. 관리업무가 일관적이려면 행정 절차의 가치는 공식적인 언급에 있는 것이 아니라 가치 정립을 이루어낸 진정한 사고 속에 있다는 점을 명심해야 한다. 이 말은 업무를 표준화하려는 노력과 동시에 현재의 업무와 접근 방법에 대해 계속해서 비판적으로 사고해야 한다는 뜻이다.

내재된 레버리지 : 직원은 몇 명이어야 하는가

관리 레버리지의 중요한 요소 중 하나는 직원의 수다. 직원 수가 충분하지 못하면 관리자의 레버리지는 확연히 줄어든다. 직원 수가 너무 많아도 꼼짝 못하게 되어 똑같은 결과가 나온다. 경험상 관리 감독이 주업무인 관리자 한 명은 여섯 명에서 여덟 명의 직원을 관리해야 한다. 서너 명은 너무 적고, 열 명 이상은 너무 많다. 이 범위는 각 직원에게 매주 4시간의 시간을 배정해야 한다는 가이드라인에서 나온 것이다(직원 한 명당 매주 2일의 시간을 배정한다면 그것은 간섭으로 이어질 수 있다. 반면 매주 1시간만으로는 충분히 모니터링하지 못한다).

'6~8명 규칙'은 관리자의 주업무가 관리 감독이고 전통적으로 서열이 중시되는 조직 내의 관리자에게 적절하다. 주로 전문성과 정보를 제공하는 중간관리자인 노하우 관리자의 경우는 어떨까? 그에게 직원이 한 명도 없다 해도 내부 컨설턴트로서 다양한 '고객들'에게 서비스하는 것 자체가 전적으로 그의 관리업무다. 노하우 관리자는 자신의 도움을 받는 계획, 자문, 조정 부서의 구성원을 매주 4시간씩 시간을 배정해야 하는 직원과 같다고 보면 된다. 따라서 전통적인 관리자이든 노하우 관리자이든 간에 6~8명의 직원 혹은 그에 상응하는 구성원 수를 유지하도록 해야 한다.

때로는 이상적인 규모인 6~8명의 직원을 두기가 곤란한 비즈니스가 존재하기 마련이다. 예를 들어, 생산공장은 엔지니어링 부문과 생산 부문으로 나뉘는데, 이럴 때 공장장에게 직접 보고하는 사람은 엔지니어링 담당 관리자와 생산 담당 관리자, 둘뿐일 것이다. 공장장은 이 두 역할 중 하나를 겸임하기로 한다고 가정하자. 그가 엔지니어링 담당 관리자를 겸임한다면, 그의 직원은 생산 담당 관리자만 있는 것이 아니라 엔지니어링 담당 관리자가 관리해야 할 직원들까지 포함한다. 따라서 공장장은 여섯 명의 직원(다섯 명의 엔지니어, 한 명의 생산 담당 관리자)을 두게 된다. 다음의 표를 보면 생산 담당 관리자와 동등한 레벨의 역할(즉 엔지니어링 담당 관리자)이 비어 있다.

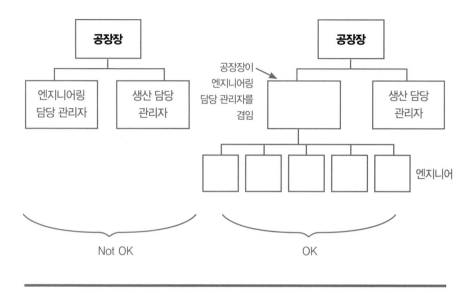

이러한 인력 배치는 공장장이 업무를 게을리하거나 간섭하는 경우를 피할 수 있다.

업무 방해 : 관리업무의 고질병

관리업무에 적용할 수 있는 또 하나의 중요한 생산의 원리는 '규칙성
(regularity)'을 유지하려고 노력하는 것이다. 아침식사를 먹으러 식당을 찾는
고객이 한두 명씩 띄엄띄엄 들어오기보다 안정되고 예측 가능한 흐름으로
들어온다면 당연히 브렉퍼스트 팩토리를 좀 더 효율적으로 운영할 수 있을
것이다. 고객의 습관을 통제할 수 없겠지만, 그래도 가능한 한 업무 부하가
집중되지 않도록 애써야 한다. 앞에서 언급했듯이, 관리업무는 작은 가게가
아니라 공장의 특성을 지니고 있다는 점을 관리자는 충분히 염두에 두어야

한다. 따라서 관리업무가 자주 중단되거나 긴급한 일 때문에 업무가 방해받도록 해서는 안 된다. 몇몇 긴급한 일들은 피할 수 없다 할지라도 조직이라는 블랙박스 위에 창을 냄으로써 미래에 긴급사태가 발생할 가능성이 있는지 항상 살펴야 한다. 손에 시한폭탄을 쥐고 있다는 것을 알아야 그 폭탄이 터지기 전에 조치를 취할 수 있다.

그러나 관리자는 본인의 업무를 다른 관리자의 업무와 조정해야 하기 때문에 그들이 함께해야만 규칙성을 유지할 수 있다. 관련된 여러 활동이 동시간대에 행해져야 한다는 뜻이다. 예를 들어, 인텔의 경우 월요일 아침은 전사적으로 기획 회의를 진행한다. 따라서 월요일 회의에 참석하는 사람들은 회의 시간이 다른 업무와 겹치지 않게 해야 한다.

인텔에서 한번은 20여 명의 중간관리자들이 실험에 참가한 적이 있었다. 둘씩 짝지은 다음, 한 사람은 자신의 결과물을 크게 저해하는 문제가 무엇인지 확인하고 정의하는 관리자의 역할을 맡고 다른 한 사람은 그 문제를 분석하고 해결책을 제안하는 컨설턴트의 역할을 맡았다.

가장 많이 나타난 문제는 '제어할 수 없는 업무방해'였다. 업무방해는 전통적 관리자에게든 노하우 관리자에게든 동일하게 골치 아픈 문제였다. 모두가 자신의 일을 수행하는 동안 업무방해가 발생한다고 생각했다. 업무방해를 일으키는 보편적인 '원천'은 대부분 직원과 관리자의 업무에 영향을 받는 관련부서의 직원이었다. 생산 부문의 관리자에겐 생산 현장 직원이 업무방해의 원천이었고, 마케팅 관리자에겐 외부고객이 업무방해의 원인이었다.

가장 많이 제안된 아이디어는 물리적으로 몸을 숨김으로써 개인적인 업무를 수행할 시간을 확보하는 것이었지만 그리 실용적인 해결책은 아니었다. 더군다나 바람직한 해결책도 아니었다. 방해하는 사람은 분명 정당한 이유와 문제를 가지고 관리자를 찾아올 터인데 관리자가 사라지는 식으로 대응하면 문제는 해결되지 못하고 쌓일 테니까 말이다. 한 가지 해결책은 고객들에게 특정시간에는 전화를 하지 말아달라고 요청하는 것이지만 이것 역시 별로 좋은 해결책은 아니다.

이보다 나은 해결책이 있는데, 바로 생산의 개념을 적용하는 것이다. 생산자가 '표준 제품(standard product)'을 만들듯이, 관리자가 업무방해의 유형을 분명하게 정의할 수 있다면 자주 발생하는 업무방해에 대해서 사전에 정해놓은 '표준 대응(standard response)'을 준비할 수 있을 것이다. 고객은 매일 매일 완전히 새로운 질문과 문제를 제시하지 않는다. 그리고 같은 질문과 문제가 반복적으로 제시되는 경우가 많기 때문에 관리자는 '표준 대응'을 사용함으로써 '업무방해꾼'을 다루는 시간을 줄일 수 있다. 이런 표준 대응법을 마련해두면 관리자는 업무의 상당 부분을 덜 능숙한 직원에게 위임할 수 있다.

또한 '일괄 생산(batching)'이라는 생산 원리를 사용한다면, 즉 비슷한 방해 원인을 한꺼번에 다룬다면, 직원들로 인한 업무방해는 그때그때 처리하지 않고 쌓아두었다가 부서회의나 일대일 회의 때 한번에 대응할 수 있다. 만약 그런 회의가 정기적으로 열리면, 정해진 시간에 질문과 문제를 일괄 처리하겠다고 해도 직원들은 크게 반발하지는 않을 것이다. 아무 때나 찾아와 관리자를 방해하는 일도 줄어들 것이다.

시간과 관련된 지표를 사용하는 것도 관리자가 업무방해를 다루는 데 드는 시간을 줄일 수 있다. 그가 업무방해자의 질문에 얼마나 빨리 대답할 수 있느냐는 대답에 필요한 정보를 얼마나 빨리 확보할 수 있느냐에 달려 있다.

정보를 잘 관리해둔다면 관리자는 전화가 올 때마다 자료를 찾느라 헉헉대지 않아도 된다.

만약 업무방해자가 본인이 얼마나 많이 관리자를 성가시게 하는지 알고 있다면, 그는 아마도 스스로를 자제하고 관리자에게 바로 질문하는 빈도를 줄일 것이다. 어떤 경우든지, 관리자는 자신을 자주 방해하는 사람들에게 어떤 문제가 기다려도 되는 사안인지 아닌지를 적극적으로 결정하도록 독려해야 한다. 따라서 관리자는 숨어버리는 방법 말고 문에 이런 표지를 내거는 방법을 고려해야 한다. "개인 업무 중입니다. 급한 일이 아니면 2시까지 방해하지 마세요." 사무실 개방 시간을 정해서 누구든지 그 시간에는 관리자를 만날 수 있게 하는 것도 방법이다. 여기서 핵심은 방해하는 자들이 해결해야 할 정당한 문제를 가지고 있음을 이해하는 것이다. 그것이 바로 관리자를 찾아오는 이유다. 관리자는 회의 때 일괄 논의한다든지 사무실 개방 시간을 정한다든지 몇 가지 대안을 마련하여 문제를 처리하는 데 필요한 시간을 확보해야 한다.

핵심은 관리자가 문제를 처리하는 방법에 패턴을 부여하는 것이다. 한때 불규칙적이었던 것을 규칙적으로 만드는 것은 기본적인 생산 원리 중 하나이고, 관리자를 괴롭히는 업무방해 문제를 다루는 방법이다.

관리업무의 수단 : 회의

사람들은 회의를 그리 좋아하지 않는다. 경영대학원 중에는 회의를 관리자가 존재하는 한 피할 수 없는 저주와 같다고 말하는 곳도 있다. 회의에 관해 연구한 누군가는 관리자들이 자기 시간의 50%를 회의에 쏟고 있다는 사실을 밝혀내고서는 심각한 시간 낭비라고 지적했다. 피터 드러커는 한때 자기 시간의 25% 이상을 회의에 사용하는 것은 관리자의 조직운영에 문제가 있다는 신호라고 언급했고, 윌리엄 화이트 주니어(William H. Whyte, Jr.)는 그의 책 《조직 인간(The Organization Man)》에서 회의를 관리자가 감내해야 하는 '도움이 안 되는 노동(non-contributory labor)'이라고 표현했다.

하지만 회의를 다르게 바라볼 필요가 있다. 앞에서 나는 중간관리자 업무의 상당 부분이 정보와 노하우를 제공하고 우선적인 업무 처리 방법에 대한 감각을 자기가 관리하고 영향력을 행사하는 구성원에게 전달하는 것이라고 언급한 바 있다. 또한 관리자는 결정을 내리거나 다른 사람들이 결정을 내리도록 돕는 사람이다. 이 두 가지의 기초적인 관리업무는 '면대면(face-to-face) 만남', 즉 회의를 통해서만 이루어질 수 있다. 회의는 관리업무를 수행하는 수단(medium)이다. 이 말은 회의의 존재를 비난하고 거부할 것이 아니라 가능한 한 회의시간을 효율적으로 활용해야 한다는 뜻이다.

두 가지 관리 역할(정보와 노하우 제공, 의사결정)을 수행하려면 두 종류의 회의가 필요하다. 정보와 노하우 제공 목적의 회의는 지식이 공유되고 정보가 교환되는 '과정 지향 회의(process-oriented meeting)'라고 부른다. 이런 회의는 정기적인 일정에 따라 열린다. 의사결정 목적의 회의는 특정 문제를 해결하고 결정을 내리기 위한 '미션 지향 회의(mission-oriented meeting)'라고 부른다. 이 회의는 문제가 발생할 때 즉석에서 열리기 때문에 미리 일정을 세우지는 못한다.

과정 지향 회의

이 회의를 최대한 활용하려면 회의를 정기화하는 것을 목표로 해야 한다. 참석자들이 회의의 운영방식, 회의에서 논의될 구체적인 주제, 회의를 통해 이루어져야 할 것 등을 숙지해야 한다. 과정 지향 회의는 관리자가 여러 사안을 '일괄 처리'하도록 진행되어야 한다. 다시 말해, 생산 과정에서 준비 시간을 둔 다음 일괄로 생산해내듯이, 회의를 통해 비슷한 여러 가지 관리업무를 일괄로 처리해야 한다. 정기적으로 이런 회의를 운영하면 참석자 모두 그런 사안이 논의되는 데 필요한 시간을 예측할 수 있다. 그렇게 하면 다양하게 들어온 직원들의 요청을 회의를 통해 한 번에 처리하는 '생산 관리 시스템'과 같은 체계가 만들어질 수 있다. 이 말은 정기적인 회의를 통해 직원들이 수행하는 업무를 방해할 가능성을 최소화한다는 뜻이다.

인텔의 경우, 일대일 면담, 직원회의, 운영 점검 회의 등 세 가지 종류의 과정 지향 회의를 운영하고 있다.

일대일 면담

인텔에서 상사와 부하직원 사이에서 이루어지는 일대일 면담은 두 사람 간의 업무 관계를 유지시키는 기본적인 방법이다. 일대일 면담의 주요 목적은 상호 학습 및 정보 교환이다. 특정 문제와 상황에 대해 이야기하면서 상사는 부하직원에게 자신의 기술과 노하우를 전수하고 문제 해결의 접근 방법을 제안한다. 이와 동시에, 부하직원은 상사에게 그가 수행하는 일과 그가 염려하는 바에 관한 세부 정보를 제공한다. 내가 아는 바에 따르면, 정기적인 일대일 면담은 인텔이 아닌 다른 기업에서는 아주 드물다. 다른 기업의 관리자에게 일대일 면담을 운영하냐고 물으면 아마도 이렇게 대답할 것이다. "아, 그렇지 않아요. 상사(혹은 부하직원)와 정기적으로 면담할 필요가 있을까요? 하루에도 여러 번 얼굴을 마주하는 데 말이에요." 하지만 상사와 부하직원이 무심하게 여러 번 마주치는 것 혹은 특정 문제를 해결하기 위해 회의(미션 지향 회의)를 갖는 것과 정기적으로 일대일 면담을 진행하는 것은 굉장한 차이가 있다.

인텔 초창기 때, 나는 엔지니어링 부문과 생산 부문을 관리 감독하기를 희망했지만 회사의 첫 번째 제품 라인인 메모리 장치에 대해 아무것도 알지 못한다는 점을 깨달았다. 또한 나는 생산 기법에 대해 별로 알지 못했고 나의 배경지식은 온전히 반도체 장치 연구에 한정되어 있었다. 그래서 내 직속 부하직원 두 명은 내게 메모리 설계와 생산에 관하여 개인적으로 가르쳐주겠다고 약속했다. 나는 그들과 시간을 정해 만났고 부하직원이자 선생님인 그들은 상사이자 학생인 내가 열심히 필기를 하며 배울 수 있도록 힘을 다해 도왔다. 인텔이 성장하면서 이와 같은 일대일 면담의 초기 기조와 정신이 자리를 잡았고 지속적으로 발전되었다.

누구와 일대일 면담을 해야 할까? 경우에 따라서 관리자는 전문적 업무를 수행하는 직원부터 생산직 직원까지 모두를 만나야 한다. 하지만 여기에서 내가 말하는 일대일 면담은 '전문적 업무를 수행하는 직속 부하직원'과의 면담을 뜻한다.

얼마나 자주 일대일 면담을 가져야 할까? 다시 말해, 관리자는 일대일 면담을 하는 횟수를 어떻게 결정할까? 이 질문의 답은 직원 각각의 '업무 관련 성숙도'에 달려 있다. 해당 직원이 특정 업무에 관해 얼마나 많은 경험을 가지고 있느냐에 따라 일대일 면담의 횟수를 결정한다. 직원의 대략적인 경력이나 나이를 보고 결정해서는 안 된다. 앞으로 살펴보겠지만, 가장 효과적인 방법은 직원의 업무 성숙도에 따라 면담 횟수를 결정하는 것이다. 관리자는 특정 상황에 대해 경험이 적은 직원들과는 자주 일대일 면담을 갖고(일주일에 한 번) 경험이 풍부한 베테랑 직원과는 그보다 적게(몇 주에 한 번 정도) 면담하는 것이 좋다.

이때 또 한 가지 고려해야 할 사항은 해당 업무 분야에서 변화가 얼마나 빨리 일어나는가다. 예를 들어, 마케팅은 변화가 매우 빠르게 일어나기 때문에 상사는 업무 진행 속도와 보조를 맞추기 위해 일대일 면담을 자주 할 필요가 있다. 하지만 연구 부문이라면 변화가 느리기 때문에 부하직원의 업무 성숙도가 낮지 않은 한 면담을 자주 하지 않아도 될 것이다.

일대일 면담 시간은 어느 정도가 좋을까? 이에 대한 정답은 없지만 직원이 골치 아픈 이슈를 설명하고 논의하기에 충분한 시간이 어느 정도일지 짐작할 수 있어야 한다. 이런 상황을 상상해보자. 당신에게 상사와 논의하고 싶은 중대한 문제가 있다면(그 상사는 당신 다음으로 그 문제에 대해 전문적인 관심을 가진 사람이다), 고작 15분 정도로 예정된 회의에서 그 문제를 거론하고 싶을까? 당연히 그렇지 않을 것이다. 나는 일대일 면담이 적어도 1시간 정도 진행되어야 한다고 생각한다. 내 경험상 그보다 시간이 짧으면 부하직원은 신속하게 처리될 수 있는 간단한 업무만 면담 주제로 삼는다.

그렇다면 일대일 면담은 어디에서 해야 할까? 상사의 방에서, 아니면 부하직원의 사무실에서, 혹은 다른 곳에서? 나는 가능하다면 부하직원이 일하는 사무실이나 그곳에서 가까운 장소에서 진행되어야 한다고 생각한다. 상사는 부하직원이 있는 사무실을 찾아가 보는 것만으로도 많은 것을 파악할 수 있다. 그런데 그 부하직원이 면담할 준비를 갖추지 못했다면 어떻게 할까? 그가 문서를 뒤적이느라 자꾸만 시간을 낭비하고 다른 일 때문에 방해를 받는다면 어떻게 할까?

여기에 일대일 면담 진행의 핵심이 있다. 일대일 면담은 '부하직원 주도의 회의'이며 그가 설정한 의제와 기조에 따라 진행되어야 한다. 그렇게 해야 하는 이유가 있다. 회의를 진행하려면 누군가는 회의를 준비해야 한다.

여덟 명의 부하직원을 둔 상사라면 혼자서 일대일 면담을 여덟 번 준비해야 하지만, 부하직원이라면 한 번만 준비하면 된다. 따라서 부하직원이 주도하여 면담의 아웃라인을 준비해야 부하직원이 회의에서 제기될 모든 이슈를 미리 점검할 수 있다. 더욱이 그런 아웃라인이 있어야 상사는 회의에서 무엇을 다룰지 미리 파악할 수 있고 의제로 정해진 여러 아이템에 따라 회의의 속도를 조절할 수 있다. 아웃라인은 부하직원이 미리 어떤 정보를 준비해야 하는지 그 틀 또한 제공한다. 부하직원은 상사에게 관련된 모든 정보를 보여주어야 한다.

일대일 면담에서 다뤄야 할 내용은 무엇일까? 수주율, 생산량, 프로젝트 현황 등 성과를 나타내는 수치나 지표를 면담 내용으로 삼을 수 있다. 문제를 드러내는 지표가 면담에서 강조되어야 한다. 또한 일대일 면담은 현재의 채용 문제, 전반적인 인사 문제, 조직 차원 문제나 향후 계획 등 최근 면담 이후에 발생한 중요한 사항을 다뤄야 한다. 그리고 일대일 면담에서 다뤄져야 할 매우 중요한 주제는 '잠재적인' 문제다. 아직 표면화되지 않았지만 무언가 잘못됐다는 느낌이 드는 수준이라 해도 부하직원은 이를 상사에게 보고해야 한다. 그것이 조직이라는 블랙박스를 유심히 들여다보도록 촉발시키기 때문이다. 부하직원을 사로잡는 이슈인가가 회의의 주제를 선정하는 가장 중요한 기준이다. 그런 문제들은 보통 애매모호하고 표면화시켜 해결하기까지 시간이 많이 걸린다.

일대일 면담에서 상사의 역할은 무엇일까? 그는 어떤 일이 벌어지는지, 무엇이 염려되는지에 대하여 부하직원이 잘 설명하도록 유도해야 한다. 일대일 면담에서 상사는 상황을 파악하고 코치하는 역할을 맡는다. 피터 드러커는 상사의 역할을 아주 멋지게 요약했다. "시간을 잘 활용하는 관리자라면 본인의 문제를 부하직원에게 말하지 않는다. 그런 관리자는 부하직원들이 자신의 문제를 이야기하도록 만드는 방법을 안다."5

어떻게 해야 부하직원이 자신의 문제를 말할까? 내가 경험으로 체득한 원칙은 이렇다. "질문을 하나 더 하라!" 부하직원이 하고 싶은 말을 모두 했다고 생각되더라도 상사는 한 가지 질문을 더 해야 한다. 상사는 자신과 부하직원이 문제의 밑바닥까지 모두 다뤘다는 느낌이 들 때까지 부하직원에게 계속 질문을 던짐으로써 사고의 흐름을 계속 유지해야 한다.

효과적으로 일대일 면담을 진행하는 데 도움이 되는 몇 가지 기술적인 힌트를 준다면 다음과 같다. 첫째, 상사와 부하직원 모두 아웃라인이 적힌 문서를 보며 회의를 진행해야 하고 그 위에 메모를 해야 한다. 메모에는 여러 가지 목적이 있다. 나는 모든 세부사항을 기록하는데, 대부분이 그걸 다시 들여다보지는 못한다. 그럼에도 메모하는 이유는 딴 생각을 하지 않고 면담에 집중하기 위해서이고 내가 보고 들은 정보를 이해하기 위해서다. 아웃라인을 문서에 메모하기 시작하면서 나는 정보를 논리적으로 분류하게 되었고 이해하는 데 도움을 받았다. 이렇게 메모하는 행위 자체가 상징하는 것 또한 중요하다. 일대일 면담에서 나온 많은 이슈들은 부하직원들에게 향후 조치에 대한 책임을 부여한다. 부하직원이 상사의 제안을 받아 적는 것은 행동으로 옮기겠다는 약속을 뜻한다. 상사 역시 메모를 해두면 다음 일대일 면담에서 향후 조치 상황을 확인할 수 있다.

시간을 효율적으로 사용하는 좋은 방법은 상사와 부하직원이 '중요하지만 긴급하지 않은' 이슈들을 다음 번 면담 때 논의하도록 모아두는 파일을 사용하는 것이다. 이 파일은 생산 원리 중 하나인 '일괄 생산'을 적용한 것으로서, 전화 통화, 갑작스런 호출 등 양측의 업무에 방해가 되는 행위를 최소화하여 양측 모두가 업무 시간을 효율적으로 쓰도록 해준다.

상사는 일대일 면담이 이루어지는 동안 이슈를 터놓고 이야기하는 분위기를 조성해야 한다. 일대일 면담은 부하직원에게 영향을 미치는 심각하고 민감한 업무 관련 문제에 접근하기 위한 완벽한 기회이기 때문이다. "그는 자신의 성과에 만족하는가?", "그를 괴롭히는 불만이나 장애물이 있는가?", "목표에 대해 의심을 가지고 있는가?" 이런 말이 오갈 때 상사는 부하직원이 갑자기 자신의 속마음을 드러내는 말을 불쑥 내뱉을 수도 있다는 사실을 주의해야 한다. 흔히 그런 말은 면담 막판에 나오곤 한다. 부하직원은 회사 생활이 힘들어서 이직할 곳을 알아보고 있다는 식으로 숨겨둔 속마음을 털어놓을지 모른다. 면담 시간이 겨우 5분밖에 남지 않았는데 말이다.

많은 조직이 지리적으로 서로 떨어져 있기 때문에 전화로 일대일 회의를 하는 경우가 많아지고 있다. 이런 회의도 적절하게 준비하고 주의를 기울인다면 충분히 효과적으로 이루어질 수 있다. 상사는 회의가 시작되기 전에 아웃라인을 파악해야 하고, 양측 모두 메모를 해야 한다. 상대방의 얼굴을 볼 수 없기 때문에 메모는 면대면 회의와 동일한 효과를 낼 수는 없다. 전화 회의가 끝나고 메모를 교환한다면 각자가 하기로 한 업무 약속을 확실히 알 수 있을 것이다.

일대일 면담이 끝나면 바로 다음 면담을 언제 할지를 잡아야 한다. 이렇게 해야 다음 번 면담까지 해야 할 조치가 무엇인지 고려할 수 있고 면담이 취소되는 경우를 막을 수 있다. 만약 상사가 일대일 면담을 격주로 수요일로 잡았는데 마침 그 날이 부하직원의 휴가와 겹친다면, 면담이 이루어질 수 없을 것이다. 격주로 면담을 하기로 했더라도 면담이 끝날 때마다 다음 번 면담일에 면담이 가능한지 서로 확인하는 것이 좋다.

일대일 면담의 레버리지는 무엇일까? 격주로 한 번씩 부하직원과 일대일 면담을 한다고 가정하면, 이 90분이라는 면담 시간은 2주 동안 부하직원이 수행하는 업무의 질을 향상시킴은 물론 상사가 부하직원의 업무를 더욱 잘 파악할 수 있게 도와준다. 분명히 일대일 면담은 엄청난 레버리지를 발휘한다. 상사와 부하직원이 공통의 정보 토대를 구축하고 업무를 수행하고 처리하는 공통의 방법을 찾아가면서 레버리지가 나타난다. 또한 앞에서 언급했듯이 일대일 면담이야말로 효율적이고 효과적인 업무 위임을 가능하게 만드는 유일한 방법이다.

이와 동시에 부하직원은 상사를 '가르치기도' 하는데, 상사가 면담을 통해 배운 것은 상사가 좋은 결정을 내리는 데 절대적으로 중요하게 작용한다. 최근의 일대일 면담에서 인텔의 영업 조직을 책임지는 내 부하직원은 수주량 추이를 나타내는 여러 지표를 검토했다. 나는 그 지표들이 무엇인지 아는 바가 별로 없었지만, 그는 구체적인 정보를 제시하며 우리의 비즈니스가 성장세를 멈췄다는 점을 나에게 납득시켰다. 보통 여름철은 비수기이긴 하지만 계절적인 이유로 인해 그런 판매 부진이 발생하는 게 아님을 나에게 증명해 보였다. 데이터를 검토하고 비즈니스 활동의 다른 지표들과의 관계를 살펴본 후에 우리는 인정하기 싫었지만 비즈니스가 사실상 판매 하락으로 접어들었다는 결론에 도달했다. 이는 단기투자를 보수적으로 해야 한다는 의미였다. 결코 간단한 문제가 아니었다.

그가 자신이 가진 정보를 나와 공유하면서 우리의 확장 계획을 보수적인 방향으로 손봐야 한다는 동일한 관점, 접근방식, 결론에 도달했다. 그는 자신이 책임지는 부문의 성장계획을 축소하기로 결정하고 면담을 마쳤다. 나 또한 면담을 마치면서 내가 관리하는 사업부와 함께 이와 같은 결론을 공유해야겠다고 마음먹었다. 이 날의 일대일 면담에서는 상당한 레버리지가 창출된 셈이었다. 인텔의 영업 책임자(나와 일대일 면담을 한 직원)가 내 밑의 모든 관리자에게 영향을 미쳤기 때문이다.

시야를 넓혀보면, 일대일 면담은 가정에서도 활용할 수 있다. 한다. 두 명의 10대 소녀를 딸로 둔 아버지로서 나는 그렇게 면담 분위기로 대화를 나누는 것과 다른 상황에서 이야기를 나누는 것이 분위기 측면에서 아주 다르다는 사실을 깨달았다. 일대일 면담은 상대방을 진지하게 대하게 만들고 민감하고 복잡한 문제를 토론하게 해준다. 아버지와 딸은 보통 외식을 하면서 이야기를 나누기 때문에 메모 같은 건 하지 않지만, 가족과의 일대일 면담은 회사에서의 일대일 면담과 아주 많이 비슷하다. 나는 가정에서나 직장에서나 일대일 면담을 적극 추천한다.

직원회의

직원회의는 상사와 모든 부하직원들이 참석하는 자리로서 직원들이 서로 상호작용할 수 있는 기회가 된다. 나중에 살펴보겠지만 직원 간의 상호작용, 특히 집단의 의사결정은 그리 쉬운 일이 아니다. 하지만 이것이야말로 '좋은 관리'의 핵심이다. 다음 장에서 다룰 의사결정의 접근방식은 9장에서 언급할 '이중보고(dual reporting)' 원칙의 효과와 함께 직원들이 얼마나 협력하느냐에 달려 있다. 직원회의에서 어떻게 이를 가능하게 만드는지, 어떻게 직원들이 서로를 알아가는지, 동일한 상사를 두었다는 점이 어떻게 상호작용을 증진시키는 데 도움이 되는지 파악함으로써 관리자는 자신이 다른 집단의 멤버로 활동하는 데 도움을 얻을 수 있을 것이다.

직원회의는 또한 상사가 의견 교환이나 대립을 통해 무언가를 배울 수 있는 기회가 된다. 내 경우에는 한쪽 이야기를 듣는 것보다 서로 다른 견해를 가진 두 사람이 토론하는 것을 듣는 것이 내가 잘 알지 못하는 이슈를 이해하는 데 훨씬 더 도움이 된다.

내가 직원회의를 처음으로 경험한 날은 반도체 장치 연구를 수행하는 작은 엔지니어 부서의 장으로 부임했던, 경력 초기 때로 거슬러 올라간다. 당시 이 부서의 구성원들은 모두 각기 다른 과제를 담당하고 있었다. 나는 명색이 상사였지만, 직원들이 나보다 다른 연구원의 업무를 훨씬 잘 알고 있었다. 그래서 어떤 주제에 관한 그룹 토론은 나와 개별 직원이 의견을 교환할 때보다는 훨씬 세부적으로 수준으로, 그리고 더 열띤 분위기 속에서 진행되곤 했다.

직원회의에서는 무엇이 토론되어야 할까? 둘 이상의 사람들에게 영향을 미치는 것이라면 무엇이든 토론 주제가 된다. 만약 회의가 하나의 과제를 담당하는 두 사람 사이의 대화로 전락해버린다면 상사는 대화를 중단시키고 더 많은 직원들과 관련된 사안으로 넘어가야 한다. 두 사람은 나중에 따로 만나 의견을 교환하라고 제안하면서 말이다.

회의는 어떻게 구성되어야 할까? 자유로운 브레인스토밍이 좋을까, 아니면 세부 의제를 정해놓는 게 좋을까? 직원회의에서 논의될 주제는 미리 정해

뒤야 한다. 그래야 직원들이 회의에 앞서 자신의 생각을 정리할 시간을 가질 수 있다. 그러나 직원회의에는 일정 시간 내에 직원이 무엇이든 의견을 개진할 수 있는 '자유 발의 시간(open session)'도 포함시켜야 한다. 자유 발의 시간은 잡다한 관리 문제를 거론하고 중요한 이슈가 무엇인지 짧게나마 훑어보는 시간으로 활용할 수 있다. 만약 이 시간에 나온 사안이 중요하다면 다음 회의에서 좀 더 공식적으로 토론할 시간을 마련할 필요가 있다.

직원회의에서 상사의 역할은 리더, 관찰자, 진행자, 질문자, 의사결정자 중 무엇인가? 물론 이 질문의 답은 '모두 다'이다. 이때 상사는 '강사'가 아니라는 점을 명심하기 바란다. 상사는 직원회의를 잘난 체하며 설교하는 시간

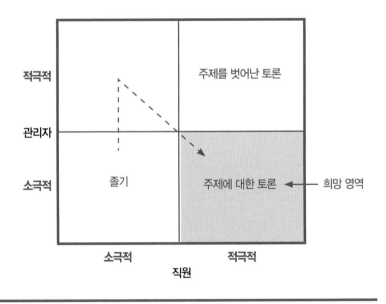

직원회의에서 관리자의 역할은 토론이 주제를 벗어나지 않고 직원들이 이슈에 정면으로 맞서도록 하는 것이다.

으로 사용하느라 직원들의 자유로운 토론을 방해하고 회의의 기본적인 목적을 저버려서는 절대 안 된다.

앞의 그림은 상사의 가장 중요한 역할이 회의의 중재자이자 진행자이고 회의의 속도와 주제를 제어하는 통제자라는 점을 보여준다. 이상적으로 상사는 부하직원들이 이슈를 정면에서 맞서도록 원활하게 유도해야 한다. 직원회의는 의사결정의 이상적인 수단이다. 왜냐하면 참석자들이 오랫동안 함께 일해왔기에 서로 공식적, 비공식적 위계가 잘 설정되어 있고, 또 누가 오래 이야기하는 걸 좋아하는지 누가 회의 중에 딴 생각을 하는지 누가 어떤 일에 대해 무엇을 아는지 등을 잘 파악하고 있기 때문이다. 직원회의는 가족이 저녁식사 자리에서 나누는 대화와 비슷하다. 반면, 회사에서 서로를 그렇게까지 잘 알지 못하는 사람들이 참석하는 회의는 낯선 사람들끼리 함께 의사결정을 내리는 것과 같다.

운영 점검 회의

운영 점검(operational review) 회의는 서로 상호작용할 기회가 없는 직원들에게 서로를 알게 해주는 매개체다. 운영 점검 회의에는 관리자가 자신의 업무를 직속 상사가 아닌 고위관리자들과 다른 부서의 동료 관리자들에게 설명하는 공식적인 발표가 포함되어야 한다. 인텔에서 운영 점검 회의의 기본적인 목적은 일대일 면담이나 직원회의를 통해 만나지 못하는, 여러 직위의 관리자들끼리 서로 배우고 가르치는 활동을 지속시키기 위해서다. 운영 점검 회의는 초급 관리자와 고위관리자 모두에게 중요하다. 초급 관리자는 고위관리자로부터 평가나 비판, 제안을 받을 수 있어서 도움이 되고, 고위관리자는 문제의 세부사항을 잘 알고 있는 초급 관리자로부터 문제에 대한 새로운 관점을 얻게 되어 도움이 된다. 이러한 운영 점검 회의는 동기부여의 수단이기도 하다. 발표를 진행하는 관리자는 '자기 상사의 상사'와 다른 부서의 동료 관리자들에게 좋은 인상을 남기기를 바라기 때문이다.

운영 점검 회의에는 누가 참석해야 할까? 이 회의에는 주관자, 검토자, 발표자, 청중 등 모두 네 가지 역할을 담당하는 사람들이 참여해야 한다. 운영 점검이 효과적으로 이루어지려면 각자가 자신의 역할을 충실히 수행해야 한다.

회의를 주관하는 사람(organizing manager, 주관자)은 발표를 맡은 관리자의 상사가 되어야 한다(인텔에서는 발표자가 마케팅 팀장이라면 주관자는 마케팅 담당 임원이 된다). 이 사람은 어떤 이슈가 논의되어야 하는지, 무엇을 강조해야 하는지, 얼마나 상세한 수준으로 다뤄야 하는지를 발표자가 결정하도록 도와야 한다. 또한 그는 회의실 예약, 시각자료 준비, 회의 공지 등 회의를 준비하는 업무에 책임이 있다. 마지막으로 회의 주관자는 발표 시간 등 회의에 소요되는 시간을 관리해야 한다. 토론에 소요될 시간을 미리 판단하는 것은 그리 쉽지 않지만, 이런 회의를 주관해본 경험이 풍부한 관리자라면 충분히 소요시간을 예상할 수 있을 것이다. 어떤 경우든 주관자는 남들은 알아차리지 못하는 제스처를 써서 발표자의 발표 속도를 통제해야 하고 그래야 발표자가 자신의 주장을 겨우 반밖에 하지 못한 상태로 발표 시간을 다 써버리는 일을 막을 수 있다.

검토자(reviewing manager)는 발표자가 자신의 발표를 어떤 임원에게 점검받길 원하는가에 따라 결정된다. 인텔의 경우에는 보통 사업부장(사업부 전체를 총괄하는 사람)이 검토자가 된다. 검토자는 질문을 던지고, 코멘트를 하고 회의에 적합한 분위기를 조성하는 등 매우 중요한 역할을 수행해야 한다. 그는 청중의 참여를 이끄는 '촉매자'로서 자유로운 의견 개진이 이루어지도록 독려해야 한다. 그는 절대 회의 자료를 미리 살펴봐서는 안 되는데, 만약 회의 내용을 미리 알고 있으면 즉각적으로 반응하지 못할 것이기 때문이다. 검토자는 고위 임원으로서 발표자를 맡은 초급 관리자의 롤모델이기 때문에 그는 자신의 역할에 매우 진지하게 임해야 한다.

발표자(presenter)는 가능한 한 시각적 장치를 사용해야 한다. 청각뿐만 아니라 시각적인 장치를 동시에 사용해야 사람들은 회의 내용을 보다 확실하게 이해한다. 하지만 주의해야 할 사항이 있다. 종종 시각적 자료를 지나치게 사용하는 바람에 슬라이드를 모두 넘겼는데도 청중이 그의 요지를 이해하지 못하는 경우가 벌어지곤 한다. 내 경험상, 도표, 수치, 그림 등이 포함된 슬라이드 1장에 4분 정도의 발표 및 토론 시간이 적당한 것 같다. 발표자는 강조하고 싶은 것이 있으면 색깔 있는 펜이나 포인터로 강조 표시를 해야 한다. 발표 시간 내내 발표자는 매의 눈으로 청중을 관찰해야 한다. 청중의 얼굴 표정과 보디랭귀지는 청중이 내용을 잘 이해하는지, 어떤 것은 검토가 필요 없고 어떤 것은 검토가 재차 필요한지, 청중이 지루해서 발표를 빨리해야 하는지 등을 발표자에게 일러줄 것이다.

운영 점검 회의에서 청중은 중요한 역할을 담당한다. 성공적인 회의인지 아닌지를 가늠하는 잣대는 청중이 질문이나 코멘트를 하며 얼마나 적극적으로 회의에 참여하는가다. 청중이 발표자의 눈을 피하고 하품이나 하면서 신문을 뒤적일 거라면, 차라리 회의실에 없는 게 더 낫다. 청중의 관심 부족은 발표자를 주눅 들게 만든다. 당신이 회의의 청중이라면 그 점검 회의에 업무 시간 중 상당 부분을 쓰고 있다는 사실을 명심해야 한다. 자신과 조직 모두를 위해 가능한 한 시간을 유용하게 쓰도록 하라. 회의에 집중하고 당신이 시도해봄직한 일은 받아 적어라. 이해가 되지 않는 것이 있으면 질문하고 당신이 동의할 수 없는 접근방식이 제안되면 목소리를 높여라. 그리고 발표자가 틀린 정보를 말하면, 그것을 바로잡아주는 것이 청중의 책임이다. 명심하라. 당신의 받는 연봉의 일부는 회의에 집중하는 대가로 받는 것이다. 회의에 참석하지 않았더라면 한창 바쁘게 일해야 할 시간에 낮잠을 자서는 안 된다. 회의 참석은 곧 일이다.

미션 지향 회의

지식과 정보를 교환하려는 목적으로 일정을 정해 열리는 과정 지향 회의와 달리, 미션 지향 회의는 보통 즉석에서 열리고 의사결정이라는 구체적인 결론을 도출하기 위해 이루어진다. 미션 지향 회의의 성공은 '의장(chairman)'의 역할에 달려 있다. 공식적으로 이런 직함을 쓰는 경우는 별로 없지만, 직함이 무엇이든 간에 다른 누구보다 회의의 성과를 좌우하는 사람이 있기 마련이다. 보통 회의를 소집하는 사람이 사실상 의장이 된다. 미션 지향 회의가 회의 소집의 목적을 달성하는 데 실패하면 그로 인한 비난은 모두 의장의 몫이다.

그렇기 때문에 의장은 반드시 회의 목적을 분명하게 파악해야 한다. 원하는 것을 알지 못하면 그것을 얻지 못한다는 건 불변의 진리다. 따라서 회의를 소집하기 전에 의장은 스스로 자문해야 한다. "내가 달성하고자 하는 것은 무엇인가?", "이 회의가 필요한가?", "회의 소집의 이유가 충분하고 정당한가?" 만약 모든 질문의 답이 하나라도 '예'가 아니면 회의를 소집하지 마라.

관리자 한 사람의 시간을 돈으로 환산하면 시간당 약 100달러가 된다. 만약 회의에 열 명의 관리자가 2시간 동안 참여한다면 그 회의에 소요되는 비용은 2,000달러가 된다. 대부분의 경우, 복사기 구입이나 해외 출장 등으로 2,000달러를 지출하려면 고위관리자의 승인을 받아야 한다. 하지만 일개 관리자가 회의를 소집해서 2,000달러 상당의 관리 자원을 자기 마음대로 사용해도 된다니 이상하지 않은가? 그러므로 회의 참석을 요청받는다 하더라도 회의 목적이 충분하고 타당한지, 본인이 참석하는 게 맞는지 스스로에게 물어야 한다. 그렇지 않다는 생각이 들면 의장(회의 참석을 요청한 사람)에게 말하라. 회의에 참석시킴으로써 관리자의 시간이라는 자원을 투여하기 전에 먼저 회의의 목적을 분명히 정립하라. 만약 회의를 소집하는 것이 별 의미가 없고 돈이 덜 드는 다른 방법(일대일 면담, 전화 통화, 메시지 등)이 있다면 회의를 바로 취소하라.

회의를 소집해야 한다면 의장은 몇 가지 임무를 책임져야 한다. 첫 번째는 참석자와 관련된 것이다. 의장은 참석자를 결정하고 그들이 반드시 참석할 수 있도록 노력해야 한다. 참석 대상자들에게 참석 여부를 묻고 참석을 부탁하는 것만으로는 충분하지 않다. 참석 여부를 반드시 확인받아야 한다. 만약 참석 대상자 중 하나가 참석하지 못하는 상황이 생기면 그를 대신할 만한 사람을 참석시키도록 필히 확인해야 한다.

구체적인 결정을 내리기 위한 회의에서 참석자 수가 6~7명이 넘으면 회의 진행이 어렵다는 점을 명심하라. 절대 여덟 명이 넘지 않도록 하라. 의사 결정은 관중을 동반한 스포츠 경기가 아니다. 방관자는 회의 진행에 방해가 될 뿐이다.

의장에게는 회의 규칙을 준수하도록 만들 책임이 있다. 늦게 참석하는 사람은 모두의 시간을 낭비한다. 시간을 낭비한다는 말은 1인당 1시간에 100달러꼴로 회사 돈을 낭비한다는 뜻이다. 늦게 온 사람을 나무라는 것을 두려워할 필요는 없다. 2,000달러 상당의 회사 물품을 훔치는 동료 직원을 가만두지 않는 것처럼, 늦게 온 사람이 동료 관리자의 시간을 빼앗아가도록 내버려두어서는 안 된다.

의장은 회의에 필요한 모든 준비물이 갖추어졌는지 최종적으로 확인을 해야 한다. 예를 들어, 시청각 장치가 회의실에 구비되어 있는지 확인해야 한다. 그는 회의 목적과 함께 회의의 성과물을 내려면 각자가 어떤 역할을 해야 하는지를 기술한 안내서를 미리 송부해야 한다. 옆쪽의 예를 참고하라.

이 예시가 너무 틀에 짜인 것 같다고 생각할 수도 있지만 이러한 양식이 필요한지는 당신의 관점에 달려 있다. 만약 의장이 모든 준비를 갖추고 정시에 회의에 참석하도록 당신을 몰아세우면 당신은 그를 깐깐하고 고지식한 훈련 교관과 같다고 생각할지 모른다. 하지만 당신이 준비를 갖추고 정시에 참석했는데 몇몇 사람들이 아직 오직 않았거나 준비가 덜 되어 있다면, 당신은 아마도 당신의 시간을 낭비시킨 사람을 못마땅하게 여길 것이다. 회의실의 규율은 병원 수술실의 규율처럼 강조되어야 한다. 수술실에서 일하는 몇몇 사람들은 꼼꼼함을 강조하는 의사를 좋아하지 않을지 모르지만, 환자의

수신 : 동아시아 지역 담당 공장장
　　　생산 담당 임원
　　　전사 건설 담당 임원
　　　사장
발신 : 동아시아 지역 담당 건설 관리자
주제 : 필리핀 공장 부지 결정에 관한 회의

10월 1일 금요일
11:00 ~ 13:00
산타클라라 회의실 212호
피닉스 회의실 4호와 원격회의 연결

회의의 목적 : 필리핀 공장 확장을 위한 구체적인 부지 결정

일정표
11:00 ~ 11:30 생산상의 고려사항 논의(동아시아 지역 담당 공장장)
11:30 ~ 12:00 건설상의 고려사항 논의(동아시아 지역 담당 건설 관리자)
12:00 ~ 12:45 대안 검토(동아시아 지역 담당 건설 관리자)
12:45 ~ 13:00 토론(전원)

입장에서는 규율을 중시하는 수술실을 훨씬 좋아할 테니 말이다.

　회의가 끝나면 의장은 반드시 회의 중에 토의된 내용, 결정 사항, 후속 조치 등을 몇 분 동안 요약하여 발언하고 확정지어야 한다. 참석자들이 회의 내용을 잊어버리기 전에 이렇게 정리하는 시간을 가지는 것이 매우 중요하다. 누가, 무엇을, 언제 하기로 했는지를 참석자들에게 분명하고 구체적으로 전달해야 한다. 번거로운 일처럼 생각되더라도 애초에 모일 필요가 있는 회

의였다면 이렇게 마지막 몇 분의 시간은 회의 결과를 극대화시키기 위한 작은 투자(높은 레버리지를 갖는 활동)임을 명심하라.

이상적인 상황에서 모든 것이 순조롭게 진행된다면 정기적으로 열리는 과정 지향 회의에서 모든 일을 처리할 수 있기 때문에 관리자는 미션 지향 회의를 소집할 필요가 없을 것이다. 하지만 현실적으로 모든 것이 잘 돌아간다 하더라도 정기적인 회의로는 문제와 이슈의 80%밖에 처리하지 못할 것이다. 그러니 나머지 20%는 미션 지향 회의를 통해 다뤄져야 할 것이다. 앞에서 언급했듯이, 피터 드러커는 회의에 업무시간의 25% 이상을 쓴다면 조직에 문제가 있음을 보여주는 징후라고 말했다. 하지만 나는 다르게 말하고 싶다. 미션 지향 회의에 업무시간의 25% 이상을 쓸 때가 진짜로 조직이 이상하게 돌아간다는 징후라고 말이다.

의사결정

의사결정을 내리는 일, 더 정확히는 의사결정을 내리는 과정에 참여하는 일은 모든 관리자에게 일상적이면서도 매우 중요한 업무다. 의사결정은 아주 중요한 것부터 사소한 것까지, 아주 복잡한 것부터 매우 간단한 것까지 다양하다. 건물을 매입해야 할까, 임대해야 할까? 채권을 발행할까, 주식을 발행할까? 이 사람을 고용할까, 저 사람을 뽑을까? 임금은 7% 올릴까, 12% 올릴까? 인이 9% 함유된 포스포실리케이트 유리를 플라스틱 포장으로 안전하게 담을 수 있을까? 내국세입법(Internal Revenue Code) 939조에 근거하여 항소할 수 있을까? 우리 부서의 크리스마스 파티 때 음료를 무료로 제공해야 할까?

명령 체계가 정교하게 갖추어진 전통적인 기업에서는 결정을 내리는 사람은 조직도상에서 특별한 포지션을 점하는 자였다. 의사결정을 내리는 권

135

위는 책임(관리 체계상의 포지션)에 의해 정해졌다. 하지만 정보와 노하우를 주로 다루는 비즈니스에서 관리자는 새로운 현상에 대처해야 한다. '포지션 기반의 권위'와 '지식 기반의 권위' 사이의 격차가 빠르게 벌어지고 있다. 비즈니스의 기반을 구성하는 지식의 바탕이 빠르게 변화하기 때문이다.

이 말이 무슨 뜻일까? 기술 교육을 받고 대학을 졸업한 사람은 그 후 몇 년 동안 최신 기술을 습득하는 데 노력을 기울일 것이다. 그렇게 되면 그는 자신을 고용한 조직에서 상당한 '지식 기반의 힘(knowledge-based power)'을 축적하게 된다. 만약 그가 일을 잘하는 사람이라면 좀 더 높은 포지션으로 승진할 것이고, 시간이 지남에 따라 그의 '포지션 기반의 힘(position-based power)'이 커질 것이다. 하지만 그렇게 될수록 최신 기술에서 점점 멀어지고 말 것이다. 지금의 베테랑 관리자는 한때는 뛰어난 엔지니어였다 할지라도 더 이상 회사에 입사할 때와 같은 기술 전문가는 아니다. 관리자들은 매일 조금씩 '구식'이 되어간다. 인텔이라고 해서 다를 바 없다.

그렇기 때문에 인텔과 비슷한 회사들은 전통적인 기업에서 사용하는 것과는 다른 의사결정 과정을 채용해야 한다. 만약 인텔이 의사결정을 내리는 데에 '포지션 기반의 힘'을 고수한다면 의사결정은 최신 기술을 잘 알지 못하는 사람들에 의해 이루어질 것이다. 또한 일반적으로, 회사가 의존하는 기술 노하우나 고객의 선호가 빠르게 변할수록 지식 기반의 힘과 포지션 기반의 힘 사이의 격차는 더욱 벌어질 것이다. 만약 당신의 회사가 생존과 번영을 위한 '지식'에 의존하고 있다면, 어떤 의사결정 메커니즘을 적용해야 할까? 성공의 열쇠는 중간관리자가 쥐고 있다. 중간관리자는 명령 체계의 연결고리를 담당할 뿐만 아니라 두 가지 유형의 힘을 잘 조화시킬 수 있기 때문이다.

이상적인 모델

아래의 그림은 '노하우(지식)' 기반의 기업에서 의사결정이 이루어지는 이상적인 모델을 보여준다. 첫 번째는 '자유로운 토론(free discussion)'으로서 모든 관점과 모든 이슈를 공개적으로 토론하는 단계다. 의견 불일치나 대립이 클수록 '자유로운'이란 단어를 더욱 중요하게 생각해야 한다. 당연한 말 같지만 현실에서는 쉬운 일이 아니다. 보통 회의의 열기가 고조되면 참석자들은

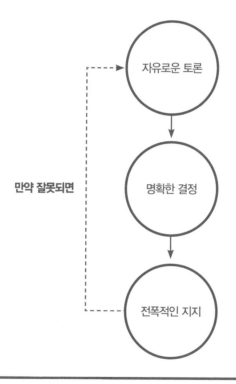

이상적인 의사결정 과정

뒤로 물러나 있으면서 우세한 의견이 나올 때까지 아무 말을 하지 않는다. 그리고는 불리한 의견과 엮이는 것을 피하고자 우세한 의견을 지지하곤 한다. 이상하게 들릴지 모르지만 어떤 조직들은 이러한 행동을 조장하기까지 한다.

미국의 어느 자동차 회사의 문제점을 지적한 신문기사를 인용할까 한다.

> 회의에 참석한 나는 이런 말을 들었다. "빌, 이 회사에서 일을 잘하는 사람들은 보통 상사가 의견을 낼 때까지 기다렸다가 상사의 의견을 지지하는 발언을 한다고."[6]

이런 상황이야말로 최악의 관리다. 그런 자리에서 나온 것이라고는 나쁜 결정뿐이다. 지식이 풍부한 사람들이 자기 의견을 내지 않으면 완성도가 떨어지는 정보와 통찰에 따라 결정이 이루어지기 때문이다.

다음 단계는 '명확한 결정'이다. 어떤 문제에 대해 의견 불일치가 클수록 '명확한'이란 단어의 중요성도 커진다. 매우 명확하게 결정 사항들의 틀을 잡으려면 고통이 수반되기 마련이라 그런지 사람들은 반대로 행동하려는 경향을 보인다. 결정이 논란을 불러일으킬 것 같으면 논쟁을 피하기 위해 문제를 모호하게 만들려고 한다. 하지만 솔직하게 말하지 않고 결정을 미룬다고 해서 논쟁을 피할 수는 없다.

마지막으로, 관련된 모든 사람들로부터 집단이 결정한 사항에 '전폭적인

지지'를 얻는 단계다. 이 말이 반드시 '동의'를 뜻하는 것은 아니다. 참석자들이 결정된 사항을 지지하기로 한다면 만족스러운 결과라 할 수 있다. 많은 사람들이 자신이 동의하지 않는 결정을 지지하려고 하지 않지만, 지지하는 것이 당연한 일이라고 생각해야 한다. 모두 동일한 사실을 알고 있고 조직의 일에 모두 관심을 가지고 있다 해도 사람들의 의견은 차이가 있기 마련이다. 시간을 아무리 많이 쏟는다 해도 모든 문제에 동의를 이끌어낼 수는 없다. 조직 관리에 있어 모든 이슈에 대해 모든 사람의 동의를 항상 얻어내는 것은 그다지 중요하지 않다. 결정하고 실천하기로 한 사항을 지지하도록 만드는 것이 무엇보다 중요하다. 결정에 대해 지지한다는 약속을 모든 사람에게 이끌어내는 것이 관리자가 할 수 있는 일이자 반드시 해야 할 일이다.

이상적인 의사결정 모델은 행동으로 옮기기에 쉬워 보인다. 하지만 나는 두 가지 계층의 직원들만이 이 모델을 쉽게 받아들인다는 사실을 깨달았다. 바로 회사를 오랫동안 다니면서 회사 업무에 친숙하고 회사의 가치를 자신과 동일시하는 '고참 관리자'와 이제 막 합류한 '신입사원'이다. 신입사원은 대학을 다니면서 실험과 실습을 통해 이미 이런 식의 모델에 익숙해져 있다. 따라서 젊은 엔지니어에게 이 의사결정 모델은 학교에서 쓰던 모델의 연속이다. 하지만 중간관리자들은 이 의사결정 모델이 머리로는 잘 이해하나 행동하기는 어려운 것으로 생각한다. 왜 그럴까? 그들은 자기 의견을 강하게 주장하기를 꺼려하고, 불편하거나 어려운 결정을 내리는 상황을 힘들어하며, 자신이 동의하지 않는 결정을 지지해야 한다는 생각에는 더더욱 거부감을 느끼기 때문이다. 이 모델을 실천하려면 시간이 걸릴지 모르지만 결국 모든 사람들이 이 이상적인 의사결정 모델의 논리를 받아들일 것이다.

이상적인 의사결정 모델의 바람직하고 중요한 특성에는 한 가지가 더 있다. 바로 어떤 결정이든지 해당 상황에 가장 가깝고 대부분의 지식을 잘 '아는' 사람들에 의해 결정이 내려진다는 것이다. 여기서 '안다'라는 말은 '말뜻을 이해한다'는 의미가 아니다. 전문지식을 갖추면 판단할 입장에 서게 되는데, 회사 생활을 하면서 얻은 '경험'과 수많은 시행착오를 통해 '판단능력'이 개발된다. 따라서 이상적인 의사결정은 한편으로는 기술적인 지식에, 다른 한편으로는 그러한 지식을 실현하고 적용하는 과정에서 생긴 시행착오에 따라 내려져야 한다. 이 두 가지 자질을 동시에 갖춘 사람이 없다면 회의 참석자를 구성할 때 가능한 한 각각의 자질을 지닌 사람들을 함께 참여시켜야한다. 인텔에서는 고위관리자를 포함한 여러 직급의 직원들을 회의에 참석시키곤 한다. 여기에서 중요한 것은 자유토론에 임하는 동안 모두가 지위고하를 막론하고 동등하게 의견을 낼 수 있다는 믿음을 주는 것이다.

인텔의 관리 스타일에 어리둥절해하던 기자가 어느 날 나에게 물었다. "사장님, 인텔에서는 근무복장이 자유롭고, 사무실 대신 파티션을 쓰고, 간부 전용 주차구역 같은 특혜가 없던데, 지나친 가식 아닌가요?" 나는 그것이 가식이 아니라 생존이 걸린 문제라고 답했다. 인텔은 항상 지식의 힘이 강한 사람을 포지션이 높은 사람들과 섞어놓음으로써 그들이 합심하여 회사에 오랫동안 영향을 미칠 결정을 내리게 한다. 좋은 결정을 얻기 위해 그런 식으로 엔지니어를 관리자와 연결시키지 않는다면 인텔은 성공할 수 없다. 지위를 나타내는 상징은 아이디어, 사실, 의견의 원활한 흐름을 그다지 촉진시키지 못한다. 인텔에게 있어 권위와 지위를 나타내는 상징을 없애는 것은 필수적인 일이다.

동료집단 신드롬[7]

이상적인 의사결정 모델을 구현하기 어려운 또 하나의 이유는 의사결정 자들이 가지고 있는 자존심, 야심, 두려움, 불안과 같은 감정적 요소 때문이 다. 이러한 감정적 요소는 같이 일하지 않는 사람들이 모여서 의사결정을 내 려야 할 때 나타나는 경향이 있다. 이 말은 의사결정이 순서에 따라 순조롭 게 이루어지지 못하는 이유에 대해 생각할 필요가 있다는 뜻이다.

가장 흔히 발생하는 문제는 '동료집단 신드롬(Peer-Group Syndrome)'이다. 몇 년 전에 인텔은 신임 관리자 연수 과정에서 동료집단이 문제를 해결하거 나 의사결정을 내려야 할 때 어떤 일이 발생할 수 있는지 보여주기 위해 역 할극을 진행한 적이 있다. 사람들을 테이블 주위에 앉히고 현업에서 발생하 는 실제 이슈에 대해 토론하도록 했다. 모두 같은 지위에 있는 사람들이었 다. 의장 역할을 한 사람은 한 단계 높은 직급을 가지고 있었지만, 회의실 안 으로 들어가지 못하게 하여 어떤 이야기가 오고 가는지 들을 수 없게 했다. 관찰자들은 이 가상회의가 진행되는 동안 그들의 눈과 귀를 믿을 수 없었다. 문제 해결을 맡은 관리자들은 하는 일 없이 15분 동안 방 안을 맴돌기만 할 뿐이었고 아무도 무엇을 어떻게 해야 하는지 알아내지 못했다. 의장이 회의 실로 돌아와 자리에 앉아 진행 결과를 물었는데, 그 사람 역시도 그토록 한 심한 상황을 믿을 수가 없었다. 의장은 회의 내용을 잘 들어보려는 듯 몸을 앞으로 숙였지만 관찰자들은 그의 머리 위에 먹구름이 피어오르는 것을 볼 지경이었다. 의장은 테이블을 손으로 내리치더니 이렇게 소리쳤다. "도대체 뭘 한 거야? 당신네들은 모여서 잡담만 하고 있잖아!" 의장이 회의에 개입하고 나서야 문제는 즉각 해결되었다. 우리는 이런 현상에 '동료 플러스 원 (peer-plus-one)'이라는 이름을 붙였고 그때부터 의사결정을 할 땐 이 방법을 이용했다. 동료들은 자신들이 능력이 있고 관련된 내용을 더 많이 아는데도 불구하고 회의를 진행할 때는 상급 관리자를 찾곤 한다.

왜 그럴까? 대부분의 사람들은 혼자 튀는 존재가 되기를 두려워하기 때문이다. 인텔의 소프트웨어 엔지니어인 존은 이런 현상을 다음과 같이 말한다.

> 동료들이 참석한 회의에서 자신의 의견을 말하기를 주저하는 한 가지 이유는 집단의 의견과 다른 의견을 말하면 집단과 척을 지게 된다는 두려움 때문이다. 그래서 사람들은 잠시 머뭇거리며 서로의 눈치를 살피다가 누군가가 튀는 발언을 말하기 전에 의견일치에 이르기를 기다린다. 의견일치가 이루어지면 구성원 중 하나가 그것을 개인적 입장이 아니라 집단의 의견인 양 언급하게 된다("제 생각에 우리의 의견은…… 것 같습니다."). 나머지 구성원들이 이에 동의하면 그 의견은 좀 더 확고해지고 좀 더 강하게 다시 강조된다.

앞에서 언급했던 자동차 회사의 문제와 존이 말한 상황 사이의 차이점에 주목하기 바란다. 전자는 상사가 의견을 먼저 말할 때까지 사람들은 기다린다는 경향이 있다는 것이고, 후자는 구성원들이 의견일치가 이루어지기를 기다린다는 것이다. 상황이 다르긴 하지만 결국 두 가지 경우 모두 사람들이 자신의 속내를 허심탄회하게 드러내지 않는다는 점을 보여준다. 이것이 관리자가 옳은 결정을 내리기 어렵게 만든다.

구성원 각자가 자신감을 가진다면 동료집단 신드롬을 극복할 수 있다. 그런 자신감은 부분적으로 해당 이슈에 친숙할 때와 경험이 풍부할 때 형성된다. 하지만 결국 자신감은 잘못된 의사결정이나 부적합한 조치 혹은 의견의 기각이 목숨을 잃을 정도로 큰 일이 아니라는 사실을 깨닫는 '용기'에서 생겨난다. 그리고 구성원 모두가 이 점을 이해해야 한다.

동료집단 신드롬이 생겨나는데도 이를 저지할 공식적인 의장이 없다면 가장 영향력 있는 자가 의장 역할을 수행해야 한다. 이것이 불가능하다면 회의에 참석한 상급자에게 회의를 주관할 것을 요청해야 한다. 비록 그 상급자가 구성원들보다 해당 이슈에 대해 아는 것이 별로 없더라도 그가 의사결정이 어떻게 내려져야 하는지를 아는 사람이라면 구성원에게 의사결정에 필요한 자신감을 불어넣어줄 것이다.

지식과 포지션 기반의 힘 모두를 소유한 사람들을 꼼짝 못하게 만드는 한 가지는 '멍청하게 보일지 모른다'는 두려움이다. 이런 두려움 때문에 지위가 높은 사람들은 응당 물어야 할 질문을 묻지 않는 경향이 있다. 똑같은 이유로 다른 참석자들 역시 자신의 의견을 내뱉지 못하고 속으로만 생각한다. 기껏해야 옆 사람에게 자신이 말하고 싶은 것을 속삭일 뿐이다. 관리자는 말하고 싶은 아이디어나 사실이 있을 때, 적절한 질문을 던질 필요가 있을 때, 의사결정 과정이 예전보다 못할 때마다 매번 스스로를 각성시켜야 한다.

이런 현상은 회의에 참석한 낮은 직급의 직원들에게도 비슷한 영향을 미친다. 즉 자신의 의견이 기각될 것이라는 두려움을 갖게 된다. 만약 나머지 구성원들이나 상급 관리자가 직급이 낮은 관리자가 낸 의견을 거부하거나 반대 입장을 취한다면, 동료들이 지켜보는 가운데 체면을 구기고 만다. 이런 두려움은 재가를 받거나 해고를 당할 때의 두려움보다 어쩌면 훨씬 커서 낮은 직급의 직원들은 망설이며 자신보다 상급인 관리자가 제시한 의사결정의 방향을 따르려 한다.

하지만 어떤 이슈들은 너무나 복잡해서 의사결정 회의에 참석한 사람들이 스스로 어떤 감정에 휩싸이는지를 파악하지 못한다. 지식과 포지션 기반의 힘이 분리되어 있을 때 그러한 불확실성은 특히 첨예해질 수 있다. 지식 기반의 힘을 지닌 사람은 의사결정에 영향을 줄 수 있는 비즈니스 관련 요소들에 종종 불편함을 느끼기 때문이다. 이를테면 "우리는 회사(사업부 혹은 부서)가 우리에게 뭘 원하는지 모른다"라는 식으로 말하곤 한다. 또한 포지션 기반의 힘을 지닌 관리자들 역시 올바른 결정에 이르기 위해 필요한 기술적인 세부사항을 충분히 알지 못하기 때문에 의사결정 회의에서 무엇을 해야 할지 모르긴 마찬가지다. 우리는 이러한 장애물에 걸려 넘어지지 않도록 애써야 한다. 우리는 모두 지적능력과 의지력을 부여 받은 인간이다. 지적능력과 의지력을 통해 우리는 멍청하게 보일지 모른다는 두려움과 의견이 기각될 것이라는 두려움을 극복할 수 있고, 나아가 자유로운 토론을 시작하면서 당당하게 나설 수 있다.

결과물을 내기 위한 노력 : 여섯 개의 질문

토론이 아무런 합의를 이끌어내지 못했는데도 어떻게든 결정을 내려야 할 시간이 도래할 때가 있다. 이럴 때는 지금껏 회의를 이끌고 코치하고 독려하던 상급자가 직접 결정을 내리는 수밖에는 없다. 만약 의사결정 과정이 이 시점까지 올바르게 진행됐다면 상급 관리자는 토론 과정에서 나온 모든 의견, 사실, 판단을 충분히 참작함으로써 포지션 기반의 힘을 배제하고 결정을 내릴 것이다. 이를 뒤집어 말하면, 의사결정을 내릴 단계에 다다랐지만 아직 의견일치가 이루어지지 않았다면 상급자가 포지션 기반의 힘과 권위를 행사하는 것이 정당하다는 뜻이다. 하지만 상급자가 그보다 일찍 자신의 권위를 행사하는 것은 온당하지 않을뿐더러 파괴적이기까지 하다. 언제 직권으로 결정을 내릴지를 파악하는 것은 그리 쉽지 않다. 미국인들은 포지션 기반의 힘을 노골적으로 행사하기를 꺼려하는 경향이 있는데, 명령을 내리는 것이 옳지 않다고 여기기 때문이다. 그러나 상급 관리자의 망설임은 의사결정 과정의 첫 번째 단계인 자유토론의 시간을 지나치게 오래 지속시켜서 결정 자체를 연기하는 상황으로 이어질 수 있다.

만약 의사결정 단계에 너무 일찍 들어가거나 그 단계까지 이르는 데 너무 오래 기다려야 한다면 공개적인 토론의 장점을 제대로 살릴 수 없다. 이것을 피하기 위해서는 성급하게 결정을 재촉하지 말아야 한다. 회의 초반의 상황을 지배하곤 하는 피상적인 의견들보다는 실제적인 이슈를 충분히 살피고 고려했는지 확인하라. 하지만 모든 것을 이미 살폈고 이슈의 모든 측면이 제기됐다는 생각이 든다면 의견일치를 밀어붙여야 한다. 그리고 의견일치에 실패한다 해도 필히 결정을 내려야 한다. 의견일치를 이루려고 자유 토론을 끝도 없이 계속하는 경우가 종종 있는데, 그렇게 되면 의견일치는커녕 올바른 결정을 내릴 수 있는 기회마저 상실하게 된다. 따라서 적절한 시기에 결정을 내리는 것이 매우 중요하다.

관리자들이 수행하는 여러 업무와 마찬가지로 의사결정 역시 기본적으로 결과물이라는 관점으로 이해해야 한다. 의사결정 과정의 결과물은 바로 결정 그 자체다. 여타의 관리업무와 마찬가지로, 기대하는 바를 초기에 명확히 설정할수록 의사결정 과정은 고품질의 결과물을 산출할 수 있다. 다시 말해, 관리자의 핵심업무 중 하나는 사전에 다음과 같은 여섯 개 질문에 답을 마련해놓는 것이다. [8]

- 어떤 결정을 내려야 하는가?
- 언제 결정을 내려야 하는가?
- 누가 결정을 내려야 하는가?
- 결정을 내리기 전에 누구와 상의를 할 것인가?
- 결정에 대해 누가 동의 혹은 거부를 할 것인가?
- 결정된 사항을 누가 알아야 하는가?

내가 최근에 내려야 했던 결정 사안을 가지고 이 여섯 가지 질문의 예를 들어보겠다. 인텔은 이미 필리핀 공장의 생산 규모를 거의 두 배로 확장하겠다는 결정을 내린 상태였다. 그다음 문제는 어디에 짓느냐는 것이었다. 현공장의 옆 공간은 크기가 충분하지 않았다. 하지만 관리비용과 통신시설을 공유할 수 있고, 두 공장 간의 운송비용이 거의 들지 않으며, 직원을 이동 배치하기가 아주 쉽다는 점에서 매력적인 공간이긴 했다. 또 하나의 대안은 조금 멀리 떨어진 곳의 땅을 비싸지 않은 가격에 구입하는 것이었다. 그 부지는 땅값이 쌀 뿐만 아니라 상대적으로 저렴한 비용으로 1층이나 2층짜리 건물을 지을 수 있을 만큼 넓은 곳이었다. 기존 공장의 옆 부지를 매입하면 필요한 생산공간을 얻기 위해 층을 높이 올려야 하는데, 그렇게 고층으로 반도체 생산 공장을 운영하는 것은 그리 효율적이지 못하다. 이런 장단점 때문에 결정이 지연될 수밖에 없었다. 그만큼 기존 공장 옆에 제2공장을 짓는 것이 유리했기 때문이었다. 그렇게 왔다 갔다 하면서 토론이 진행됐다.

여기에 여섯 개의 질문을 적용해보자. "어떤 결정을 내려야 하는가?"는 명확하다. 기존 공장 옆에 고층의 공장 건물을 짓느냐, 멀리 떨어진 새로운 지역에 1~2층짜리 저층 건물을 짓느냐다. "언제 결정을 내려야 하는가?"에 대한 답은 장기 계획에 따라 2년 내지 2년 반 안에 신규 공장을 지어야 한다는 것이었고, 이것은 1개월 안에 결정을 내려야 한다는 뜻이었다.

"누가 결정을 내려야 하는가?"에 대한 답은 무엇일까? 회사의 설비·건설 부서인가? 생산공장을 관리하는 부서인가? 답하기가 쉽지 않다. 설비·건설 부서는 건설에 드는 비용과 기술적 문제에 보다 민감해서 아마도 새로운 지역을 선호할 것이다. 공장 관리 부서는 두 공장이 인접함으로써 얻는 운영상의 이점을 잘 알기 때문에 고층의 공장 건물을 현 공장 옆에 짓기를 바랄 것이다. 그래서 의사결정을 위한 회의체는 동아시아 지역의 건설 담당 관리자와 그의 상사인 전사 건설 담당 임원, 동아시아 생산 담당 공장장과 그의 상사인 전사 생산 담당 임원으로 구성되었다. 두 조직에서 각각 동급의 관리자들이 회의체에 참석하게 된 것이다. 하나의 결정을 내리기 위해 두 개의 이익집단이 겪는 진통은 기업의 현실에서 아주 흔한 일이다. 이런 회의에서는 양측에게 의견 개진의 기회를 동등하게 부여하는 것이 중요하다. 그런 균형 속에서 어디에도 편향되지 않는 결정이 내려질 것이기 때문이다. 참석자들 모두 회의 전에 각자의 직원들과 상의를 하고 주제와 관련된 모든 정보와 의견을 수집해야 한다.

그렇다면 "결정에 대해 누가 동의 혹은 거부를 할 것인가?" 두 부서의 고위관리자가 가장 먼저 보고해야 할 사람은 인텔의 사장인 나다. 물론 이 안건은 회사의 사장이 관여해야 할 만큼 큰 사안이었다. 게다가 나는 필리핀의 공장과 부지 문제에 관해 어느 정도는 알고 있었다. 이런 이유로 회의에서 결정된 사항을 수용하거나 거부하는 사람으로 내가 선택되었다.

마지막으로 "결정된 사항을 누가 알아야 하는가?" 나는 인텔 이사회의 회장인 고든 무어를 보고의 대상으로 삼았다. 그는 생산공장 운영에 대해 직접적으로 관여하지 않지만, 동아시아 지역에 신규 공장을 짓는 일은 일상적인 사안이 아니라서 그에게 진행 결과를 알려야 한다.

이 문제에 관한 의사결정은 이렇게 이루어졌다. 해당 지역의 지도, 건설 예산, 부지 매입 비용, 교통 패턴 등 중요한 사항들을 여러 번 검토한 결과, 회의체는 기존 공장 옆에 신규 공장을 짓기로 했다. 단, 공장의 층수를 4층으로 제한하기로 했다. 그 이상을 지으면 비용이 초과될 수밖에 없었다. 결정을 내리게 된 모든 배경과 함께 논의의 결과가 앞장에서 일정표의 예시로 들었던 회의에서 나에게 보고되었다. 나는 그들이 고려한 대안들과 그런 결정을 내리게 된 이유를 수용했고, 몇 가지 질문을 던져 그들의 사고 논리를 살핀 다음 최종적으로 결정에 동의했다. 그에 따라 나는 고든 무어 회장에게 결과를 보고했다.

의사결정에 일관된 방법을 채용하는 것은 단순히 의사결정 자체를 신속히 내리는 것 이상의 가치를 지닌다. 사람들은 결정을 내리는 일에 엄청난 에너지와 감정을 투여한다. 그런데 승인 혹은 거부권을 행사하는 중요한 사람이 나중에 가서야 그 결정을 접하게 될 수도 있다. 만약 그가 거부권을 행사한다면 그는 이제 와서 뒷북을 울리는, 의사결정 과정 자체를 혼란스럽게 만드는 자라고 볼 수 있다. 또한 그는 오랫동안 해당 이슈에 골몰했던 사람들의 사기를 떨어뜨리고 말 것이다. 만약 갑작스레 거부권을 행사한다면 그 이유가 아무리 정당하다 해도 정치적인 목적이 있다는 인상을 피할 수 없다. 정치적인 목적이나 조작은 무슨 수를 써서라도 절대 그냥 두어서는 안 된다. 나는 의사결정 과정을 단순화하기 위해서는 앞서 제시한 여섯 개의 질문을 던지는 것보다 더 좋은 방법은 없다고 생각한다.

마지막으로 한 가지. 만약 최종 결정이 의사결정 과정에 참여했던 사람들의 기대와 크게 다르다면(예를 들어, 내가 필리핀 공장 증축을 없었던 일로 하고 모두 취소해버린다면), 통보를 하되 그로 인한 이슈를 피하지 말라. 사람들이 그런 결정을 이성적으로 생각하고 수용하려면 어느 정도 시간이 필요하다. 필요에 따라서는 회의를 중단하라. 참석자들에게 결정 사항을 받아들일 충분한 시간을 준 다음에 회의를 속개하고 최종 결정에 대한 참석자의 의견을 수렴하라.

좋은 의사결정 과정이 복잡하게 보이는 것은 해당 이슈가 복잡하고 시간 또한 오래 걸리기 때문이다. 살면서 수많은 의사결정을 내려야 했던 앨프리드 슬론(Alfred Sloan)은 이렇게 말했다. "집단 의사결정은 언제나 쉽지 않다.

최고경영자는 부담되는 토론 과정 없이 때로는 혼자 의사결정을 내리고 싶은 강한 유혹에 빠진다."[9] 실제로 토론 과정의 부담이 크기 때문에 참석자들은 회의실에서 달아나고 싶어한다. 내가 한때 알고 지낸 중간관리자는 유수의 경영대학원을 졸업하여 곧바로 입사했고 본인이 존 웨인(John Wayne)이라도 되는 것처럼 영웅 의식을 가지고 있었다. 그는 인텔의 의사결정 과정에 불만을 느끼고 회사를 그만두었다. 몇 군데 회사에서 면접을 본 그는 자신에게 개인적인 의사결정권을 보장하는 회사에 입사했다. 그러나 4개월 후에 인텔로 되돌아왔다. 우습게도 그는 그곳에서는 자기 말고도 모든 사람들이 독자적으로 결정을 내리더라며 돌아온 이유를 설명했다.

내일의 결과물을 위한
오늘의 행동 : 계획

계획 과정 만들기

대부분의 사람들은 계획을 관리자의 가장 중요한 책임 중 하나라고 생각한다. 관리자가 계획하고, 조직하고, 통제한다는 것을 어디에선가 들어봤기 때문이다. 실제로 계획은 개인생활과 직장생활에서 특별할 것 없이 매일 수행하는 평범한 활동이다. 예를 들어, 아침에 출근하면서 자동차에 기름을 넣을지 말지를 결정하는 것도 계획이다. 계기판을 보고 기름이 얼마나 있는지, 근무 중에 얼마나 먼 거리를 가야 하는지 가늠한 다음, 회사에 갔다가 퇴근 후 집으로 돌아가려면 기름이 얼마나 필요할지도 대략 계산한다. 이렇게 필요한 기름과 남아 있는 양을 비교함으로써 주유소에 차를 댈지 말지를 결정한다. 이것은 계획의 간단한 예다.

계획의 원리는 앞에서 언급했던 생산의 기본 원리를 통해 쉽게 이해할 수 있다. 2장에서 다뤘듯이, 공장에서 미래의 결과물을 통제하는 핵심적인 방법은 수요를 예측하고 그 예측에 따라 생산하는 시스템을 사용하는 것이다. 대부분의 공장은 기존의 주문량과 앞으로 예상되는 주문량에 대응하는 식으로 운영된다. 이때 중요한 일은 특정 시간의 결과물(생산량)을 주문량과 일치시키는 것이다. 만약 예상 생산량이 예상 수요와 일치하지 않으면 추가적인 생산에 돌입하거나 초과 생산량이 발생하지 않도록 생산을 줄인다. 공장 관리자가 수행하는 계획 과정은 다음과 같이 요약할 수 있다.

1단계 : 제품의 시장 수요를 결정한다.

2단계 : 현재 상태에 따라 공장의 생산을 결정한다.

3단계 : 생산계획을 조정하여 예상 생산량을 예상 수요에 일치시킨다.

일반적인 계획 과정은 이와 유사한 사고 단계로 이루어져야 한다. 1단계는 예상 요구나 수요를 설정하는 것이다. 환경이 당신이나 당신의 비즈니스 혹은 당신의 조직에게 원하는 것은 무엇일까? 2단계는 현재 상태를 인식하는 것이다. 현재 무엇을 만들고 있는가? 현재 진행 중인 프로젝트가 완료되면 무엇을 만들어낼 것인가? 다시 말해, 지금의 상태를 계속 유지한다면 비즈니스의 미래는 어떻게 될 것인가? 3단계는 1단계와 2단계를 비교하고 일치시키는 것이다. 즉 환경이 요구하게 될 것을 만들어내려면 무엇을 더 하고, 무엇을 덜 해야 하는가?

각 단계를 좀 더 자세히 살펴보자.

1단계 : 환경적 요구

도대체 환경이란 무엇인가? 조직 내 부서를 독립된 회사로 바라본다면, 환경은 관리자의 일에 직접적으로 영향을 미치는 다른 부서들을 의미한다. 예를 들어 회사의 문서수발실에 근무하는 관리자라면 문서수발 서비스를 이용하는 고객들(회사 구성원들), 필요한 도구나 설비(우표 발행기, 우편물 카트)를 제공하는 공급업체들, 경쟁자가 바로 환경이 된다. 물론 내부에는 경쟁자가 없겠지만 문서수발 서비스의 성과를 판단하고 업무 표준을 설정하기 위해 UPS(United Parcel Service, 세계적 물류 운송업체)와 같은 전문회사와 비교해볼 것이다.

환경을 검토할 때 무엇을 염두에 두어야 할까? 관리자는 고객의 기대치와 성과에 대한 고객의 인식 수준이 어떠한지 파악하려고 노력해야 한다. 문서 수발실의 관리자라면 이메일과 같은 기술적 진보와 여타 대체 수단을 주시해야 한다. 또한 공급업체들의 성과와 조직 내 다른 부서의 성과를 평가해야 한다. 차량 운영팀과 같은 부서가 우리 부서의 일에 영향을 미칠까? 그 부서는 우리의 요구를 만족시킬 수 있는가?

환경을 구성하는 것이 무엇인지 파악했다면, 환경을 현재의 시점과 미래의 시점(예를 들어 지금부터 1년 후)으로 살펴야 한다. 이때 던져야 할 질문은 이렇다. "고객은 지금 우리에게 무엇을 원하는가?", "우리는 고객을 만족시키고 있는가?", "지금부터 1년 후에 고객은 우리에게 무엇을 기대할까?" 관리자는 환경이 지금 요구하는 것과 1년 후에 요구할 거라고 예상되는 것 사이의 차이에 주목해야 한다. 이러한 '차이 분석(difference analysis)'은 매우 중요하다. 현재의 활동이 현재의 요구를 충족시킨다 하더라도 그 차이를 대응하기 위해 더 많고 더 새로운 무언가를 착수해야 하기 때문이다. 그 차이에 어떻게 대응하느냐가 계획 과정의 핵심 산출물이다.

이 시점에서 관리자는 문제를 해결하는 데 필요한 실용적인 방법을 고려해야 할까? 그렇지 않다. 그렇게 하면 이슈를 복잡하게 만들 뿐이다. 만약 마케팅 부서가 공장의 생산능력을 자체 평가한 결과를 기초로 수요 예측을 조정했다면 공장에 어떤 영향을 끼치게 될까? 마케팅 부서가 1개월에 100개의 제품을 판매할 수 있다는 걸 알면서도 공장은 1개월에 10개만 생산할 수 있으니 예상 수요를 10개라고 책정한다면 공장은 진짜 수요를 만족시키기 위해 생산량을 늘릴 리 만무하다.

2단계 : 현재 상태

계획의 두 번째 단계는 현재 상태를 파악하는 것이다. 먼저 현재의 가용능력과 현재 진행 중인 프로젝트를 리스트로 작성하라. 각각을 설명할 때는 수요를 언급할 때와 동일한 용어를 사용해야 한다. 예를 들어, '완성된 제품 디자인'이라는 용어로 수요가 언급됐다면, 현재 진행 중인 디자인은 '부분적으로 완성된 제품 디자인'으로 리스트에 올려야 한다. 또한 타이밍에도 신경을 써야 한다. 즉 각각의 프로젝트가 언제 파이프라인을 빠져 나올지에(언제 완료될지에) 주의를 기울여야 한다. 관리자는 스스로에게 "현재 진행되고 있는 모든 프로젝트가 정상적으로 완료될 것인가?"라고 질문을 던져야 한다. 몇몇 프로젝트는 중간에 폐기되거나 취소되는데, 관리자는 이러한 상황을 고려하여 예상 결과물을 산정해야 한다. 통계적으로 반도체 생산에서는 원자재의 80%가 제품으로 완성된다(20%의 원자재는 중간에 폐기되거나 손실된다). 마찬가지로 모든 경우를 정확하게 예측하는 것은 불가능하기 때문에 관리업무에서도 어느 정도의 손실을 감안하는 것이 신중을 기하는 방법이다.

3단계 : 차이를 줄이는 일

계획의 마지막 단계는 환경의 요구와 현재의 활동으로 산출되는 것 간의 차이를 줄이기 위해 새로운 업무를 수행하거나 기존의 업무를 개선하는 것이다. 첫 번째로 던져야 할 질문은 "차이를 줄이기 위해 무슨 활동을 해야 하는가?"이다. 그리고 두 번째는 "그런 활동 중에서 우리가 실행할 수 있는 것은 무엇인가?"이다. 각 질문을 별도로 고려하라. 그런 다음, 그런 활동들이 차이를 좁히는 데 어떤 효과를 언제 발휘할지를 참조하여 실제로 무엇을 할 것인지를 결정하라. 이렇게 결정된 행동들이 바로 '전략(strategy)'이다.

전략과 전술(tactics)을 혼동하는 경우가 많다. 둘을 구분하는 것이 실무적으로 의미가 없다 해도, 이것 한 가지는 분명히 차이가 있다. 의미 있는 행동들을 가장 개념적이고 포괄적으로 요약해 표현한 것이 바로 전략이다. 그리고 전략을 실현하기 위해 해야 할 것이 전술이 된다. 하위 관리자에게 전략인 것이 상위 관리자에게는 전술이 되는 경우가 흔하다. 문서수발실의 예를 다시 살펴보자. 전사의 의사소통 담당 임원이 모든 생산공장 간에 이메일 시스템을 구축하겠다고 결정을 내린다면, 그에게 이것은 공장 간의 의사소통 체계를 개선하기 위한 전략이 된다. 그러면 문서수발실 관리자는 이메일 시스템 장비가 들어오면 서비스를 제공하기 위한 몇 가지 일을 수행해야 한다. 예를 들어, 그의 전략은 문서수발실 내에 프린터를 설치하고 프린트한 문서를 건물 전체로 배달하는 서비스를 구축하는 것이다. 문서수발실 관리자의 전략은 전사 의사소통 담당 임원에게는 전술이 된다.

몇 가지 사례

인텔의 마케팅 담당 관리자인 브루스는 현재의 환경과 상태를 정의해가는 동안 자기 부서 내에서 수행해야 할 엄청난 양의 프로젝트를 고작 세 명의 직원이 감당한다는 사실을 깨달았다. 그는 자신이 바라는 미래 상태에 도달하려면 모든 개별 프로젝트가 완결되어야 한다고 판단했다. 모든 일을 끝내지 못하면 상당한 비용이 발생할 뿐만 아니라 나중에 훨씬 더 많은 노력이 필요한 것으로 나타났다. 게다가 브루스는 예산 문제 때문에 추가 인력을 채용하기도 어려운 딜레마에 빠지고 말았다. 그는 자신이 할 수 있는 최선의 조치는 프로젝트 수와 부서의 가용능력 간의 차이를 조금이라도 줄이는 것임을 깨달았다. 그 차이를 모두 없애는 것은 불가능했다.

브루스는 중요도가 떨어지는 프로젝트들을 가능한 한 다른 부서(자기 부서보다는 각 프로젝트에 익숙하지 않지만 덜 바쁜 부서)로 이관하기로 결정했다. 또한 그는 자기 휘하의 관리자에게 대학생 인턴을 활용하여 간단한 작업을 보조하도록 지시했고, 부서의 성과를 면밀하게 모니터링하기로 했다. 그는 회사 내 유사한 마케팅 부서들과 함께 업무를 분담하고 서로 간의 업무 중복을 없애는 등 장기적으로 도움이 되는 방안을 모색해나갔다. 마지막으로 그는 자기 조직을 증원해달라고 경영진에 요청했다. 그의 계획, 그리고 수행해야 할 업무와 가용능력 간의 차이를 완전히 줄이는 것이 특별한 노력을 기울인다 해도 불가능하다는 분명한 현실이 그가 인력 증원을 요청한 근거였다.

다른 예를 들어보자. 앞에서 언급했던 제조 공정 엔지니어이자 중간관리자인 신디는 복잡한 마이크로칩이 제조되는 공정을 유지하고 개선하는 업무를 담당한다. 그녀는 자신의 환경을 대상체(object)와 영향자(influencer)로 정의한다. 대상체란 아직 테스트되지 않은 새로운 공정과 생산 도구를 뜻한다. 그리고 영향자란 자신의 업무에 직간접적으로 영향을 미치는 사람들을 말한다. 예를 들어, 개발 엔지니어들은 자신이 개발 완료한 새로운 공정을 적용하기 전에 신디가 실험과 문서 작성을 덜 요구하기를 바란다. 반면, 생산 엔지니어들은 새로운 공정을 도입하기 전에 신디가 더 많은 실험과 문서 작성을 해주기를 기대한다. 그리고 제품 엔지니어는 마이크로칩이 즉시 생산되어 나오기를 바란다며 그녀에게 도움을 청하지만, 생산 부서의 직원은 새로운 공정과 도구가 제대로 돌아갈지를 보장하라고 신디에게 압력을 넣는다. 신디는 자신에게 영향을 미치는 각 부서에게 어떤 공정이 생산에 적용될 수 있는지 없는지에 관해 자문하는 컨설턴트처럼 일한다. 다시 말해, 제품, 공정, 도구를 생산에 언제 투입하고 어떻게 적용할지를 조율하는 책임 조정자 역할을 담당한다. 그녀의 '고객'은 생산 라인 자체이고, 그녀 입장에서 '공급자'는 생산, 개발, 제품 엔지니어들이 된다.

자신의 현재 상태를 분석하면서 신디는 개발 부서에서 받는 데이터와 실험 결과가 항상 불완전하다는 사실을 발견했다. 문제를 보다 깊이 살펴본 그녀는 완전한 데이터를 제공하고 일정을 준수하는 것이 개발 부서 직원들에게 그리 높은 우선순위가 아님을 깨달았다. 자신이 어떤 조치를 취해야 할까 고민하던 신디에게 향후의 모든 신규 공정과 제조 설비를 철저히 테스트하여 오류를 잡아내고 시험 가동해야 한다는 것은 당연한 일이었다. 그래야 과거의 여러 문제 때문에 신경이 곤두서 있는 생산 엔지니어들이 수용할 만한 충분한 데이터를 제시할 수 있을 테니 말이다.

신디는 자신의 전략, 즉 행동 계획을 수립했다. 그녀는 신규 공정을 적용하고 신규 설비를 설치하기 전에 완료해야 할 단계가 무엇인지 정확하게 구체화했다. 그런 다음, 그녀는 모든 계획을 정시에 완료하려면 각 단계가 언제 끝나야 하는지를 결정하기 위해 '타임 오프셋'(브렉퍼스트 팩토리 사례를 떠올려 보라)을 설정했다. 그리고 그녀는 개발 엔지니어 담당 관리자를 자신의 세부 일정에 동의하도록 설득했다. 그녀와 개발 담당 관리자는 상호 동의한 목표를 달성하기 위해 그녀가 해야 하는 것과 개발 부서가 해야 하는 것을 확실히 구분했다. 마지막으로 신디는 자신의 공급자(생산, 개발, 제품 엔지니어)들을 일주일 단위로 모니터링함으로써 계획대로 업무가 진행되는지 확인하기로 했다. 그녀는 또한 공급자들이 핵심일정(하나의 '지표')을 준수하고 잠재적 문제를 자신에게 전달(블랙박스 위에 낸 창)하도록 유도하기 위해 일정에 따른 공급자의 성과를 공개하기로 했다.

계획 과정의 결과물

브루스와 신디가 기울인 노력에서 핵심적인 것은 미래에 일어날 상황을 변화시키기 위해 지금 수행해야 할 업무를 계획 과정을 통해 찾아냈다는 점이다. 지금까지 나는 계획과 실제 간의 차이를 알아차리고서 그것을 줄이기 위해 어떤 결정을 내려야 하는지 매우 심각하게 고민하는 사람들을 아주 많이 목격했다. 하지만 계획과 실제 간의 차이는 과거에 수립한 계획의 실패를 의미한다. 현재의 문제 해결에 몰두하는 것은 자동차에 기름이 다 떨어지고 나서 허둥대는 것과 같다. 이러한 상황을 피하려면 계획을 통해 이 질문에 답해야 한다. "미래의 문제를 해결하기 위해(혹은 피하기 위해) 지금 수행해야 할 일은 무엇인가?"

따라서 계획 과정의 진정한 결과물은 지금 바로 실행해야 할 업무들이다. 예를 들어, 인텔의 연간 계획의 결과물은 전사적으로 사고를 거듭함으로써 채택한, 변화의 방향과 구체적 행동이라고 말할 수 있다. 나는 최종적으로 '연간 계획'이라고 제목이 적힌 책자를 거의 들춰보지 않는다. 계획 과정의 진정한 결과물은 과정을 진행하면서 내리는 결정과 실질적인 행동이기 때문이다.

계획자는 얼마나 먼 미래를 내다봐야 할까? 인텔은 향후 5년을 내다보며 매년 장기 전략 관점의 계획을 수립한다. 그런데 이런 계획이 실질적으로 집중해야 할 해는 언제일까? 바로 내년이다. 내후년에 해야 할 일은 내년의 장기 계획 과정에서 다시 수립하면 된다. 향후 몇 년을 내다보고 계획을 세우되, 그 계획 중에서 지금부터 차기 계획 수립 때까지 해당하는 부분만을 실행에 옮긴다는 점을 유념하라. 나머지 부분은 나중에 다시 검토할 수 있을 것이다. 결정의 파급효과를 평가하고 그 결정이 올바른 경로로 진행되는지 판단할 시간적인 여유가 필요하기 때문에 계획을 너무 자주 수립하지 않도록 주의해야 한다. 그런 피드백이 차기 계획 수립에 없어서는 안 될 요소이기 때문이다.

그렇다면 누가 계획 과정에 참여해야 할까? 조직 운영과 관리를 책임지는 관리자들일 것이다. 계획을 수립하는 사람과 계획을 실행하는 사람이 따로 있다는 생각은 옳지 않다. 계획 담당자가 따로 있을 수 없다. 계획 수립은 조직의 미래성과에 영향을 미치며 엄청난 레버리지를 지닌, 관리업무의 핵심 활동이다. 하지만 그런 레버리지는 계획 수립과 실행 간의 조화를 통해서만 이루어질 수 있다.

마지막으로 어떤 프로젝트나 일련의 활동에 "예"라고 말하는 것은 동시에 다른 것에는 "아니요"라고 말하는 것과 같다는 점을 명심하라. 무언가를 추진한다는 것은 다른 것을 추진할 기회를 포기한다는 뜻이다. 한정된 자원을 배치하고 할당하는 과정에서 이는 피할 수 없는 현실이다. 계획을 수립하는 사람은 어떤 프로젝트는 시작하고 어떤 프로젝트는 포기하는 대담함과 정직함, 그리고 규율을 지녀야 한다. "예"라고 웃어야 할 상황과 "아니요"라고 고개를 가로저을 상황을 분별할 줄 알아야 한다.

목표를 통한 관리 : 일상업무에 계획 과정 적용하기

목표를 통한 관리(Management by Objectives, MBO) 시스템은 관리자의 관심이 단기적이기 때문에 환경이 요구하는 바를 정확히 파악해야 한다고 간주한다. 따라서 목표를 통한 관리는 계획 과정의 2단계와 3단계에 초점을 맞추고 이 단계를 최대한 구체화시키는 방법이다. MBO의 기본 원리는 지극히 단순하다. "어디로 가는지 알지 못하면 그곳에 다다르지 못할 것이다."

성공적인 MBO 시스템은 다음의 두 가지 질문을 충족시키면 된다.

1. **어디로 가길 원하는가?**[이 질문이 답이 목표(objectives)다.]
2. **그곳에 도착했는지는 무엇을 보면 알 수 있는가?**[이 질문의 답이 이정표 혹은 **핵심결과**(key results)다.]

목표와 핵심결과의 의미를 잘 이해하려면 다음의 상황을 가정해보라.

나는 비행기를 타기 위해 한 시간 내에 공항에 도착해야 한다. 이것이 나의 목표다. 나는 중간에 A, B, C 세 개 마을을 통과해 운전해야 한다는 것을 알고 있다. 나의 핵심결과는 출발 후 A, B, C 세 개 마을을 각각 10분, 20분, 30분 시점에 통과해야 한다는 것이다. 만약 운전한 지 20분이 지났는데 A마을을 통과하지 못했다면, 길을 잘못 든 것이다. 고속도로를 빠져나와 누군가에게 길을 묻지 않는다면 아마도 제시간에 비행기를 탈 수 없을 것이다.

MBO 시스템이 초점을 맞춰야 할 기간은 언제일까? MBO는 진행 중인 특정 업무와 관련된 피드백을 제공하기 위해 설계된다. 그래서 MBO는 필요하다면 고속도로를 빠져나와 길을 묻는 것처럼 그 업무를 어떻게 수행하는지를 알려줌으로써 방향 수정을 할 수 있도록 해야 한다. 피드백이 효과적이려면 측정 가능한 행동이 벌어지고 난 후에 즉각적으로 피드백이 이루어져야 한다. 따라서 MBO 시스템은 상대적으로 기간을 짧게 잡고 목표를 수립해야 한다. 예를 들어, 1년 기준으로 계획을 수립한다면 그에 따른 MBO 시스템의 시간 프레임은 적어도 분기 단위 혹은 월 단위가 되어야 한다.

MBO 시스템의 가장 뛰어난 장점은 바로 '집중'이다. 하지만 목표 개수가 너무 많으면 집중할 수 없다. 물론 실무적으로 목표 개수를 적게 유지하기란 쉽지 않다. 우리는 "아니요"라고 단호하게 말할 수 없어서 너무나 많은 목표를 수립하고 만다. 모든 것에 초점을 맞추면 아무것도 집중하지 못한다는 사실을 깨달아야 한다. 엄선된 몇 개의 목표는 해야 할 것과 하지 말아야 할 것에 대한 분명한 메시지를 전달한다. MBO 시스템이 잘 돌아가려면 이 점을 명심해야 한다.

두 가지 사례

MBO 시스템에 친숙해지기 위해 콜럼버스의 신세계 발견 역사를 들여다보자(미리 밝히건대, 중학교 시절에 배운 역사를 내 마음대로 해석했으니 양해 바란다).[10] 1491년의 연간 계획을 수립하는 과정에서 스페인 정부는 모든 사람들이 전쟁의 필요성을 느낀다 하더라도 무기와 탄약을 구입할 돈이 없으면 전쟁을 계속할 수 없다는 결론에 도달했다. 무어족을 스페인 영토에서 몰아내는 것이 이사벨라 여왕 정부의 지상 목표였고 그에 따른 자금이 절실했다. 이사벨라 여왕은 스페인의 대외무역 균형을 개선하면 자금을 마련할 수 있으리라 생각했다. 그래서 그녀는 신하인 크리스토퍼 콜럼버스에게 자신의 목표를 말했다. 콜럼버스는 여왕이 원하는 것을 실행에 옮길 여러 가지 방법을 모색했고, 얼마 후에 해적을 만나지 않고 영국까지 가는 항로와 동양으로 향하는 새로운 항로를 개척하는 계획 등 몇 가지 제안을 들고 여왕을 알현했다. 이

사벨라와 콜럼버스는 모든 사안을 자유롭게 토론했고 결국 동쪽으로 가는 새로운 항로를 개척하겠다는 결정을 내렸다.

결정이 되자마자 콜럼버스는 자신의 뜻을 달성하는 데 필요한 모든 것들을 생각하기 시작했다. MBO의 용어를 빌린다면, 여왕은 자신의 목표(스페인의 부를 증진시킨다)를 정의했고, 콜럼버스와 여왕은 콜럼버스의 목표(동방으로 향하는 새로운 항로를 개척한다)에 동의했다. 그에 따라 콜럼버스는 구체적인 기한을 명시하면서 선박 구입, 선원 훈련, 시험 항해, 출항 등 핵심결과들을 규명했다.

이사벨라 여왕의 목표와 콜럼버스의 목표 간의 관계는 명확하다. 여왕은 자기 국가의 부를 증진시키길 바랐고 콜럼버스는 동방으로 가는 안전한 무역로를 개척하기를 원했다. 여기에서 목표들 간의 수직적 관계, 즉 부하직원(콜럼버스)의 목표가 달성되면 상사(이사벨라 여왕)의 목표 역시 달성된다는 점을 알 수 있다.

그런데 핵심결과가 시계처럼 정확하게 완료되더라도 목표를 달성하지 못할 수도 있다. 콜럼버스는 핵심결과를 상대적으로 쉽게 달성됐지만, 그는 중국으로 가는 새로운 항로를 찾지 못했다. 목표 달성엔 실패한 것이다.

MBO의 관점으로 볼 때 목표 달성에 실패했지만 콜럼버스는 성공적으로 임무를 수행한 것일까? 그는 신세계를 발견했고 그곳은 스페인에게 헤아릴 수 없이 많은 부의 원천이 되었다. 그렇기 때문에 부하직원이 특정 목표 달성에 실패했다 하더라도 성공적으로 업무를 수행했다고 평가하는 일은 충분히 있을 수 있다. MBO 시스템은 일종의 스톱워치를 개인의 손에 쥐어주고 스스로 자신의 성과를 측정할 수 있게 고안되었다. MBO는 직원에 대한 성과 평가의 근거자료가 아니라 그가 얼마나 성공적으로 업무를 수행하는 가를 판단하는 하나의 기준으로 여겨야 한다. 상사가 부하직원의 성과를 평가하려고 기계적으로 MBO 시스템에 의존하거나 기존에 수립한 목표나 핵심결과에 해당하지 않는다고 해서 새롭게 떠오르는 기회를 무시한다면, 상사와 부하직원 모두 옹졸하며 전문적이지 않게 행동하는 것이다.

인텔의 필리핀 공장 확장계획을 가지고 MBO 시스템의 동작원리를 살펴보자. 동아시아 지역 건설 관리자의 목표는 '필리핀 공장 확장에 관한 결론을 내린다'였고, 핵심결과는 다음과 같다.

① 6월까지 기존 공장 부근과 다른 부지의 가능성에 대한 조사를 마친다.
② 두 후보지와 관련된 운영 비용뿐만 아니라 부지 매입 비용, 건설비용 등 장단점에 관한 재무 분석을 수행한다.
③ 이렇게 얻은 결과를 공장 부지 결정 위원회에 보고하여 결정을 받아낸다.
④ 10월까지 그로브 사장의 결재를 받는다.

동아시아 지역 건설 관리자의 핵심결과는 착착 달성되었고 목표도 이루어졌다. 목표는 상대적으로 단기적이고 핵심결과는 매우 구체적이어서 누구나 의문의 여지없이 자신이 기한 내에 달성했는지를 판단할 수 있다는 점에 주목하라. 따라서 핵심결과가 유용하려면 반드시 구체적인 내용과 기한을 담아야 하고 그래야 마감일에 임박해서 허둥대는 일이 없다.

이미 짐작하겠지만 동아시아 지역 건설 관리자의 상사가 가지고 있는 목표는 '모든 공장 확장 프로젝트를 일정대로 이루어지도록 한다'였다. 이러한 목표를 달성하기 위한 그의 핵심결과는 부하직원(동아시아 지역 건설 관리자)의 목표와 비슷한 '필리핀 공장 확대에 관한 결정을 10월까지 끌어낸다'였다.

이제 이사벨라 정부와 인텔이 구조적으로 다를 바가 없다는 사실을 이해할 수 있을 것이다. 관리자의 목표는 적절하게 설정된 핵심결과들로 구체화된다. 그리고 그의 목표는 상사의 목표에 연결되어 있기 때문에 그가 자신의 목표를 달성하면 상사의 목표가 달성될 것이다. 하지만 컴퓨터를 써서 MBO 시스템을 돌아가게 만들 수는 없다. 목표와 핵심결과의 수직적 관계를 설정하려면 판단력과 상식이 필요하다. 또한 매일의 업무 속에서 스스로를 가이드하기 위해 MBO를 사용할 때도 판단력과 상식이 모두 필요하다.

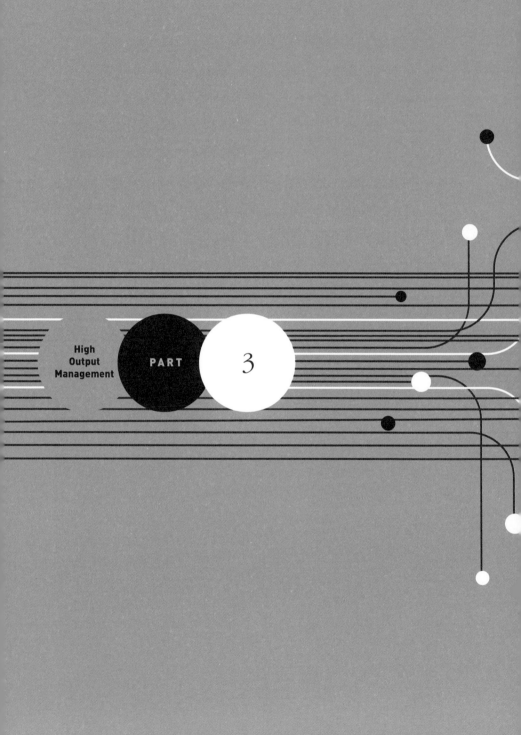

High
Output
Management

PART

3

팀으로
이루어진 팀의
관리

브렉퍼스트 팩토리의
성장

잠시 제쳐두었던 브렉퍼스트 팩토리라는 가상 조직의 이야기로 돌아가
보자. 앞에서 언급했듯이 브렉퍼스트는 상당한 비용을 들이면서까지 연속
달걀 조리기를 설치해야 할 만큼 성공적으로 비즈니스를 이끌었고, 이 장비
는 전례 없이 고른 품질의 아침식사를 준비하는 데 기여했다. 게다가 판매량
이 달걀 조리기를 최대 용량으로 사용할 정도까지 증가했고 그 때문에 손님
에게 최상의 아침식사를 제공하는 데 드는 비용이 점차 낮아졌다(그래서 가격
을 낮출 수 있었다). 고객에게 맛있는 아침식사를 합리적인 가격으로 제공하자
브렉퍼스트 팩토리에 대한 입소문이 확산되었다.

비즈니스가 성장하자 브렉퍼스트 팩토리는 마을 반대편에 분점을 열었
고, 그곳 역시 괄목할 만한 성공을 거두었다. 그 후 얼마 지나지 않아 전국적
으로 많은 판매 부수를 자랑하는 〈네이버후드 고메(Neighborhood Gourmet)〉

라는 잡지가 브렉퍼스트 팩토리의 운영에 관한 기사를 실었다. 브렉퍼스트 팩토리는 여세를 몰아 프랜차이즈를 전국적으로 확장하기로 결정했다. 브렉퍼스트 팩토리의 아침식사를 즐길 만한, 적절한 인구통계학적 구성을 지닌 지역들을 신속히 파악하여 분점을 개설하자 브렉퍼스트 팩토리는 전국적으로 거대한 네트워크로 성장했다.

새로운 업무 방식이 필요하다

하지만 얼마 지나지 않아 이 프랜차이즈 네트워크는 식당 하나를 운영할 때와는 아주 다른 업무방식과 스킬이 필요하다는 사실을 깨달았다. 그중 가장 중요한 것은 점장을 임명해 각 분점을 잘 운영하게 함으로써 '규모의 경제'라는 이점을 최대한 활용하는 방법을 찾는 것이었다. 브렉퍼스트 팩토리는 점장이 해당 지역의 특성에 맞게 분점을 운영하여 가능한 한 높은 이익을 가져와주기를 기대했다. 분점 수가 100개를 넘으면서 브렉퍼스트 팩토리의 교섭력은 엄청나게 커졌다. 그래서 중앙에서 특정 활동을 일괄적으로 처리한다면(예를 들어 특정 품목을 일괄 구매한다면), 분점들이 개별적으로 처리하는 것보다 많은 업무를 훨씬 값싸게 빨리 수행할 수 있게 됐다. 무엇보다도 아침식사의 질이 지금껏 브렉퍼스트 팩토리의 성공에 일등공신이었기 때문에 최상의 음식과 서비스를 제공한다는 인식을 계속 유지시키는 데 많은 신경을 써야만 했다. 다시 말해 브렉퍼스트 팩토리의 어떤 분점도 비즈니스 성공의 진정한 비결을 위태롭게 만들어서는 안 된다.

사실 '중앙집중'과 '지역분권'이라는 이중적인 관리법은 브렉퍼스트 팩토리 네트워크 경영에 있어 가장 중요한 요소로 자리를 잡았다. 광고를 지역적으로 할 것인가, 아니면 전국적으로 진행할 것인가? 점장에게 해당 지역사회를 대상으로 한 광고 캠페인 권한을 주어야 하는가? 중앙에서는 누가 〈데일리 블랫(Daily Blatt)〉이라는 신문을 읽는지 모르지만 지역 점장은 잘 알 테니까 말이다. 직원을 채용하고 해고하는 권한을 점장에게 부여해야 하는가? 점장의 임금 수준을 개별적으로 설정할 것인가, 아니면 전국적으로 동일하게 적용할 것인가? 후자의 경우는 노동시장의 조건이 지역별로 상당히 다르기 때문에 적용하기가 어렵다. 브렉퍼스트 팩토리는 첨단 자동화기기를 중앙에서 구입해야 한다고 생각했다. 적합한 공급업자를 찾는 데 시간이 오래 걸리고 도입된 기계가 요구사항을 만족하는지 테스트할 수 있는 능력이 필요했기 때문이다. 현재 브렉퍼스트 팩토리는 그런 일만 수행하는 상당 규모의 직원을 시카고에 보유하고 있는데, 각 분점이나 지역이 개별적으로 그런 일을 담당하기가 어렵기 때문이다.

　하지만 브렉퍼스트 팩토리의 모든 분점이 달걀을 시카고에서만 구입해야 한다는 것은 아니다. 신선도가 생명인 달걀을 한곳에서 구입해 전국의 분점으로 운송한다는 것은 바람직하지 않으니까 말이다. 하지만 그렇다고 해서 각 분점이 입고된 달걀의 검사 업무를 자체적으로 수행하는 것은 현실적으로 아주 곤란하다. 그렇기 때문에 브렉퍼스트 팩토리는 각 지역 내 모든 분점에서 1~2시간이면 닿을 수 있는 곳에 '지역별 달걀 구매센터'를 운영하는 절충안을 수용했다. 또한 모든 분점이 품질 기준을 준수하는지 모니터링할 필요도 있었다. 다시 말해 전국적인 품질 관리 기준을 적용해야 했던 것이다.

그렇다면 메뉴는 어떤가? 브렉퍼스트 팩토리를 찾는 손님들이 기본적으로 선택할 수 있는 핵심 메뉴는 어느 분점에서나 동일하게 제공하도록 했다. 하지만 선호하는 맛이 지역에 따라 다르다는 점을 감안하여 몇 가지 메뉴는 각 분점의 재량에 따라 설정하게 했다.

부동산 문제는 어떻게 해야 했을까? 빈 공간이 있다면 아무 건물에나 입점하도록 해야 할까? 건축 스타일을 통일시킨 다음 그에 따라 각 분점을 신축해야 할까? 브렉퍼스트 팩토리는 본사(시카고)에서 정한 몇 가지 기준을 충족시키는 건물이라면 어느 곳에나 입점할 수 있게 했다.

가구는 완전히 통일해야 할까? 본사가 분점에 필요한 모든 가구를 일괄 구입해야 할까? 식기는 어떻게 할까? 사람들은 보통 식사할 때 사용한 식기를 음식과 연관시키는 경향이 있기 때문에 브렉퍼스트 팩토리는 전국적으로 동일한 식기를 사용하기로 했다. 이것은 한곳에서 식기를 일괄 구입해야 한다는 뜻이었다. 하지만 몬타나 주에 있는 분점에서 접시 몇 개가 깨졌다고 멀리 있는 본사에 구매 요청을 넣는 것은 비효율적인 일일 것이다. 그래서 브렉퍼스트 팩토리는 식기를 빠르게 공급할 수 있도록 몇몇 곳에 창고를 설치하기로 했다.

대도시 지역 내에 새로운 분점의 위치를 어떻게 선정해야 할까? 본사에서 해야 할까? 브렉퍼스트 팩토리의 CEO가 결정해야 할까, 아니면 지역 관리자가 결정하도록 해야 할까? 해당 지역을 본사 직원들보다 잘 아는 지역 관리자의 의견을 물어본 후에 본사가 결정하면 어떨까?

일이 너무 복잡해지고 말았다. 브렉퍼스트 팩토리의 CEO는 본사의 커다란 책상에 앉아 있으면서 때때로 달걀과 토스트를 직접 준비하고 커피를 끓이던 초창기 시절로 되돌아가고 싶다는 생각에 빠졌다. 그게 불가능하다면 적어도 모든 직원들의 이름을 알고 '장점 대 단점'이라는 분석에 휘둘리지 않으면서 모든 결정을 내릴 수 있었던 시절, 즉 분점을 내지 않고 매장 하나만 운영했던 때로 돌아가고 싶었다. 그때는 오버헤드 같은 것도 없었다. 지금은 전사 인사관리자가 근무하고 있다. 또한 각 지역의 달걀 구매 센터에서 분점으로 달걀의 운송을 최적화하려면 컴퓨터를 구매해야 한다고 말하는 물류 관리자도 있다. 그는 컴퓨터를 구매하면 당일 운송을 보장받을 뿐만 아니라 운송비용도 최소화할 수 있다고 말한다. 또한 그는 컴퓨터가 있으면 식기 재고를 최저 수준으로 유지할 수 있다고도 주장한다. 머지않아 브렉퍼스트 팩토리는 부동산 구매 담당자를 채용해야 할 것이다. 정말 복잡해지고 말았다.

지금까지 관리라는 게임이 '팀 게임'이라는 사실, 즉 관리자의 결과물이 그가 관리하고 그가 영향을 끼치는 조직의 결과물이라는 점을 살펴보았다. 지금부터는 관리가 단순히 팀 게임이 아니라 '팀으로 이루어진 팀'의 게임, 즉 여러 개의 개별 팀이 적절한 상호 지원 관계 속에 이루어지는 게임이라는 점에 대해 알아보자.

하이브리드 조직

브렉퍼스트 팩토리에게 일어났던 일은 일정 규모 이상의 조직이라면 이미 경험했거나 앞으로 경험해야 할 일이다.

대부분의 중간관리자들은 큰 조직의 일부인 부서를 관리한다. 브렉퍼스트 팩토리 분점들이 서로 연결되고 본사와 연결되어 있듯이 중간관리자들이 각각 감독하는 '블랙박스'는 서로 연결되어 있다. 그렇기 때문에 지금부터는 작은 단위조직들로 구성된 조직 내부를 더 세심히 살펴보자.

조직의 형태

조직의 형태를 두 개의 극단적인 형태로 나누면 전적으로 '미션 중심의 조직'과 전적으로 '기능 중심의 조직'으로 나눌 수 있다(대부분의 기업에는 두 가지 형태가 혼재되어 있다). 브렉퍼스트 팩토리는 다음 그림에서 보듯이 각각의 조직 형태로 구성될 수 있다. 완벽하게 지역분권적으로 운영되는 미션 중심의 조직(a)에서 개별 사업조직들은 각자의 목표(미션) 달성에 매진할 뿐 다른 단위 조직과의 연결이 거의 없다. 이런 조직 형태에서는 각 분점이 분점의 위치

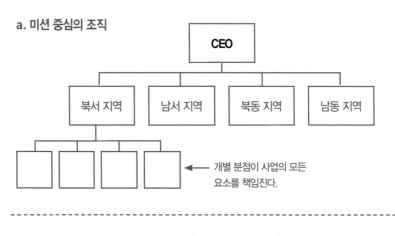

a. 미션 중심의 조직

CEO

북서 지역 · 남서 지역 · 북동 지역 · 남동 지역

← 개별 분점이 사업의 모든 요소를 책임진다.

b. 기능 중심의 조직

CEO

머천다이징 · 인사 · 부동산/분점 확장 · 구매 · 재무

각 부서가 모든 분점의 활동에 책임을 진다.

브렉퍼스트 팩토리 네트워크는 전적으로 '미션 중심(a)' 혹은 '기능 중심(b)'으로 조직될 수 있다.

결정, 건물 신축, 자재 및 식재료 구매, 인력 관리 등 운영의 모든 요소를 책임진다. 월말이 되면 본사로 월별 재무상황을 보고하기만 하면 된다.

또 다른 극단적 조직 형태인 기능 중심의 조직(b)은 완벽하게 중앙집중적인 조직이다. 브렉퍼스트 팩토리가 이 형태를 채택한다면 구매 부서는 모든 분점에서 필요한 물품을 구매할 책임을 지고, 인사 부서는 모든 분점의 직원을 채용, 해고, 평가하는 임무를 담당한다.

개별 점장에게 해당 지역의 특성을 반영하는 권한을 부여하고자 한다면 미션 중심의 조직으로 향하려는 의지가 있는 것이다. 반대로 규모의 경제를 확실하게 활용하고 전체 지역에 걸쳐 전문성의 레버리지를 높이고자 한다면 기능 중심의 조직을 지향하는 것이다. 물론 현실에서는 두 극단적 형태를 적절하게 절충하는 것이 일반적이다. 사실 적절한 절충안을 찾으려는 노력은 이미 오래전부터 관리자들에게 숙제로 남아 있다. 앨프리드 슬론은 제너럴 모터스에서 겪은 수십 년간의 경험을 이렇게 요약했다. "좋은 관리는 중앙집중과 지역분산을 최상으로 조합하는 데 달려 있다." [11] 다시 말해 미션 중심 조직의 민첩성과 기능 중심 조직의 레버리지 사이에서 최상의 조합을 찾아야 한다는 것이다.

하이브리드 조직의 특징

이제 인텔의 조직 형태를 살펴보자. 다음 그림과 같이 인텔은 하이브리드(hybrid)적인 조직 형태를 가지고 있다. 이러한 하이브리드적인 특성은 미션

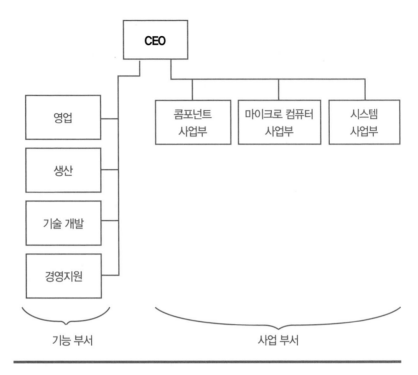

인텔은 민첩함과 레버리지 사이에서 최고의 조합을 찾는 하이브리드 조직을 갖추고 있다.

중심 조직과 기능 중심 조직이 혼합된 형태로 전사 조직이 구성됐기 때문이다. 이런 조직 형태는 군대 조직과 아주 비슷하다. 인텔의 사업 부서는 모포, 급여, 항공 감시, 첩보 수집 등을 수행하는 기능 조직의 지원을 받는 개별 전투부대에 해당한다. 그런 단위조직들은 자체적으로 지원 기능을 보유할 필요가 없기 때문에 고지를 탈환한다는 식의 특정 미션에 집중할 수 있다. 그리고 그런 이유로 각 단위조직들은 행동의 자유와 독립성을 가지게 된다.

기능 부서는 마치 내부적인 하도급업자와 같다. 영업 조직을 예로 들어보

자. 많은 기업이 외부의 영업 대행업자를 활용하고 있긴 하지만, 내부 직원으로 운영하면 적은 비용으로 더 민첩하게 영업이라는 서비스를 제공받을 수 있을 것이다. 마찬가지로 생산, 재무, 데이터 처리 등의 업무는 모든 사업 부서에 서비스를 제공하는 내부 하도급업자들, 즉 기능 부서의 업무로 볼 수 있다.

인텔 직원의 3분의 2는 기능 부서에서 근무하는데 이는 그만큼 그들이 중요하다는 뜻이다. 기업의 많은 부분을 기능 부서로 조직한다면 어떤 이점이 있을까? 첫째, 규모의 경제를 이룰 수 있다. 전산화된 정보 처리를 예로 들어보자. 복잡한 컴퓨터 장비는 매우 비싸지만 모든 사업 부서에서 그 장비를 사용한다면 거대한 전자 기계의 가용능력을 최대로 활용할 수 있다. 개별 사업부가 자체적으로 컴퓨터를 보유한다면, 그 비싼 장비의 사용 시간은 아주 적을 수밖에 없다. 또 하나의 중요한 이점은 전사적인 우선순위의 변화에 따라 자원을 재배치할 수 있다는 점이다. 예를 들어, 제조는 기능적으로 운영되기 때문에 기업 전체의 요구에 따라 어떤 제품은 더 생산하고 또 어떤 제품을 덜 생산할지 결정할 수 있다. 개별 사업 부서가 자체적으로 생산을 책임진다면 한 사업 부서에서 다른 사업 부서로 자원을 이동시키는 일이 상당히 거추장스럽고 힘든 일일 것이다. 또한 기능 부서를 조직하면 기술 개발을 담당하는 연구 엔지니어와 같은 전문가(노하우 관리자)의 전문성과 지식을 전사적으로 광범위하게 활용하여 레버리지를 높일 수 있다는 이점이 있다. 마지막으로, 인텔의 기능 부서는 각 사업부가 컴퓨터 구입과 생산과 기술 개발 등에 신경 쓰지 않고 각자의 구체적인 임무를 달성하는 데 집중하도록 돕는다.

그러나 인텔을 기능 부서 위주로 조직한다고 해서 장점만 있는 것은 아니다. 가장 큰 단점은 다양한 사업 부서의 요구에 대응하느라 기능 부서가 정보의 과부하에 직면한다는 것이다. 또한 사업 부서가 기능 부서에 요구사항을 전달하는 일조차 어려울 때가 종종 발생한다. 사업 부서가 기능 부서의 의사결정에 영향을 미치려면 수많은 관리층을 뚫고 가야 하기 때문이다. 생산 가용능력, 컴퓨터 사용 시간, 건물 내 공간 등 회사의 집중된(그리고 한정된) 자원의 일부를 확보하려는 협상 과정에서 이러한 현상은 분명하게 드러난다. 사실 사업 부서들이 기능 부서가 통제하고 있는 자원을 확보하기 위한 시도는 협상의 수준을 넘어 과도한 경쟁으로 이어지는 경우도 종종 있다. 결론적으로 이러한 협상과 경쟁은 회사의 결과물이나 이윤 창출에 아무런 도움이 되지 않기 때문에 시간과 에너지를 낭비하는 꼴이다.

그렇다면 회사를 미션 중심 조직으로 구성한다면 어떤 장점이 있을까? 장점은 오직 하나다. 그것은 개별 부서들이 사업 부서의 요구사항을 항상 주시하고 요구사항의 변화에 신속하게 대응할 수 있다는 점이다. 이것뿐이다. 다른 모든 측면을 고려해도 기능 중심 조직의 장점이 크다. 하지만 어떤 비즈니스이든지 환경의 변화와 요구에 능동적으로 대응해야 하기 때문에 많은 기업이 미션 중심 조직으로 구성되는 경향을 보인다.

수많은 관리자들이 두 가지 조직 형태를 최상으로 조합하는 방법을 찾으려고 애써왔다. 인텔 역시 고위관리자(경영자)와 각 계층의 수많은 중간관리자가 자신이 관리 감독하는 조직의 형태를 개선하려고 시시때때로 시도했다. 하지만 그때마다 하이브리드 조직 구조보다 나은 대안은 없다는 결론을 내렸다.

하이브리드 조직은 인텔의 현재 조직 구조다. 하이브리드 조직이 불가피하다는 점을 더욱 잘 이해하려면 최근에 내가 읽은 신문 기사를 살펴보라. 매주 발행되는 무역 관련 신문에 게재된 수십 개 기사 중 하나를 여기에 이름만 바꿔서 올려본다.

ABC테크놀로지의 조직 재정비

(캘리포니아 주, 산타클라라) 설립된 지 3년 된 ABC테크놀로지는 세 개 제품 사업부로 조직 구조를 정비했다. 부사장이자 슈퍼 시스템 사업부장에는 부사장이자 엔지니어링 담당 이사였던 창업자 존 도(John Doe)가 임명되었다. 부사장이자 울트라 시스템 사업부장 자리에는 영업 마케팅 담당 부사장이었던 윌리엄 스미스(William Smith)가 올랐다. 부사장이자 하이퍼 시스템 사업부장에 제품 디자인 관리자였던 로버트 워커(Robert Worker)가 자리를 잡았다.

세 사업부 모두 ABC 테크놀로지의 사장이자 CEO인 새뮤얼 사이먼(Samuel Simon)의 직속 조직이다. 사업부는 각각 자체적으로 제품 마케팅과 제품 개발의 책임을 지게 되지만, 영업과 생산은 전사 차원의 조직으로 운영될 예정이다. 영업에는 부사장 앨버트 아벨(Albert Abel)이, 생산에는 윌리엄 위어리(William Weary)가 새로 임명되었다.

이 회사의 변화가 앞에서 살펴보고 분석했던 패턴을 어떻게 따르는지 주목하라. 회사가 성장하고 제품 라인이 확대됨에 따라 주시해야 할 요소가 늘어났다. 각 제품 라인을 담당할 조직들, 즉 세 개의 제품 사업부를 만든 것은 지극히 당연한 일이다. 하지만 이 기사가 지적했듯이, 영업과 마케팅과 같은 ABC테크놀로지의 주요 기능 조직들은 중앙집중적인 존재로 유지되고 세 개의 미션 중심 조직(즉 사업부)을 지원하게 된다.

여기에서 나는 일명 '그로브의 법칙'이라는 원리를 제안하고 싶다. 그것은 바로 '일반적인 비즈니스 목적을 지닌 모든 거대 조직들은 하이브리드 조직의 형태로 수렴된다'다.

브렉퍼스트 팩토리, 군대, 인텔, ABC테크놀로지가 바로 그러한 사례다. 내가 아는 모든 대규모 기업이나 기관은 하이브리드 형태로 조직되어 있다. 학교를 예로 들면, 수학, 영어, 기술 등 개별적인 미션 중심 학과뿐만 아니라 이 학과들이 필요로 하는 공통적인 자원을 공급하고 서비스하는 행정, 인사, 보안, 사서 등의 부서도 존재한다.

하이브리드 형태의 아주 색다른 예는 청소년육성회(Junior Achievement) 조직에서 찾아볼 수 있다. 개별 지부들은 제품 결정과 판매, 그밖에 비즈니스의 모든 요소를 유지하고 관리하면서 자체적으로 비즈니스를 운영한다. 반면에 전국 본부는 개별 지부들이 조직되는 형태, 서류가 갖춰야 할 요건 제시, 성공적인 운영에 대한 보상 방법 등을 통해 지부들이 자체적으로 추구하는 방향을 통제한다.

기업이나 조직의 규모가 커야만 하이브리드 조직 형태를 활용할 수 있는 것은 아니다. 내 친구는 중간 규모의 법률회사에서 변호사로 일한다. 그는 내게 회사가 자신과 동료들이 속기 인력이나 사무실 공간과 같은 공유 자원을 놓고 벌이는 문제와 갈등에 어떻게 대응하고, 이를 해결하기 위해 어떻게 노력하는지를 말해줬다. 그 법률회사는 개별 변호사들의 법률 업무(미션 중심)에는 간섭하지 않지만 공통 자원의 확보와 배분을 관장하는 위원회를 운영하기로 했다. 규모는 작지만 이것 역시 하이브리드 조직의 예다.

하이브리드 조직의 보편성에 해당하지 않는 예외가 있을까? 내 생각에 전적으로 미션 중심의 조직으로 구성되는 '그룹사(conglomerate)'밖에 없는 것 같다. 왜냐하면 공통적인 비즈니스 목적이 없기 때문이다. 그룹사에 속한 각 계열사는 모두 독립적이고, 그룹의 손익계산서를 작성할 때를 빼고는 서로 아무런 관계가 없다. 하지만 각 계열사 내부의 조직은 하이브리드 조직 형태로 구성돼 있을 것이다.

물론 하이브리드 조직들은 이론적으로 '완전히 기능 중심적인 형태'와 '완전히 미션 중심적인 형태' 사이의 어딘가에 해당하기 때문에 각각의 특성을 지닌다. 사실 조직은 실용적인 이유 때문에 양 극단 사이를 왔다 갔다 하면서 자주 형태를 바꾸곤 한다. 예를 들어, 컴퓨터 장비가 부족한 회사는 강력하고 새로운 대형 컴퓨터를 구입함으로써 중앙집중적인 규모의 경제를 실현할 수 있다. 반대로 대형 컴퓨터를 값싼 소형 컴퓨터 여러 대로 교체하여 규모의 경제가 상실되는 일 없이 여러 미션 중심 조직에 바로 설치할 수도 있다. 이것이 바로 비즈니스가 적응해가는 모습이다. 하지만 가장 중요한 고려 사항은 두 가지 조직 형태 사이를 왔다 갔다 하는 전환이 개별 조직을 이끄는 관리자의 운영 스타일 및 적성과 최대한 조화를 이루어야 한다는 점이다.

규모가 어느 정도 큰 기업들은 모두 하이브리드 조직의 특성에 내포된 문제를 해결해야 한다. 가장 중요한 일은 최적의 자원을 시기적절하게 할당하고 그러한 할당 과정에서 발생하는 갈등을 효율적으로 해결하는 것이다.

이런 문제가 아무리 복잡하다 하더라도 중앙에 앉은 누군가가 '할당자(allocator)' 역할을 맡는 것은 분명 해결책이 아니다. 몇 년 전 헝가리에서 내가 경험했던 비효율의 가장 극명한 사례가 벌어졌다. 그곳에서는 중앙정부의 계획 조직이 어떤 상품을 생산할지, 그리고 그 상품을 언제, 어디에 출시할 것인지를 결정했다. 이런 중앙집중적 계획은 나름 이유가 확실했지만 현실적으로 실제 소비자의 니즈를 전혀 충족시키지 못한다. 헝가리에서 나는 아마추어 사진작가로 활동했다. 겨울에는 콘트라스트가 높은 필름이 필요했지만 어느 곳에서도 찾을 수 없었다. 반대로 여름에는 하이 콘트라스트 필름은 넘쳐났지만 일반 필름은 부족했다. 해를 거듭하면서 예상 가능한 수요 변화에도 대응하지 못할 정도로 중앙정부의 의사결정은 낙후되었다. 일반적인 기업 정서상, 독립된 사업 부서에 대한 공유 자원의 할당과 이해관계 충돌로 인한 갈등 해결은 이론적으로 기업 경영자가 담당해야 할 기능이다. 하지만 실제적으로 업무의 양이 너무 과중해서 한곳에서 처리하기가 어렵다. 인텔의 최상위 경영층이 모든 대립을 해결하고, 모든 자원을 할당하려고 했다면 인텔은 헝가리 경제를 좌지우지했던 집단과 다를 바 없었을 것이다.

해답은 중간관리자에게 있다. 첫 번째 이유는 그들의 수가 기업 운영의 전체 범위를 커버할 만큼이라는 것이고, 두 번째는 내부 자원을 만들어내고 소비하는 문제와 아주 근접해 있다는 점이다. 중간관리자가 이러한 '고 레버리지'의 일을 성공적으로 수행하려면 두 가지가 필요하다. 첫째, 하이브리드 조직에서 일하는 한 그들은 하이브리드 조직 형태의 불가피성을 수용해야 한다. 둘째, 그들은 하이브리드 조직을 효율적으로 관리하는 법을 개발하고 그것에 익숙해져야 한다. 이것이 바로 다음 장의 주제인 '이중보고'다.

이중보고

인간을 달에 보내기 위해 NASA는 몇몇 계약업체들과 그들 산하의 수많은 하도급업체들에게 프로젝트에서 각기 다른 분야를 담당할 것을 요청했다. 달 탐사 계획을 세우다가 의도치 않게 나타난 결과는 조직 운영의 새로운 접근 방식, 즉 '매트릭스 관리(matrix management)'[12]였다. 이 방식은 다양한 계약업체의 업무를 조정하고 관리하여 한곳에서 문제가 생기더라도 전체 일정에는 차질이 없도록 진행할 수 있다. 예를 들어, 자원이 풍부한 조직에서 자원이 부족한 곳으로 자원을 이동시킴으로써 자원 부족으로 인한 시간 지연을 만회하는 것이다.

매트릭스 관리는 복잡한 개념이다. 이를 주제로 한 책도 여러 권 출판되었고 아예 교과 과목으로 채택되기도 했다. 하지만 핵심 아이디어는 계약업체와 프로젝트 매니저가 마치 기업 내의 부서를 관리하는 것처럼 각 업무 수행 조직에 영향력을 행사할 수 있다는 것이었다. NASA는 이중보고라는 원리를 큰 규모의 관리기법으로 정교화시켰다. 실제로 기본 아이디어는 이미 오래전부터 다양한 현장에 적용되어 있었고, 인근의 고등학교부터 앨프리드 슬론의 제너럴 모터스에 이르는 모든 유형의 하이브리드 조직들이 기능할 수 있도록 해주었다. 브렉퍼스트 팩토리도 예외는 아니다. 그렇다면 지금부터 인텔이 어떻게 이중보고 시스템을 도입했는지를 살펴보자.

공장 경비원은 누구에게 보고해야 하나

인텔은 아직 규모가 작았던 경영 초기 시절에 이중보고 시스템을 우연히 발견했다. 외딴 곳에 신설된 공장의 경비원들이 누구에게 보고해야 하는가를 결정하기 위한 직원회의에서 두 가지 대안이 제시되었다. 하나는 공장장에게 보고하는 안이었다. 하지만 공장장은 통상적으로 엔지니어 혹은 생산기술자 출신이라 보안 문제에 대한 지식도 별로 없고 관심조차 없는 경우가 많았다. 다른 방안은 주요 공장의 보안 담당 관리자에게 보고하는 것이었다. 그 관리자는 경비원을 채용한 사람이며, 회사 전체의 보안 이슈를 어떻게 처리하고, 행동해야 하는지를 결정하는 사람이었다. 그리고 외딴 공장의 보안 절차와 실무는 전사 기준을 준수해야 하는 것이 당연했다.

두 번째 안을 적용할 때의 문제는 오직 하나였다. 보안 관리자는 외곽의 공장에서 일하지 않고 본사에서 근무하기 때문에 주요 공장이 아닌 곳에 있는 경비원이 언제 출근하는지, 지각을 하지는 않는지, 태만하게 근무하는지 등을 알 방법이 없다는 것이었다. 이런 딜레마에 빠져 한참 고민 중일 때 경비원들이 본사의 보안 관리자와 공장장에게 '공동으로' 보고하면 어떨까란 생각이 갑자기 들었다. 보안 관리자는 경비 업무를 어떻게 수행해야 하는지를 구체적으로 지시하고, 공장장은 매일 경비 업무가 어떻게 수행되는지 모니터링하면 되니까 말이다.

이러한 조치가 문제를 해결할 수 있을 것 같았지만, 직원들은 선뜻 받아들이지 못했다. "어떤 직원이든 상사가 있어야 하는데, 이럴 경우에는 직속 상사는 누구인가?"란 의문이 머리를 떠나지 않았기 때문이다. 한 명의 직원이 두 명의 상사를 둬도 되는 걸까? 이 질문의 답은 자신이 없었지만 '예'라고 판단했고, 결국 이중보고 체계가 생겨났다. 이렇게 결정을 내리기까지 꽤 오랜 시간 힘든 과정을 거쳐야 했지만 말이다.

하지만 이중보고 체계는 실제 경영에서 기본적으로 매우 필요한 것이다. 관리자가 되는 과정을 잠시 생각해보라. 경력 초기에는 영업사원과 같은 일개 직원으로 일을 시작한다. 뛰어난 영업사원으로 인정을 받으면 그는 영업 관리자로 승진하여 자신의 전문 분야인 영업 부서의 직원을 관리 및 감독한다. 그가 영업 관리자로서 슈퍼스타와 같은 능력을 보이면 다시 승진하여 지역 영업 관리자가 된다. 만약 그가 인텔에서 일한다면 그는 영업사원을 관리할 뿐 아니라 자신보다 기술 관련 지식이 많은 현장 엔지니어도 관리하게 된다. 이렇게 승진을 거듭하면 사업부장이라는 자리까지 오르겠지만 그는 생산 분야에 대해서는 경험이 전혀 없다. 그래서 그가 생산 담당 관리자를 업무 전반적으로 관리하는 데에는 문제가 없지만, 기술적인 측면은 부하직원에게 일임할 수밖에 없다. 영업 출신이라 생산에 아무런 배경지식이 없기 때문이다. 다른 사업부에서도 이와 비슷하게 생산 관리자들이 엔지니어링이나 재무 출신의 상사에게 보고해야 하는 상황이 생길 수 있다.

모든 생산 관리자들이 사업부장이 아니라 고참 생산 관리자들 중 한 명에게 보고하도록 함으로써 문제를 해결하면 어떨까? 하지만 이런 방법을 쓰면 쓸수록 조직의 형태가 완전히 기능 중심의 조직으로 변화하고 만다. 사업부장이 더 이상 재무, 마케팅, 엔지니어링, 생산 부서의 활동들을 시장의 요구에 부합하는 하나의 비즈니스 목적을 향하도록 조정할 수 없는 상황이 되는 것이다. 사업부장이 신속하게 업무의 우선순위를 조정할 뿐만 아니라 기술적인 측면도 관리하기 위해서는 이중보고가 필요하다.

하지만 기술적 측면의 감독 역할이 오직 한 사람에 의해서만 수행돼야 할까? 그렇지 않다. 인텔에서 흔히 일어나는 다음의 시나리오를 생각해보라. 생산 관리자가 카페테리아에 앉아 커피를 마시고 있는데, 다른 사업부의 생산 관리자(그의 상사는 재무 출신의 사업부장이다)가 다가온다. 둘은 각 사업부에서 일어나는 일에 대해 이야기를 나누다가 공통적인 기술 문제가 많다는 사실을 알게 된다. 백짓장도 맞들면 낫듯이, 둘은 좀 더 자주 만나 이야기를 나누기로 한다. 결국 그 만남은 정기적으로 여러 사업부의 생산 관리자들이 참여하여 각자의 문제에 관한 의견을 교환하는 회의로 발전된다. 공통적인 문제를 가지고 있는 사람들로 일종의 자문위원회가 구성된 것이다. 요약하면 그들은 자신들의 상사인 사업부장이 다루지 못하는 기술적 문제를 해결할 방법을 찾은 것이고 생산 분야를 잘 아는 사업부장이 자신들에게 해줬어야 할 관리감독 역할을 동료 집단으로부터 받게 된 것이다. 생산 관리자들은 두 명의 상사에게 보고한다. 하나는 이 위원회의 멤버이고 다른 하나는 각자의 사업부장이다.

이러한 방식이 효과를 거두려면 개인의 의사결정을 집단에 자발적으로 위임해야 한다. 집단의 일원이 된다는 것은 대부분의 경우 동료들의 결정에 따라야 하기 때문에 더 이상 개별적으로 행동할 자유가 없다는 뜻이다. 비유하자면 한 커플이 다른 커플과 휴가를 같이 보내기로 한 경우와 같다. 자신이 원하는 때에 원하는 것을 할 자유는 적어지지만 더 재미있기 때문에 자유가 줄어들어도 함께 휴가를 가는 것이다. 조직에서도 개인의 의사결정을 집단에 위임하는 것은 동료 집단이 선택한 행동이 옳을 것이라는 믿음에서 나온다.

신뢰는 조직의 원칙과 관련이 있기보다 최근 몇 년 동안 많이 이야기되는 조직문화의 일면이다. 간단히 말해, 신뢰는 가치관과 믿음 그리고 회사에서

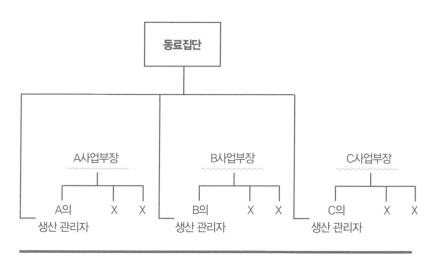

생산 관리자들은 두 명의 상사를 갖는다. 하나는 자신의 사업부장이고 다른 하나는 동료집단이다.

업무가 이루어지는 여러 방식들에 대한 익숙함이다. 여기에서 핵심은 만약 이중보고 체계와 동료 집단에 의한 의사결정이 제대로 작동하려면 강력하고 긍정적인 조직문화가 절대적으로 중요하다는 점이다.

이러한 시스템은 관리자의 업무를 모호하게 만든다. 알다시피 대부분의 사람들은 모호함을 좋아하지 않는다. 그럼에도 불구하고, 이 시스템은 하이브리드 조직이 제대로 돌아가기 위해서 필요하다. 좀 더 단순한 것을 찾으면 좋겠지만 현실에서 그런 것은 존재하지 않는다. 엄격하리만큼 기능적인 조직은 개념적으로는 아주 명쾌하겠지만 엔지니어링과 생산(혹은 이와 비슷한 성격의 부서)을 시장과 동떨어지게 하고 고객이 원하는 것이 무엇인지 알지 못하게 만드는 경향이 있다. 반면, 매우 미션 중심적인 조직은 확실한 보고 체계가 구축되어 있고 언제나 명확한 목적을 가지고 일할 수 있다. 하지만 업무가 분산되어 있어서 비효율과 전반적인 성과 저하를 야기한다.

인텔이 모호함을 좋아해서 하이브리드 조직을 갖춘 것은 아니다. 인텔에서 모든 것을 시도해봤지만 하이브리드 조직이 아닌 모델은 비록 모호함은 덜했지만 제대로 작동하지 않았다. 하이브리드 조직과 이에 수반되는 이중보고 체계는 마치 민주주의처럼 그 자체는 그리 훌륭하지 못하다. 그저 비즈니스를 조직화하는 최상의 방법일 뿐이다.

하이브리드 조직을 돌아가게 만드는 방법

하이브리드 조직이 잘 작동하려면 사업 부서와 기능 부서를 조정함으로써 기능 부서의 자원이 사업 부서의 니즈에 부합하도록 할당하는 방법을 찾아야 한다. 인텔의 회계 관리자가 일하는 방식을 살펴보자. 그의 전문적인 방법론, 실행방식, 업무 기준은 그가 속한 기능 부서인 재무 조직에 의해 정해진다. 결과적으로 한 사업 부서의 회계 관리자는 기능 부서와 사업 부서 양측의 관리 요구에 맞추기 위해 각각에 모두 보고해야 한다. 사업부장은 회계 관리자에게 비즈니스의 특정 문제를 해결하라고 지시하면서 미션 중심의 우선순위를 부여한다. 재무 담당 임원은 회계 관리자가 기술적으로 능숙한 방식으로 업무를 수행할 수 있도록 훈련돼 있는지를 확인하면서 그의 기술적 성과를 감독하고 모니터링하고, 그 회계 관리자가 일을 잘 해낸다면 더

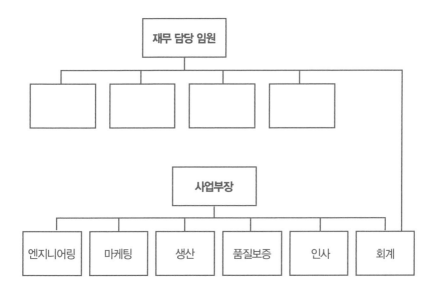

사업부의 회계 부서는 양 조직으로부터 관리 감독을 받는다.

크고 더 복잡한 사업부의 회계 관리자 자리로 승진시키는 등 재무 조직 내에서 그가 경력을 쌓도록 할 것이다. 다시 말해, 이것이 하이브리드 조직이 돌아가게 만드는 관리의 원리, 이중보고 체계다.

회사 전체에 이런 사례가 많이 있다. 각 사업부가 자체적으로 광고 캠페인을 진행해야 할까, 아니면 모든 광고는 단독 부서에 의해 진행되어야 할까? 두 방법은 모두 장단점이 있다. 각 사업부는 자신의 전략을 가장 분명하게 이해하고 있고, 그렇기 때문에 광고 메시지가 어떠해야 하는지, 누구를 대상으로 해야 하는지를 가장 잘 알고 있을 것이다. 이런 이유로 사업부는 광고 진행을 자신들의 손에 맡겨야 한다고 주장할 수 있다. 반면 다양한 사업부가 생산하는 제품을 묶어서 고객에게 제시할 때가 개별 사업부가 독자적으로 접근할 때보다 고객의 니즈를 충족시키는 데에 훨씬 완성도 높은 해결책을 제시할 수 있다. 만약 광고 스토리가 일관되고 조화롭게 전달된다면 고객과 생산업체 모두에게 좋은 일이다. 또한 광고는 특정 상품뿐만 아니라 회사 전체를 알리는 것이다. 광고는 모든 사람들에게 적합한 일관된 이미지를 전달해야 하기 때문에 최소한 개별 사업부가 자체적으로 광고 대행사에게 광고를 의뢰하는 일은 없도록 해야 한다.

다른 경우와 마찬가지로 하이브리드 조직에서 이에 대한 최적의 해결책은 이중보고 체계를 활용하는 것이다. 사업부의 마케팅 관리자는 자체적인 광고 메시지를 책임져야 한다. 하지만 여러 사업부의 마케팅 관리자로 구성된 동료집단, 즉 일종의 '조정위원회'를 구성하여 전사 마케팅 담당 임원이 회장을 맡아 모든 제반 사항을 감독해야 한다. 예를 들어 이 위원회가 광고 대행사를 선택하고 모든 사업부의 광고가 따라야 할 그래픽 이미지를 결정하는 것이다. 조정위원회는 '대량 구매'를 통해 비용을 절감하는 등 사업부의 마케팅 관리자가 광고 대행사를 다루는 방식 역시 정해준다. 하지만 고객에게 전달하고픈 개별적인 광고의 구체적인 메시지는 사업부 직원들의 몫으로 남겨놓는다.

이중보고는 분명 사업부 마케팅 관리자의 인내력을 요구한다. 동료 마케팅 관리자의 니즈와 사고 과정을 이해할 필요가 있기 때문이다. 하지만 개별 제품과 메시지를 알리면서 동시에 회사의 정체성을 유지하는 데에 이보다 더 현실적인 대안은 존재하지 않는다.

지금까지 여러 종류의 조직이 하이브리드 조직 형태로 변모하는 과정을 살펴봤다. 그런 조직들은 이중보고라는 시스템을 개발해야 한다. 다음은 〈월스트리트 저널(Wall Street Journal)〉에 소개된 오하이오대학교에 관한 기사다. [13]

대학은 관리하기 까다로운 곳이다. 이 대학의 총장은 "행정부서(기능 중심 조직)와 학과 교수진(미션 중심 조직) 간에는 의사결정에 관한 공통 책임이 분명하게 존재합니다"라고 말한다. 예산이 대폭 삭감되는 상황에서 한정된 자원을 할당(가장 어렵고 일반적인 문제)하기 위해 대학의 교수진과 행정부서의 대표들로 대학기획자문위원회(동료 집단)가 구성되었다. "우리는 대학 전체의 관점으로 사고하도록 지시받았습니다"라고 위원회의 어느 멤버가 말했다. "저는 학생처를 담당하고 있는데, 금년에 예산 책정을 고려 중인 몇 가지 프로젝트가 있습니다. 하지만 저는 새 불도저를 구입하는 데 찬성표를 던졌답니다."

다르게 생각하면 하이브리드 조직 형태는 기업이나 대학 같은 거대 조직이 갖게 되는 불가피한 산물이다. 이중보고의 형태나 필요성이 불필요한 잡무에 대한 변명이 될 수는 없다. 불필요한 관료적 방해물을 무자비할 정도로 베어내야 하고, 모든 일을 단순화해야 하며, 상식적인 선에서 조정과 협의가 이루어지기 위한 확실한 조건들을 지속적으로 확보해야 한다. 하지만 보고 체계를 활용해 조직 내 복잡성에서 빠져나가기를 기대해서는 안 된다. 좋든 싫든, 하이브리드 조직 형태는 조직의 본질적인 현상이다.

양면 조직

협조업무가 일상적인 일이 아닌 사람의 경우 업무 조정 과정에 참여할 때마다 이중보고가 미묘하게 변형된 모습에 직면한다.

특정 제조 공정을 유지하고 개선하는 책임을 맡은 노하우 관리자, 신디를 기억하는가? 신디는 관리 감독을 맡은 엔지니어에게 보고하고, 그 엔지니어는 공장의 엔지니어링 관리자에게 보고한다. 그녀는 제조 장비를 조작하고 공정 모니터를 관찰하고 필요시에 조정하는 업무를 일상업무로 계속하고 있다. 하지만 신디에게는 또 다른 일이 있다. 그녀는 공식적으로 한 달에 한 번 다른 생산 공장에서 신디와 같은 일을 하는 사람들과 만나서 각자의 공장에서 책임지고 있는 공정과 관련된 문제를 규명하고 토론하고 해결한다. 이 '공정조정위원회'는 모든 공장에서 사용되는 절차의 표준을 결정한다. 이 그룹의 일은 공장의 엔지니어링 관리자로 구성된 '엔지니어링 관리자위원회'라고 불리는 상급 그룹의 감독을 받는다.

신디의 보고 계통은 다음의 그림에서 볼 수 있다. 업무시간의 80%를 차

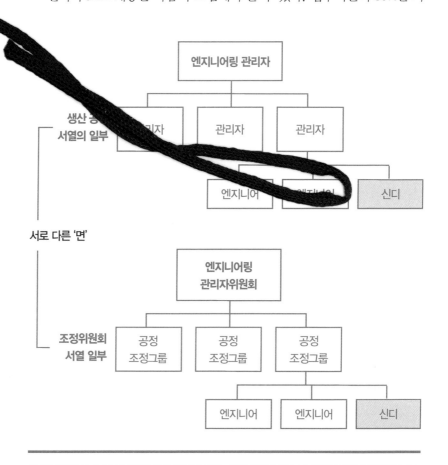

신디의 이름은 두 개의 조직도에 동시에 나타난다. 조정 그룹은 레버리지를 높이기 위한 노하우 관리자의 도구다.

지하는 생산공장의 공정 엔지니어로서 신디는 자신의 상사인 관리 감독 엔지니어를 대상으로 명확한 보고 라인을 가지고 있고, 그 상사를 통해 공장의 엔지니어링 관리자에게도 보고한다. 하지만 공정조정위원회의 일원으로서 그 위원회의 장에게도 감독을 받는다. 따라서 이 그림에서 신디의 이름은 두 개의 다른 목적을 지닌 두 개의 조직도에 나타나는 것이다. 한쪽의 목적은 생산 공장을 운영하는 것이고, 다른 조직의 목적은 여러 공장과 협조하는 것이다. 신디는 두 명의 관리감독자(상사)에게 이중보고를 하는 셈이다.

신디가 맡은 두 가지 업무를 하나의 조직도 안에 집어넣을 수 없을 것이다. 그래서 조정위원회를 다른 조직도 혹은 동전의 다른 면에 존재하는 것이라고 생각해야 한다. 복잡하게 들리겠지만 사실은 그렇지 않다. 신디는 교회의 신도이지만 인텔의 직원이기도 하다. 교회에서 그의 상사는 목사이고, 목사 또한 교회라는 계층구조의 일원이다. 아무도 두 개의 역할을 혼동하지 않는다. 서로 다른 차원에서 운영되고 각각 자체적인 계층구조를 지니고 있기 때문에 신디는 자신이 교회의 신도이자 회사 직원이라는 것을 헷갈리거나 혼란스러워하지 않는다. 신디가 조정위원회의 일원인 것은 그녀가 교회 신도인 것과 마찬가지다.

서로 다른 두 분야에서 신디의 스킬과 노하우를 활용한다면 그녀가 인텔에서 더 높은 레버리지를 발휘할 수 있게 된다. 주요 업무 분야(공장 운영)에서 그녀의 지식은 공장에서 발생하는 업무에 영향을 미치고, 두 번째 업무 분야(조정위원회의 일)에서는 조정위원회 내에서의 업무를 통해 모든 공장에 영향을 미칠 수 있다. 여기서 우리는 그런 그룹(조정위원회)을 운영하는 것이 관리자(특히 노하우 관리자)의 레버리지를 높이는 수단임을 알 수 있다.

'양면 조직(two-plane)'이라는 개념은 일상적인 조직생활의 일면이다. 직원들은 대부분 운영업무를 처리하지만 계획업무도 수행한다. 전사 계획 조직의 계층체계는 운영업무를 담당하는 조직과는 다른 면에 존재한다. 만약 두 가지 분야에서 모두 일을 잘하는 사람이 있다면 그는 제3의 분야에서 일할 수도 있다. 신디가 특정 결과를 얻기 위해 그녀의 전문성이 필요한 태스크포스팀의 일원이 될 수도 있는 것이다. 신디가 인텔에서 일하면서 교회의 신도이기도 하고 도시의 공원관리를 위한 자문위원회 일원인 것처럼 말이다. 이들 모두 신디의 시간을 차지하고 있지만 서로 충돌하지는 않는다.

동전의 한 면에서 상사와 부하직원의 관계를 가진 두 사람이 다른 면에서는 서로 입장이 바뀔 수도 있다. 예를 들어, 나는 인텔의 사장이지만 동시에 전략기획위원회의 일원으로서 사업부 회계 책임자 중 한 사람인 위원장에게 보고한다. 이것은 마치 주말에 예비군 훈련을 받을 때 회사에서는 내 부하직원인 예비역 연대장의 명령에 따르는 것과 같다. 회사에서는 내가 그의 상사 혹은 그의 상사의 상사지만, 전략기획위원회에서는 그가 나의 지휘관이다.

핵심은 양면 조직(혹은 다면 조직)이 아주 유용하다는 점이다. 양면 조직이 없다면 나는 담당하는 업무 외에는 참여할 수 없을 것이다. 나에게는 리더로서 모든 것을 이끌어갈 시간적 여유가 없고 그렇게 뛰어난 능력이 있는 것도 아니다. 양면 혹은 다면 조직 덕에 나는 장군이 아닌 보병의 임무를 충실히 수행할 기회를 가질 수 있다. 그런 조직 구조는 융통성을 제공하는 수단이다.

여기에서 언급하는 많은 그룹들은 임시적인 것들이다. 태스크포스팀처럼 어떤 그룹은 특별한 목적을 가지고 만들어지고, 또 어떤 그룹은 특정 문제를 해결하기 위해 같이 일하는 직원들이 비공식적으로 결성하기도 한다.

두 가지 경우 모두 문제를 해결하면 그룹은 해체된다. 직면한 문제가 복잡할수록, 상황이 빠르게 변화할수록, 문제 해결을 위해 만들어진 '임시팀(transitory team)'에 대한 의존도가 커진다. 전자업계에서는 공식적인 조직만으로 기술의 진보 속도를 따라잡기가 버겁다. 그런 임시팀이 잘 작동하려면 하이브리드 조직이 효과를 발휘하도록 익혀야 하는 기법들, 즉 이중보고 체계와 동료 집단에 의한 의사결정 체계가 필요하다. 두 가지 체계에 공통적인 핵심요소는 통제의 방식으로서 문화적 가치관을 활용하는 것이다.

통제의 방식

우리의 행동이 통제받거나 영향받는 방식을 살펴보자. 당신의 자동차에 새 타이어가 필요하다고 가정하자. 우선 당신은 시내에 있는 타이어 판매점을 찾아가서 점장이 제안하는 다양한 타이어를 훑어볼 것이다. 그런 다음 아마도 다른 경쟁업체는 어떤 타이어를 가지고 있는지도 살펴볼 것이다. 어쩌면 무엇을 선택해야 하는지 도움을 얻으려고 소비자 정보지를 펼칠지도 모른다.

고민에 고민을 거듭한 끝에, 마침내 당신은 '자신만의 이익'에 근거하여 결정을 내릴 것이다. 당신은 자신의 니즈를 충족시키는 타이어를 최저가로 구매하길 바란다. 이는 타이어 판매자가 느끼는 개인적 감정이 구매 결정에 영향을 미칠 가능성은 아주 적다는 뜻이다. 당신은 그 사람의 행복에 그다지 관심이 없다. 당신이 그 사람에게 타이어를 너무 싸게 판다고 말할 가능성은 거의 없을 테니까.

당신은 자동차에 새 타이어를 끼운 다음 판매점을 빠져나온다. 잠시 후에 빨간 신호등 앞에서 차를 멈춘다. 이때 왜 빨간 신호등 앞에서 멈춰야 하는지 골똘히 생각하는가? 그렇지 않을 것이다. 빨간 신호등 앞에서 차를 멈춰야 한다는 것은 사회의 규칙이기 때문에 별다른 의문 없이 그 규칙을 받아들이며 생활한다. 만약 모든 운전자들이 멈춰야 한다는 '계약(contract)'을 받아들이지 않는다면 엄청난 교통 혼잡이 생길 것이다. 교통경찰은 이런 규칙을 준수하도록 강제하고, 위반하는 사람들에게는 벌칙을 부과한다.

신호등 불빛이 바뀐 후에 계속 운전을 하던 당신은 대형 교통사고 현장을 목격한다. 아마도 당신은 고속도로에서는 차를 멈추지 말아야 한다는 규칙은 잊어버릴 것이고 본인의 이익을 생각하지 않은 채 사고 희생자를 돕기 위해 할 수 있는 모든 일을 할 것이다. 희생자를 돕는 동안 위험에 스스로를 노출시킨다는 생각은 하지 않는다. 이때 당신을 움직이는 동기는 타이어를 구매할 때나 빨간 신호등 앞에서 멈췄을 때와는 아주 다르다. 자기 이익이나 법 준수가 아니라 누군가의 생명을 구해야 한다는 의무감이 당신의 동기이기 때문이다.

이와 비슷하게 직장에서 우리의 행동은 다음과 같이 눈에 보이지 않으면서도 널리 퍼져 있는 세 가지 수단에 의해 통제받는다.[14]

- **자유시장 체제의 원리**
- **계약상의 의무**
- **문화적 가치관**

자유시장 체제의 원리

타이어를 구매할 때의 행동은 가격이라는 자유시장의 원리에 지배를 받는다. 상품과 서비스는 두 개의 독립체(개인, 단체, 기업 등) 사이에서 각자의 이익을 최우선하는 방향으로 교환된다. 아주 간단한 원리다. '나는 가능한 한 최저가로 타이어를 구매하고 싶다'라는 것과 '나는 가능한 한 최고가로 타이어를 판매하고 싶다'라는 문제인 것이다. 이때 각자는 상대방이 파산할지 말지 고려하지 않을뿐더러 파산할 것처럼 굴지도 않는다. 이것은 타이어를 사고파는 아주 효율적인 방법이다. 모든 사람들이 자신의 이익을 최대로 추구하기 때문에 아무도 거래를 감독할 필요가 없다.

그렇다면 왜 시장의 원리가 모든 상황에서 항상 작동되지 못하는 걸까? 시장의 원리가 작동하기 위해서는 상품과 서비스에 매우 명확하게 가격이 설정되어야 한다. 자유시장에서 타이어와 같은 간단한 물건의 가격을 설정하기는 쉽다. 하지만 비즈니스 환경에서 여러 사람들의 손을 거치는 것들에 대한 가치 설정이 매우 어렵다.

계약상의 의무

기업 간의 거래는 보통 자유시장 체제에 따라 이루어진다. 공급업체는 일용품을 구매할 때 가능한 한 최저가로 구매하려 하고 마찬가지로 판매업체는 가능한 한 최고가로 판매하려 한다. 그러나 어떤 상품이나 서비스의 가치를 쉽게 결정할 수 없을 때는 어떻게 할까? 예를 들어, 많은 사람들이 참여하여 하나의 과업을 성취해냈다면 각자가 그 과업의 가치에 얼마나 기여했는지 알 수 있을까? 여기서 핵심은 한 명의 엔지니어가 집단에 얼마나 가치를 기여하는지는 자유시장 원리에 의해 통제될 수 없다는 점이다. 사실 엔지니어링 작업을 '비트(bit)' 단위로 구매한다면, 기여 자체의 가치보다 비트 하나하나가 얼마의 가치가 있는지 결정하는 데에 시간을 더 많이 쓰게 될 것이다. 여기에 자유시장의 개념을 적용하는 것은 매우 비효율적이다.

그렇기 때문에 관리자는 엔지니어에게 이렇게 말해야 한다. "좋아요. 저는 1년 동안 일정한 금액으로 당신의 서비스를 구입하겠습니다. 그리고 당신은 그에 상응하는 업무를 수행한다는 것에 동의해야 합니다. 그러면 계약이 성립되는 것이죠. 사무실과 컴퓨터를 당신에게 제공할 테니 최선을 다해 당신의 업무를 수행할 것을 저에게 약속해주십시오."

이때의 통제 원리는 수행할 업무의 유형과 업무 기준을 정의하는 계약상의 의무에 기반을 둔다. 엔지니어가 매일 수행할 일을 미리 정확하게 구체화할 수 없기 때문에 관리자는 엔지니어의 업무에 대해 공정한 수준으로 일반적인 권한을 행사해야 한다. 그러면 엔지니어는 계약의 일부로서 관리자에게 자신의 업무를 모니터링하고 평가하며 필요하다면 수정할 수 있는 권한을 부여해야 한다. 그리고 양측은 각자가 준수해야 할 기타 지침과 근무 규칙에 합의해야 한다.

빨간 신호등 앞에서 운전하던 차를 멈출 때 우리는 다른 운전자들도 그렇게 하기를 바란다. 그래야 녹색 신호등일 때 마음 놓고 운전할 수 있을 테니까. 하지만 교통법규를 위반하는 자들을 감독해야 하기 때문에 교통경찰이라는 오버헤드가 필요하다. 관리자 역시 오버헤드에 해당한다.

계약상의 의무가 필요한 또 다른 예를 들어보자. 바로 조세 제도다. 우리는 수입의 일부를 납부하고 그 대가로 공공서비스를 기대한다. 세금 사용을 모니터링하고 조사하려면 엄청난 오버헤드가 필요하다. 전력회사 역시 또 하나의 사례다. 전력회사의 대표자는 정부의 공무원을 찾아가서 "정부가 이 지역에서 아무도 발전시설을 만들어 전기를 공급하지 못하도록 약속해준다면 저희는 3억 달러 규모의 발전시설을 구축하여 이 지역에 전기를 공급하겠습니다"라고 말한다. 그러면 공무원은 "음, 좋습니다. 하지만 당신네 회사가 공급하는 전기의 가격을 마음대로 결정하도록 두지는 않을 겁니다. 정부는 공공에너지위원회라는 감시기관을 설립해서 어느 정도의 가격을 소비자에게 부과해야 하는지, 당신네 회사가 얼마나 많은 이윤을 남길지를 지시할 겁니다." 이렇게 되면 독점사업권을 획득하는 조건으로 가격과 이윤에 대한 정부의 조정을 수용한다는 계약상의 의무가 발생한다.

문화적 가치관

규칙이 바뀌는 속도보다 환경이 더 빨리 변화하거나, 일련의 상황이 아주 모호하고 불명확해져서 모든 가능성을 고려해야 하는 당사자들 간의 계약이 엄청나게 복잡해지면, 문화적 가치관에 기반을 둔 방식의 통제가 필요하다. 문화적 가치관의 가장 중요한 특징은 개인의 이익보다는 그 개인이 소속된 집단의 이익이 우선한다는 것이다.

이러한 가치관이 작동할 때는 '신뢰'와 같은 감정적 단어가 등장하는데, 사람들이 자신을 보호하고자 하는 의지를 집단의 이익을 위해 희생하기 때문이다. 그리고 이것이 가능하기 위해서는 집단 구성원 모두가 공통적인 가치관, 공동 목표, 공동 수단을 공유한다고 믿어야 한다. 그리고 그것들은 서로가 공통적인 경험을 풍부하게 공유해야만 생겨날 수 있다.

관리자의 역할

자유시장 체제의 원리가 적용되는 것을 감독할 때는 관리자가 필요하지 않다. 아무도 벼룩시장에서 이루어지는 판매를 감독하지 않는다. 계약상의 의무라는 차원에서 관리자는 규칙을 설정하고 수정하며, 준수 여부를 모니터링하고, 성과를 평가하고 개선하는 역할을 담당한다. 또한 관리자는 문화적 가치관이라는 측면에서 신뢰 유지에 필수적인 공통적인 가치, 공동 목표, 공동 수단을 개발하고 육성해야 한다.

그렇다면 어떻게 해야 할까? 한 가지 방법은 그러한 가치, 목표, 수단을 명백히 설명하고 '표현(articulation)'하는 것이다. 이보다 더 중요한 방법은 자신이 '모범(example)'이 되는 것이다. 직장에서 관리자의 행동이 가치에 대한 기준(모범)으로 간주된다면, 그로 인해 집단의 문화 발전이 촉진될 수 있을 것이다.

가장 적절한 통제 방식

나는 통제 방식으로서 문화적 가치관을 이상화하고자 하는 욕구를 가지고 있다. 왜냐하면 문화적 가치관은 '좋은 것'이고 유토피아적이며, 짐작컨대 모든 사람들이 개인의 이익보다 공공의 선이 앞선다고 생각하기 때문이다. 하지만 문화적 가치관이 모든 경우에 가장 효율적인 방식은 아니다. 그것은 타이어를 구매하고 조세 제도를 작동시키는 데에 아무런 가이드가 되지 못한다. 따라서 주어진 상황에 따라 가장 적절한 통제 방식이 존재하는데, 이 것을 찾아내 활용하는 것이 관리자의 의무이다.

어떻게 통제해야 할까? 여기에는 두 가지 변수가 존재한다. 하나는 개인적 동기의 특성이고, 다른 하나는 그가 일하는 환경의 특성이다. 업무환경의 특성은 복잡성(Complexity), 불확실성(Uncertainty), 모호성(Ambiguity)으로 이루어지는 데 머리글자를 따 'CUA 요소'라고 부르자. 공정 엔지니어인 신디는 첨단 기술, 새롭지만 아직은 완벽하게 작동하지 않는 장비, 자신과 반대 입장에 있는 개발 엔지니어와 생산 엔지니어로 구성된 환경에 둘러싸여 있다. 간단히 말해, 그녀의 업무환경은 '복잡'하다. 마케팅 관리자인 브루스는 전반적으로 인력이 부족한 자신의 부서에 인력을 충원해줄 것을 요구했지만, 그의 상사는 모호한 태도를 보이고 있다. 브루스는 승인을 받을지, 승인이 내려지지 않으면 무엇을 해야 하는지 모르는 상황이다. 그래서 브루스의 업무환경은 '불확실'하다. 인텔의 운송관리를 맡은 마이크는 너무나 많은 위원회, 자문단, 사업부별 생산 관리자를 상대해야 했기에 어느 쪽이 우선인지 알 도리가 없었다. 결국 그는 업무환경의 '모호함'을 견디지 못하고 회사를 그만두었다.

개인의 동기	CUA 요소 낮음	CUA 요소 높음
자기 이익	자유시장 원리	아무것도 효과 없음!
집단 이익	계약상의 의무	문화적 가치관

어떤 통제 방식이 가장 적합한지를 규명하는 것이 관리자의 일이다.

이제 다음 네 개의 분면으로 이루어진 간단한 그림을 살펴보자. 개인적 동기는 '자기 이익'과 '집단 이익'으로 구분되고, 업무환경의 CUA 요소는 '낮음'과 '높음'으로 나눌 수 있다. 각 분면에서 가장 좋은 통제 방식이 무엇인지 살펴보자. 자기 이익이 높고 CUA 요소가 낮으면, 가장 적절한 것은 타이어를 구매할 때 적용되는 자유시장의 원리이다. 개인적 동기가 집단 이익으로 이동하면, 빨간 신호등 앞에서 멈추는 것처럼 계약상의 의무가 가장 적절해진다. 개인적 동기가 집단 이익을 향하고 CUA 요소가 높으면, 자동차 사고 현장에서 다친 사람을 돕는 상황처럼 문화적 가치관이 가장 좋은 통제 방식이다. 그리고 마지막으로 CUA 요소가 높고 개인적 동기가 자기 이익에서 비롯된다면 어떤 통제 방식도 효과적이지 않다. 이러한 상황, 즉 가라앉는 배에서 모든 사람들이 혼자만 살려는 것과 같은 상황은 혼돈만을 일으킨다.

이 모델을 신입사원의 업무에 적용해보자. 그의 동기는 무엇일까? 대부분 자기 이익에 중점을 둘 것이다. 그래서 관리자는 그에게 낮은 CUA 요소를 갖는 구체적인 업무를 부여해야 한다. 신입사원이 일을 잘해내면, 편안함을 느끼기 시작할 것이고 자신보다는 팀을 더 많이 고려하기 시작할 것이다. 그는 같은 배를 타고 앞으로 나아가려면 뱃머리를 향해 뛰는 것보다 노젓기를 돕는 것이 더 효과적이라는 사실을 깨닫는다. 그 직원은 좀 더 복잡하고, 불확실하며, 모호한 직무로 올라간다.

시간이 지나면서 그는 조직의 다른 구성원들과 점점 더 많은 경험을 공유할 것이고 좀 더 복잡하고 모호하며 불확실한 과업을 처리할 능력을 갖추게 될 것이다. 바로 이 점이 강력한 기업문화를 지닌 조직에서 외부 영입보다 내부 승진을 선호하는 이유다. 상대적으로 CUA 요소가 낮은, 잘 정의된 직무를 젊은 직원들에게 부여하면, 시간이 흐르면서 그들은 동료, 상사, 부하 직원과 경험을 공유할 것이고, 조직의 가치, 목표, 방법들을 배울 것이다. 그들은 여러 상사와 동료가 관여하는 의사결정의 복잡성을 점차 수용할 것이고 발전시키기까지 할 것이다.

그러나 특별한 이유 때문에 외부에서 고위관리자를 채용해야 할 때는 어떻게 해야 할까? 신입사원과 마찬가지로 그 역시 자기 이익을 추구하기 위해 회사에 입사하겠지만, 회사는 어려움에 빠진 조직을 관리하라고 그에게 임무를 부여할 것이다. 그것이 외부에서 고위관리자를 영입한 이유일 테니 말이다. 따라서 그 관리자는 업무 자체도 어렵지만 CUA 요소도 아주 높은 업무환경에 처하게 될 것이다.

하지만 그는 조직 구성원들과 공통적인 경험을 하지 못했고 어떤 방법을 써서 자신의 일을 처리해야 하는지 알지 못한다. 회사가 할 수 있는 것은 그가 빨리 자기 이익의 관점에서 벗어나 가능한 한 신속히 CUA 요소를 떨어뜨려(즉 '낮음'이 되도록) 자신의 업무를 수행할 수 있도록 자원을 제공하며 기다리는 것이다.

업무의 통제 방식

통제의 세 가지 방식 중 하나가 우리가 하는 일을 지배한다. 하지만 일상에서는 이 세 가지 모두를 통해 영향을 받는다. 밥의 통제 방식을 따라가보자. 마케팅 관리자인 밥이 카페테리아에서 점심식사를 사먹는다면, 그는 자유시장의 원리에 영향을 받는다. 그의 선택은 구입하길 원하는 것과 지불하길 바라는 것에 따라 잘 정의된다. 밥이 회사에 출근하는 것은 계약상의 의무에 따르는 거래로 볼 수 있다. 그는 주어진 업무에 최선을 다한 대가로 급여를 받는다. 전략 계획 활동에 기꺼이 참여하려는 그의 열의는 직장에서의 문화적 가치관을 보여준다. 이것은 계약으로 정의된 '통상 업무'의 범위를 넘어서는 것이라서 추가적인 노력을 요구한다. 하지만 그는 회사가 그의 기여를 필요로 한다는 점을 알기 때문에 그렇게 한다.

이제 업무 프로젝트를 진행하는 동안 발생하는 일에 대해 생각해보자. 바버라의 부서는 인텔의 영업사원을 교육시키고 있다. 그녀가 교육 프로그램에서 사용할 교재를 구입할 때, 가능한 한 최저가로 좋은 품질의 바인더를 얻으려는 자유시장의 원리가 작용한다. 하지만 교육 프로그램 자체는 계약상의 의무에 의한 것이다. 영업사원은 각 사업부가 정기적으로 교육해줄 것을 '기대'한다. 이 교육 프로그램이 공식적인 사규에 적혀 있는 필수 요건은 아니지만, 그 기본은 누가 뭐래도 계약상의 의무에 따른 것이다. 여기서 핵심은 그러한 기대가 법적인 문서와 마찬가지로 효력을 발휘할 수 있다는 점이다.

여러 개의 사업부가 하나의 영업부서를 공유하는 경우, 각각의 사업부는 영업사원을 자신의 제품을 홍보하고 판매하도록 교육시키는 데 큰 관심을 가지고 있다. 사업부들이 공동의 이익(회사 전체의 이익)보다 자기네 이익에 더 많은 관심을 가진다면, 교육 과정은 일관성을 잃어버릴 것이고 모든 사람을 혼란에 빠뜨릴 것이다. 그렇기 때문에 개별 사업부들이 협조하여 요구 사항을 제시해야 한다는 문화적 가치관이 작용해야 한다. 이로써 영업사원을 교육하는 영역에서도 우리는 세 가지 통제 방식을 모두 찾아볼 수 있다.

최근, 인텔 공장의 마케팅 관리자들은 영업사원이 자신의 이익에만 관심을 둔다고 목소리를 높인 적이 있다. 영업사원이 자신의 성과급과 상여금에 가장 많이 영향을 끼치는 제품 판매에만 관심을 둔다는 불평이었다. 평소 흥분을 잘하고 약간은 독선적인 마케팅 관리자는 자신이 현장 영업인력보다 회사의 공동 이익에 더 많이 신경 쓴다고 자부했다.

하지만 이런 현상은 마케팅 부서들 스스로가 만들어낸 '괴물'이었다. 알고 보니 영업사원이 특정 제품을 선호하도록 만들기 위해 각 사업부는 여러 차례 현금 보너스부터 여행 상품에 이르는 상을 내걸었다. 마케팅 관리자들이 영업사원의 시간이라는, 한정되고 귀중한 자원을 얻기 위해 서로 경쟁했던 것이다. 영업사원은 누구나 그렇게 하듯 반응했을 뿐이다.

하지만 영업사원은 그와 반대로 행동했어야 했다. 한번은 모 사업부가 심각한 문제에 빠져 '팔 수 있는 제품'을 근 1년 동안 영업사원에게 주지 못한 적이 있었다. 영업사원은 인텔을 떠나 바로 다른 직장을 얻어 어디서든 성과급을 받을 수 있었지만, 대부분은 회사를 떠나지 않았다. 회사를 믿었고 상황이 나아지리란 신념이 있었기 때문이었다. 이처럼 직원들의 믿음과 신념은 자유시장의 원리가 아니라 문화적 가치관에서 비롯된다.

High
Output
Management

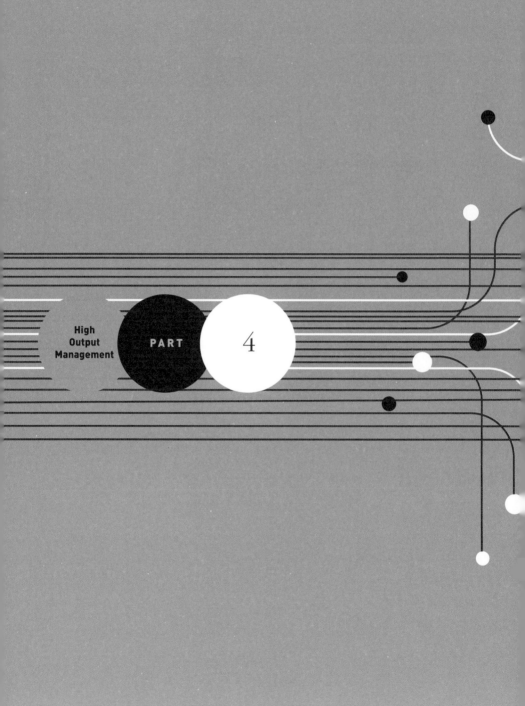

High
Output
Management

PART

4

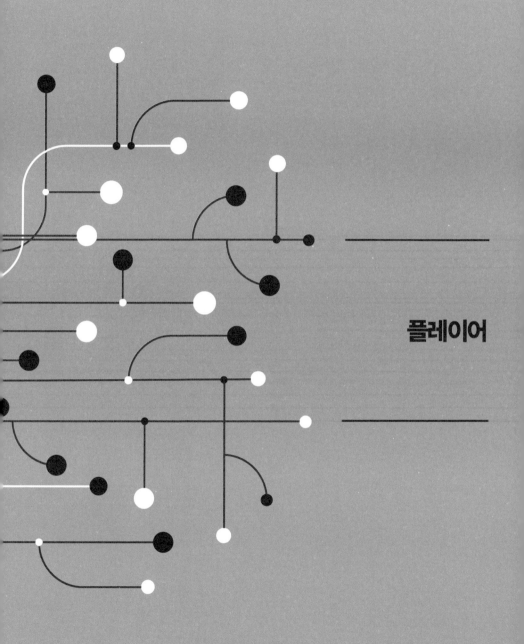

플레이어

스포츠에서 배우는
관리의 기법

앞에서 나는 '관리자의 결과물은 그가 관리하거나 영향력을 미치는 조직의 결과물'이라고 말했다.

이 말은 관리가 팀 활동이라는 의미다. 하지만 팀이 얼마나 잘 화합하고 얼마나 목표를 향해 잘 가는지와 관계없이, 팀의 성과는 개개인의 성과에 달려 있다. 만약 팀원들이 최선을 다하지 않는다면 지금껏 언급했던 모든 것이 무의미해진다. 이 책의 나머지 부분에서는 관리자가 개인의 성과를 극대화하는 데 필요한 도구에 대해서 다루고자 한다.

어떤 사람이 일을 하지 않는 이유는 오직 두 가지뿐이다. 그 일을 할 수 없거나 하려고 하지 않는 것이다. 즉 능력이 없거나 동기가 없기 때문이다. 둘 중 어느 것인지 알아보는 간단한 테스트가 있다. "만약 어떤 일에 목숨이 걸려 있다면 그 일을 할 수 있는가?" 만약 이 질문에 대한 답이 "예"이면 그

212

사람에겐 동기가 없는 것이다. 만약 답이 "아니요"라면 그 일을 수행할 능력이 없는 것이다. 누군가가 내게 목숨을 걸고 바이올린을 연주하라고 한다면 나는 할 수 없을 것이다. 하지만 6분 내에 1마일을 주파해야 한다면 어쩌면 할 수 있을지 모른다. 원하는 일은 아니지만 내 목숨이 달려 있다면 할 수도 있다.

관리자의 업무 중 가장 중요한 것은 자신의 직원들에게 최고의 성과를 끌어내는 것이다. 이런 이슈를 해결하기 위해 관리자가 취할 수 있는 방법은 '교육'과 '동기부여'다. 아래 그림에서 보듯이, 교육과 동기부여는 개인의 성과를 향상시킬 수 있다. 이 장에서는 동기부여에 관해 이야기해보자.

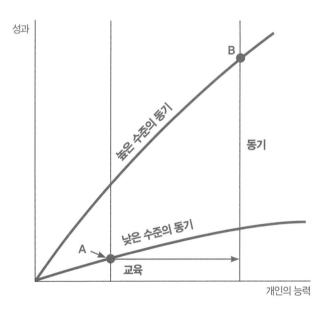

관리자는 성과를 향상시키는 두 가지 방법(교육과 동기부여)을 가지고 있다.

관리자가 어떻게 해야 직원의 동기를 높일 수 있을까? 대부분의 사람들은 동기를 다른 사람에게 부여할 수 있다고 여긴다. 하지만 나는 그렇지 않다고 생각한다. 왜냐하면 동기는 내면에서 생기는 것이기 때문이다. 따라서 관리자가 할 수 있는 것은 동기가 충만한 직원들이 잘 활동할 수 있는 환경을 조성하는 것뿐이다.

동기가 높을수록 성과는 좋아지기 마련이라서 어떤 직원이 태도나 감정의 변화 없이 단지 말로만 "나는 동기부여가 되었다"라고 말하는 것은 아무 의미가 없다. 중요한 것은 업무환경의 변화로 인해 그의 성과가 좋아졌느냐, 나빠졌느냐다. 태도는 어떤 사람이 동기가 부여됐는지를 보여주는 지표지만 그것 자체가 기대하는 결과나 성과물은 아니다. 더 나은 성과가 바로 기대하는 결과인 것이다.

산업혁명의 초기를 포함하여 대부분의 서양 역사에서 동기는 주로 처벌에 대한 두려움에서 나왔다. 디킨스의 시대(Dickens's time, 1880년대를 의미한다–옮긴이)의 사람들은 목숨을 잃는다는 두려움으로 일했다. 일하지 않으면 급여를 받지 못해 음식을 살 수 없을 테고, 음식을 훔치면 교수형을 면치 못했기 때문이다. 이렇듯 처벌에 대한 공포가 사람들로 하여금 더 많이 일하도록 만들었다.

하지만 지난 30여 년 동안 두려움에 기반을 두었던 낡은 관행을 대체하는 새로운 방식이 등장했다. 육체노동의 상대적 중요성이 내리막길로 접어들고 그에 따라 이른바 지식노동자의 중요성이 부상함으로써 동기부여에 관한 새롭고 인간적인 접근 방식이 출현했다. 육체노동자의 결과물은 쉽게 측정 가능하고 기대한 바에 미치지 못하면 바로 대처할 수 있다. 하지만 지식

노동자의 경우에는 기대하는 바를 명확하게 진술하기가 아주 어렵기 때문에 기대에 미치지 못한다고 판단하는 데 오랜 시간이 걸린다. 다시 말해, 갤리선 노예가 느끼던 두려움으로 컴퓨터 구조 설계자를 움직일 수 없다는 뜻이다. 따라서 지금은 동기부여에 대한 새로운 접근 방식이 필요하다.

무엇이 성과를 만들어내는가에 대한 나의 설명은 동기에 관한 에이브러햄 매슬로(Abraham Maslow)의 이론에 따른 것이다.[15] 업무 경험을 통해 실제로 내가 관찰한 것이 매슬로의 개념과 일치하기 때문이다. 매슬로에 따르면 동기는 '욕구(Needs)'와 밀접하게 연결되어 있다. 욕구가 사람들에게 충동을

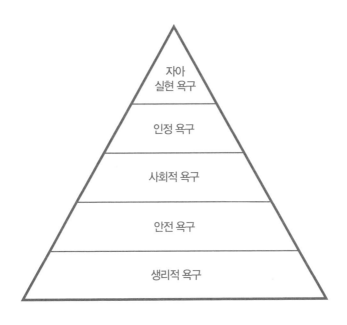

매슬로는 인간의 욕구에 위계가 있다고 생각했다. 서열이 낮은 욕구가 만족되면 서열이 높은 욕구를 추구한다.

일으키고 동기라는 결과로 이어진다는 것이다. 반대로, 욕구가 충족되면 그 욕구는 사라지고 결국 동기의 원천도 사라진다. 높은 수준의 동기를 창조하고 유지하려면 항상 충족되지 않은 욕구를 지녀야 한다.

물론 사람들은 동시에 여러 가지 욕구를 품지만, 다른 것들보다 강한 욕구가 있기 마련이다. 그 욕구가 개인의 동기가 무엇인지 전체적으로 결정하고 그에 따른 성과의 수준을 좌우한다.

생리적 욕구

이 욕구는 음식과 옷 등 생필품을 확보하고자 하는 욕구다. 생리적 욕구는 음식과 옷 등을 빼앗길지도 모른다는 두려움에서 나온다.

안전 욕구

이 욕구는 기본적인 생필품을 박탈당하는 상태에서 자신을 지키려는 욕구다. 예를 들어, 병원비를 내느라 파산할 수 있다는 두려움으로부터 직원들을 보호하기 위해 회사가 의료보험을 제공하는 것은 직원들의 안전 욕구를 충족시키기 위해서다. 복리후생제도는 직원의 동기를 좌우하는 결정적인 요소는 아니지만, 복리후생제도가 없어서 직원들이 자신의 안전을 걱정할 수밖에 없다면, 의심할 나위 없이 성과에 부정적인 영향을 끼칠 것이다.

사회적 욕구

사회적 욕구는 어떤 집단에 소속되려는 인간의 선천적인 갈망이다. 하지만 사람들은 아무 집단에나 소속되기를 원하지 않는다. 사람은 자신과 공통점을 지니고 있는 집단에 속하기를 바란다.

예를 들어, 자신이 신이 나거나 자신감에 차 있거나 행복하다면 주위 사람들 역시 그러기를 바란다. 반대로 불행을 느낄 때는 자신처럼 비참함을 느끼는 사람들에게 위안받고 싶어한다. 비참한 사람들은 행복한 사람들이 주위에 있기를 원하지 않는다.

사회적 욕구는 매우 강력하다. 내 친구는 집안 살림을 몇 년간 도맡아 하다가 복직했다. 그녀는 가족의 생활수준에 크게 못 미치는 낮은 급여를 받으면서 일을 하고 있었다. 오랫동안 나는 그녀가 왜 그런 일을 하는지 이해하지 못하다가 갑자기 깨닫게 되었다. 그녀에겐 동료애가 필요했던 것이다. 직장을 다니는 것은 좋아하는 사람들과 함께 지낸다는 의미였다.

사회적 욕구가 얼마나 강력한지에 관한 또 하나의 예는 젊은 엔지니어인 짐의 경우다. 대학 졸업 후 그는 역사가 오래된 대기업에 취직했고, 룸메이트로 지내는 두 명의 친구는 인텔에 입사했다. 짐은 두 사람과 계속 같은 방을 사용했기 때문에 인텔이 어떤 회사인지 이야기를 들을 수 있었다. 룸메이트의 직장동료들 대부분은 젊고 미혼이며 대학 졸업 후 1~2년차밖에 되지 않았던 반면, 짐의 회사 동료들은 대부분 기혼자였고 자신보다 최소 열 살 이상 많았다. 짐은 회사에서 소외감을 느꼈다. 짐은 자신의 업무에 매우 만족했지만 편안함을 느낄 수 있는 집단을 원했기 때문에 인텔로 회사를 옮졌다.

삶의 환경과 조건이 변화함에 따라, 특정 욕구 단계를 충족시키고 싶다는 바람이 다음 단계의 욕구를 추구하고 싶은 마음으로 대체된다.

인텔의 젊은 관리자인 척은 하버드 경영대학원 1년차였을 때 수업 교재와 교수, 낙제에 대한 공포에 휩싸여 있었다고 고백했다. 하지만 시간이 지나면서 모든 학생들이 같은 두려움을 가지고 있다는 걸 깨닫자 두려움이 사라졌다. 학생들은 공부를 함께하자며 스터디 그룹을 만들었지만 진짜 목적은 자기들이 같은 처지에 있음을 확인받는 것이었다. 스터디 그룹에 참여하면서 척은 순전히 생존에 대한 요구(즉 생리적 욕구)에 지배를 받던 단계에서 안전 욕구의 단계로 이동했다. 시간이 지나자 스터디 그룹은 해체되고 다른 학생들과 교류하기 시작했다. 학생들은 특징이 분명하고 쉽게 구별되는 집단을 형성했다. 간단히 말해 '팀'을 구성했던 것이다. 팀 구성원들은 팀에 소속되어 서로 교류하면서 다른 팀과는 다른 이미지를 만들기 위한 활동을 벌였다. 이를 통해 척은 소속에 대한 욕구를 충족할 수 있었다.

물론 욕구가 퇴행하는 경우도 존재한다. 최근에 캘리포니아 공장 중 한곳에서 일하는 생산팀 직원들은 높은 동기를 가지고 원활하게 일하다가 갑자기 문자 그대로 '마구 흔들리는 상태'가 되었다. 그것은 실리콘 웨이퍼 재고, 값비싼 제조 장비, 그리고 동료마저 포기해야 하는 비상사태였다. 지진이 캘리포니아의 공장을 강타했던 것이다. 그곳에서 일하던 직원들은 생명에 대한 위협을 느끼고 모든 것을 그대로 둔 채 가장 가까운 비상구로 내달렸다. 가장 기본적인 욕구, 즉 생존이라는 생리적 욕구에 사로잡혔기 때문이다.

생리적 욕구, 안전 욕구, 사회적 욕구는 모두 일하도록 만드는 동기를 부여할 수 있지만 그와는 다른 욕구(인정 욕구와 자아실현 욕구)가 있어야 무언가를 성취하도록 이끈다.

인정 욕구

인정 욕구의 의미는 '남에게 뒤지지 않으려고 애쓴다'는 상투적 표현 속에서 쉽게 알 수 있다. 경쟁은 보통 그리 유쾌한 것은 아니지만 운동선수의 경쟁자가 지난 번 올림픽의 금메달리스트이거나, 영화배우의 경쟁자가 로렌스 올리비에(Laurence Olivier, 영국의 배우 및 연출가 — 옮긴이)라면, 상대에게 뒤쳐지지 않거나 따라가려는 욕구는 긍정적 동기의 강력한 원천이다. 인정을 얻고자 하는 개인이나 집단이 누군가에게는 의미가 없을 수 있다. 최고의 운동선수가 홀을 지나가면서 고등학교 운동선수가 되고자 하는 학생에게 "안녕!"이라고 인사를 한다면 그 학생은 엄청나게 흥분할 것이다. 그가 가족이나 친구에게 그 순간이 얼마나 기뻤는지를 아무리 이야기하더라도 그들은 무표정한 얼굴로 눈만 깜박거릴 것이다. '안녕'이라는 말이 운동선수가 되려는 마음이 없는 사람들에게는 의미가 없기 때문이다.

지금까지 이야기한 동기의 모든 원천들은 각각 한계를 지닌다. 즉 어떤 욕구가 충족되면, 그것이 더 이상 동기를 높여주지 못한다는 뜻이다. 정해진 목표나 달성 수준에 도달하자마자 앞으로 더 나아가려는 욕구는 힘을 잃어버린다. 내 친구 중 하나는 탁월한 성과를 인정받아 회사의 부사장 자리에 올랐지만, 그 때문에 너무나 일찍 '중년의 위기'를 맞게 되었다. 부사장 자리가 평생의 목표였던 탓이었다. 그는 갑자기 승진을 하자 자신에게 동기를 부여할 다른 방법을 찾아야만 했다.

자아실현 욕구

매슬로에 의하면 자아실현 욕구는 '내가 해낼 수 있는 것을 반드시 한다'라는 개인적 인식에서 생겨난다. 육상선수들의 이야기를 다룬 영화 〈퍼스널 베스트(Personal Best)〉는 '자신이 선택한 분야에서 최고의 성적을 내려는 욕구'라는 자아실현의 의미를 잘 보여준다. 어떤 사람이 자아실현을 동기의 원천으로 삼는다면 성과를 거두려는 그의 질주에는 한계가 없다. 한번 욕구가 충족되면 사라지는 다른 욕구와 달리 자아실현의 욕구는 더 높은 수준의 성과를 달성하도록 끊임없이 스스로를 고무시킨다. 이 점이 자아실현 욕구의 가장 중요한 특징이다.

두 개의 내면적 힘에 의해 사람들은 자신의 모든 능력을 발휘하려고 한다. 두 개의 힘이란 '역량 기반'의 힘과 '성취 기반'의 힘이다. 전자(역량 기반의 힘)는 업무의 숙련도와 관련이 있다. 날마다 연습하는 유명 바이올리니스트의 동기는 분명 인정 욕구와는 다르다. 그는 전보다 조금이라도 나아지기 위해서 자신의 스킬을 연마한다. 스케이드보드를 타는 10대 소년이 같은 기술을 계속 반복하는 것도 마찬가지다. 여느 10대 소년들처럼 숙제할 때는 10분도 못 앉아 있으면서 스케이드보드를 탈 때는 더 잘 타고 싶다는 자아실현의 욕구 덕분에 스스로를 채찍질하는 것이다.

자아실현을 위한 '성취 기반'의 힘은 이와는 아주 다르다. 모두 그런 것은 아니지만 몇몇 사람들은 추상적인 욕구에 의해 움직이곤 한다. 이런 사람들의 행동을 보여주는 심리 실험이 있다.

참가자들은 바닥에 여러 개의 말뚝이 박혀 있는 방에 들어갔다. 실험진행자는 참가자들에게 고리 몇 개를 주었는데 그것의 용도에 대해서는 아무런 언급을 하지 않았다. 지켜본 결과, 참가자들은 고리를 말뚝 위로 던지는 모습을 보이기 시작했다. 멀리 떨어진 여러 말뚝에 아무렇게나 고리를 던지는 사람들이 있는가 하면, 하나의 말뚝 앞에 서서 고리를 그대로 떨어뜨리는 사람들도 있었다. 또 어떤 사람들은 말뚝과 적당한 거리를 유지하면서 말뚝에 고리를 거는 도전게임을 하기도 했다. 이들은 자신의 능력을 시험하려는 듯했다.

연구자들은 참가자들의 행동을 세 가지 유형으로 구분했다. 첫 번째 유형은 높은 리스크를 수용하지만 결과물에는 별다른 영향력을 행사하지 못하는 '도박꾼', 두 번째 유형은 아주 작은 리스크도 수용하지 않으려는 '보수주의자'였다. 마지막으로 세 번째 유형은 실험의 목적을 알지 못하는 상황에서도 자신의 한계를 시험하려는 '성취자'로서 스스로를 시험하려는 자들이었다.

이들은 처음에는 말뚝에 고리를 잘 걸지 못했지만 정확히 고리를 말뚝에 걸기 시작하면서 만족감과 성취감을 얻었다. 여기에서 핵심은 '역량 기반'의 힘과 '성취 기반'의 힘을 모두 지닌 사람은 자발적으로 자기 능력의 최대치를 시험하고자 한다는 점이다.

직원이 자신의 능력을 최대로 발휘하려는 욕구가 자발적으로 생기지 않으면 관리자는 이를 조성하는 환경을 만들어줄 필요가 있다. 예를 들어, MBO 시스템에서 목표(objectives)의 목표치를 충분히 높게 설정함으로써 개인(혹은 조직)이 노력을 기울여도 달성 가능성이 50 대 50이 되도록 해야 한다. 바로 도달할 수 없는 수준으로 목표를 설정하고 모두가 그것을 달성하려고 노력해야 결과물이 커질 것이다. 직원과 관리자의 성과를 극대화하는 데에 이런 방식의 목표 설정이 매우 중요하다.

성취 기반의 동기를 육성하기를 원한다면 결과물을 중시하고 강조하는 환경을 조성해야 한다. 내가 맡은 첫 직무는 연구소 업무였는데, 그곳 직원들은 동기가 매우 높긴 했지만 그 동기는 '지식 중심'인 경향을 보였다. 그들은 더 많은 것을 알고 싶어했지만 실제적인 결과물을 생산하는 데 있어 그렇게까지 많은 것을 알 필요는 없었다. 그 때문에 실질적인 성과는 상대적으로 저조했다. 인텔의 가치 시스템은 이와는 완전히 반대다. 아무리 컴퓨터 공학의 박사라 해도 그가 지닌 추상적인 지식을 손에 잡히는 결과물에 적용하지 못한다면 좋은 평가를 받지 못한다. 반면, 초급 엔지니어라 해도 결과물을 만들어낸다면 높은 평가와 인정을 받는다.

돈과 업무 관련 피드백

이제 사람에게 돈이 얼마나 동기를 부여하는지 알아보자. 가장 낮은 욕구 단계에서 돈은 삶에 필요한 물품을 구입하는 데 분명 중요하다. 하지만 충분한 돈이 있다면 더 많은 돈이 있다 해도 동기를 높이지 못한다. 캐리비언에 있는 조립공장에서 일하는 직원들이 좋은 사례다. 그곳의 생활수준은 아주 낮지만 그곳에서 일하는 인텔 직원의 생활수준은 다른 주민들보다 월등히 높다. 헌데 공장 설립 초기에는 많은 직원들이 어느 정도의 돈을 모으고 나면 회사를 그만두곤 했다. 그들에게 돈에 의한 동기는 확실히 한계가 있었다. 원하는 만큼 돈을 모으면 더 많은 돈이 생기고 안정적으로 직장을 다닐 수 있다 해도 더 이상 동기가 생기지 않았던 것이다.

이제 1억 달러를 번 후에도 다시 1억 달러를 벌기 위해서 여전히 열심히 일하는 벤처캐피탈리스트를 떠올려보자. 생리적, 안전, 사회적 욕구는 여기에 적용되지 않는다. 게다가 벤처캐피탈리스트는 보통 자신의 성공을 공개하지 않기 때문에 인정 욕구에 의해 동기가 좌우되지 않는다. 따라서 그의 행동은 보다 높은 단계의 욕구에 의한 것이다. 자아실현을 추구하는 사람에게 돈은 그저 성취의 척도일 뿐 더 이상의 동기의 원천이 아니다. 생리적 욕구 및 안전 욕구 단계에서 돈은 그런 욕구가 충족될 때까지만 동기를 높여주지만, 성취의 척도로써 돈을 벌고자 하는 동기는 끝이 없다. 따라서 벤처캐피탈리스트에게 추가적인 1억 달러는 처음의 1억 달러만큼 중요하다. 돈의 실용적인 필요 때문이 아니라 돈이 내포하는 성취의 정도 때문이다. 그리고 성취에 대한 욕구는 한계가 없기 때문이다.

어떤 사람이 욕구 피라미드의 어느 단계에 있는지 알아내는 간단한 방법이 있다. 승진으로 인해 늘어나는 급여의 절대적 총액이 중요하다면 생리적 혹은 안전 욕구 단계에 있는 것이다. 반면 다른 사람들이 받는 것에 비해 본인이 얼마나 많이 받느냐(상대적 비교)가 중요하다면 그는 인정 혹은 자아실현 욕구 단계에 있는 것이다. 이때 돈은 성취의 척도로서 의미가 있다.

자아실현 욕구 단계에 이른 사람은 자신의 성취를 측정하는 방법이 필요하다. 가장 중요한 측정 방법은 자신의 성과에 대한 피드백이다. 자신의 역량을 향상시킴으로써 자아실현을 추구하는 사람들은 피드백 메커니즘을 자신의 내면에 마련한다.

유명 바이올리니스트는 자신의 음악이 어때야 하는지, 잘못된 소리를 낼 때가 언제인지를 잘 알고 있으며, 완벽해질 때까지 쉬지 않고 연습할 것이다. 따라서 향상의 가능성이 없다면 계속 연습하려는 의지가 사라지고 만다. 나는 올림픽 펜싱 챔피언이자 미국으로 이민 온 헝가리인을 알고 있다. 최근에 만난 그는 미국에 오고 나서 바로 펜싱을 그만뒀다고 말했다. 그는 경기를 하고 싶을 만큼 미국 내의 경쟁 수준이 높지 않았고 그로 인해 경기를 할수록 자신의 기량이 떨어진다는 생각 때문에 펜싱을 계속할 수 없었다고 한다.

그렇다면 회사에서의 피드백 메커니즘이나 평가 방법은 무엇일까? 가장 적절한 평가는 조직업무에 대한 직원의 성과에 집중하는 것이다. 성과지표와 MBO 시스템의 목표치가 개인의 성과에 연결되어 있다면, 그것으로 개인의 달성도를 측정할 수 있고 더 발전하도록 독려할 수 있다. 관리자에게 가장 중요한 책임은 직원들이 사무실 크기나 장식과 같은 의미 없는 보상이 아니라 업무와 관련 있는 보상을 제공하는 것이다. 이러한 업무 관련 피드백의 가장 중요한 형태가 바로 모든 직원들이 상사로부터 반드시 받아야 하는 '성과 평가(performance review)'다. 이에 관한 자세한 내용은 나중에 언급할 것이다.

자아실현을 방해하는 실패에 대한 두려움

생리적 욕구와 안전 욕구 단계에 있는 사람은 생명을 잃거나 상해를 입는 것, 실직당하거나 자유를 잃는 것을 두려워한다. 인정 욕구나 자아실현 욕구 단계에 있을 때에도 두려움이 존재한다. 하지만 이때의 두려움은 '실패에 대한 두려움'이다. 이 두려움은 긍정적일까, 아니면 부정적일까? 두 가지 모두 해당된다. 누군가에게 구체적인 업무를 부여하면 실패에 대한 두려움이 그를 고무시킬 수 있다.

하지만 두려움이 지나치면 성취하려는 욕구로 움직이던 사람은 바로 보수적으로 변할 것이다. 말뚝에 고리를 던지던 참가자들을 다시 떠올려보자. 만약 말뚝에 고리를 명중시키지 못할 때마다 전기충격을 받는다면 그는 말뚝 앞으로 다가가서 고리를 그냥 거는 것으로 실패 때문에 발생할 고통을 제거하려 할 것이다.

일반적으로 욕구의 피라미드의 상위 단계에서는 두려움이 외부에서 생기지 않는다. 퇴보한다는 자신에 대한 불만에서 두려움이 생긴다. 실패를 두려워한다면 자아실현의 욕구를 이룰 수 없다.

자아실현 단계로 이끄는 방법

지금까지 무엇이 사람들을 일하도록 만드는지, 관리자가 직원에게 최대의 성과를 끌어내는 방법이 무엇인지 알기 위해서 여러 가지 동기에 대해 살펴봤다. 물론 궁극적인 목표는 조직 전체의 성과를 높이는 것이지만, 조직의 성과는 역량 있고 동기가 충만한 직원이 존재하느냐에 달려 있다. 따라서 관리자의 역할은 첫째로 직원을 훈련시키는 것이고(앞에 제시한 그림 참조), 둘째는 그들을 자아실현의 욕구 단계로 끌어올리는 것이다. 그 단계에 이르러야만 직원의 동기가 지속되고 무한해질 것이다.

직원들을 자아실현의 욕구 단계로 이끄는 체계적인 방법이 있을까? 이 질문에 답하기 전에 또 하나의 질문을 던져보자. 자신의 업무에 별로 흥미를 느끼지 못하는 직원이 왜 마라톤을 할 때는 자신을 한계까지 밀어붙이는 것일까? 무엇이 그를 달리게 할까? 다른 사람들을 이기거나 기록을 단축하고 싶기 때문이다. 이것이 바로 자아실현을 보여주는 간단한 예시다. 더 멀리, 더 빨리 달리기 위해서 구슬땀을 흘려가며 전에는 꿈꾸지 못했던 수준까지 스스로를 몰아붙인다. 돈 때문이 아니다. 거리와 시간에 대한 도전, 다른 사람들을 이기고 싶다는 욕망 때문이다. 조 프레이저(Joe Frazier, 올림픽 복싱 금메달리스트이자 세계 권투 헤비급 챔피언. 2011년에 사망했다 — 옮긴이)에 관한 기사를 읽어보자. [16]

왜 싸우냐는 질문을 받으면 조 프레이저는 당황스럽다고 말한다. "그게 제 일인 걸요. 저는 권투선수니까요"라고 말한다. "권투가 제 직업입니다. 저는 그저 제 일을 할 뿐입니다." 조는 돈의 유혹을 거부하지는 않는다. "아무 대가 없이 일하려는 사람이 있나요?" 하지만 그에겐 돈보다 더 중요한 것이 있다. "저는 스타가 되고 싶지는 않아요. 유명해

지고 싶지 않아요. 하지만 저는 권투선수이고 싶습니다. 그것이 바로

제 자신이니까요. 이보다 단순한 이유가 있나요?"

관리자가 운동경기의 특성을 모든 업무에 적용할 수 있다면 이 나라의 생산성이 얼마나 높아질지 상상해보라.

그렇게 하려면 먼저 문화적인 편견을 극복해야 한다. 우리 사회는 스포츠에 온힘을 다하는 사람을 존중하지만 아주 오랜 시간을 일하는 사람은 어딘가 아픈 사람이라고 생각한다. '일중독자(workaholic)'이라고 부르는 것이다. 이런 편견을 가진 사람들 대다수는 스포츠는 유익하고 재미있지만 업무는 고역이고 필요악이며 절대 즐거움의 원천일 수 없다고 말한다.

"상대방을 무너뜨릴 수 없다면 그들에게 합류하라"는 격언처럼 운동경기의 특성을 업무에 적용해보자. 스포츠 정신을 업무현장에 적용하는 가장 좋은 방법은 '게임의 규칙'과 직원이 스스로를 '측정하는 방법'을 수립하는 것이다. 최고의 성과를 끌어낸다는 말은 무언가 혹은 누군가를 이긴다는 의미다. 간단한 예를 들어보겠다. 인텔의 여러 건물을 깨끗하게 유지하는 책임을 맡은 유지보수 부서의 성과는 몇 년 동안 평범한 수준에 머물렀고, 그 어떤 조치나 압박도 아무런 소용이 없었다. 인텔은 각 건물의 고위관리자가 정기적으로 건물의 유지상태를 평가하는 프로그램을 도입했다. 각 건물의 평가점수를 서로 비교하도록 하자마자 모든 건물의 상태는 크게 향상되었다. 다른 조치는 없었다. 돈이나 보상을 내걸지도 않았다. 직원들에게 그저 경쟁의 장을 제공했을 뿐이었다. 맡은 업무가 건물의 유지보수라면 해당 건물이 최고

점수를 받도록 하는 것이 동기의 강력한 원천이 된다. 바로 이것이 관리자가 무엇을 어떻게 접근하고 관여해야 하는지를 알려주는 핵심이다. 관리자는 업무를 매일 수행하는 직원의 눈으로 업무를 바라봐야 하고 직원이 자신의 '경기장'을 구체적으로 관찰할 수 있도록 지표를 마련해줘야 한다.

물론 경쟁이 사라지면 그와 관련된 동기도 사라진다. 어느 신문 칼럼니스트가 자신의 과거를 반성하여 이렇게 말했다.

> "나는 경쟁 신문사를 비판하는 칼럼으로 유명세를 떨쳤다. 하지만 나의 즐거움은 우리 신문사가 경쟁 신문사와 합병하면서 사라져버렸다. 나는 합병하던 그 날을 절대 잊지 못할 것이다. 전철을 타러 나오던 나의 머릿속은 온통 싸울 상대가 없어졌다는 생각뿐이었다." [17]

업무를 스포츠에 비유하면 어떻게 실패에 대처해야 하는지를 배울 수 있다. 이미 언급했듯이, 욕구 피라미드의 높은 단계에서 발생하는 커다란 장애물 중 하나는 실패에 대한 두려움이다. 하지만 우리는 모든 스포츠 경기가 질 확률이 50%나 된다는 사실을 알고 있다. 선수들은 이를 처음부터 알고 있지만 한 경기라도 포기하는 법이 없다.

여기서 관리자의 역할이 무엇인지 분명히 알 수 있다. 관리자는 '코치'여야 한다. 첫째, 이상적인 코치가 되려면 팀의 성공 여부에 대해 개인적인 믿음을 갖지 말아야 한다. 그래야 선수들이 코치를 믿고 따른다. 둘째, 팀에 엄격해야 한다. 비판적인 입장을 견지함으로써 팀원들에게 최고의 성과를 끌어내야 한다. 셋째, 좋은 코치라면 한때 좋은 선수였어야 한다. 훌륭한 경기를 치른 경험이 있어야 팀을 잘 이해할 테니 말이다.

관리자가 사무실을 경기장처럼 만들면 직원들을 자신의 능력을 한계까지 밀어붙이는 운동선수로 변모시킬 수 있다. 이것이 바로 팀원을 지속적으로 '승리'로 이끄는 핵심이다.

업무 관련 성숙도에 따른 관리 기술

거듭 말하지만, 관리자의 가장 중요한 임무는 직원에게 최고의 성과를 끌어내는 것이다. 무엇이 직원의 동기를 끌어올리는지 이미 알고 있다면, 다른 어떤 것보다 효과적인 최고의 관리 스타일이 존재하는가가 새로운 문제로 부각된다.

지금까지 많은 사람들이 최고의 관리 스타일을 찾으려 했다. 역사적으로 살펴보면, 사람들이 가장 선호하는 관리 스타일은 당시에 신봉되던 동기부여 이론에 따라 달라졌다. 20세기에 들어서던 무렵에는 일과 관련된 개념들이 단순했다. 사람들은 무엇을 할지 지시받고, 그것을 수행하면 돈을 받았다. 그것을 수행하지 않으면 해고됐다. 그에 따른 리더십 스타일은 딱딱하고 계급적이었다. 명령을 내리는 사람과 명령을 군말 없이 따르고 실행하는 사람이 있었을 뿐이다. 1950년대가 되자 경영 이론(관리 이론)은 사람들을 일하게 만드는 좀 더 나은 방법으로서 '믿음'에 근거한 인간적인 방향으로 바뀌었다. 그리고 그에 따라 바람직한 리더십 스타일 역시 변했다. 마침내 대학의 행동과학 연구가 활발하게 진행되면서 동기부여 및 리더십 이론을 증명하고자 여러 실험들이 실시되었다. 하지만 놀랍게도 초기의 직관적인 가설들은 증명되지는 못했다. 다시 말해, 다른 것보다 나은 최적의 관리 스타일은 존재하지 않는다는 결론 외에는 아무것도 증명하지 못했던 것이다.

내 경험 역시 그러하다. 인텔은 중간관리자들을 한 부서에서 다른 부서로 자주 순환시킴으로써 경험을 넓혀주고자 한다. 각 부서의 배경지식이나 업무 유형이 비슷함에도 불구하고 결과물은 아주 다르게 나타난다. 어떤 관리자와 조직은 높은 성과를 내는 반면, 그렇지 않은 관리자와 부서가 있다. 관리자들을 순환하도록 하니 종종 놀라운 일이 벌어지곤 한다. 관리자가 바뀌면 생산성이 높거나 낮아지는 현상이 생기는 것이다. 이로써 높은 성과는 특정 관리자와 특정 부서의 직원들 간의 특별한 '조합'과 관련이 있다는 결론을 유추할 수 있다. 또한 어떤 관리 방식이 모든 상황에서 똑같이 효과적일 수 없음을 알 수 있다.

몇몇 연구자들은 어떤 특정 상황에서 최고의 관리 스타일이 무엇인지 결정하는 데에 근본적인 변수가 있다고 주장한다. 그 변수는 바로 직원의 '업무 관련 성숙도(Task-Relevant Maturity, TRM)'로 학력, 교육, 경험뿐만 아니라 '성취 지향의 정도'와 '책임지려는 자세'를 함께 포함하는 개념이라고 말할 수 있다.[18] 더욱이 업무별로 이러한 요소들을 요구하는 정도가 매우 구체적이고 다르기 때문에 어떤 업무에 높은 TRM을 지닌 직원이나 부서가 다른 업무에는 낮은 TRM을 보이는 경우가 자주 나타나곤 한다.

어떤 의미인지 알기 위해 하나의 예를 들어보겠다. 인텔은 최근에 생산성이 매우 높은 영업 관리자를 영업 현장에서 이동시켜서 공장의 한 부서를 책임지도록 했다. 두 업무의 규모와 범위는 비슷했지만, 그 노련한 관리자의 성과는 추락했고 업무에 치여 녹초가 되었다. 관리자 자신의 개인적 성숙도는 달라지지 않았지만 업무환경과 업무 내용이 그에게 완전히 낯설었기에 공장 업무에 대한 그의 TRM은 매우 낮을 수밖에 없었다. 하지만 업무에 적응하면서 TRM은 점점 올라갔고 성과는 그가 일찍이 발휘했고, 그가 관리자로 승진할 수 있었던 수준으로 접근하기 시작했다. 이는 충분히 예상할 수 있는 결과였지만 놀라지 않을 수 없었다. 그동안 우리는 관리자의 기본적인 역량과 개인적 성숙도를 TRM이라고 잘못 생각해왔기 때문이었다.

이처럼 한 사람의 TRM은 어떤 업무의 복잡성, 불확실성, 모호성하에서는 아주 높을 수 있지만, 업무의 속도가 높아지거나 업무 자체가 갑자기 변하면, TRM은 떨어지고 만다. 이것은 오랫동안 시골길을 운전하던 사람에게 갑자기 차로 붐비는 대도시의 도로를 달리라고 말하는 것과 같다. 비록 본인의 자동차를 운전하는 것이라도 그의 TRM은 급격히 추락할 것이다.

결론적으로 말해, 직원의 TRM에 따라 다양한 방식의 관리 스타일이 필요하다. 특히 직원의 TRM이 낮을 때 가장 효과적인 방식은 무엇이, 언제, 얼마나 필요한지에 관하여 매우 정확하고 상세한 지시를 내리는 것이다. 다른 말로, '아주 구조적인 방식'을 취해야 한다. 직원의 TRM이 높아지면 효과적인 관리 스타일은 구조적인 방식으로부터 소통, 감정적 지지, 격려가 요구되는 방식으로 변화된다. 즉 관리자는 담당 업무가 아니라 개인적으로 직원에게 좀 더 관심을 기울이는 것이 바람직하다. 이때 관리자의 관여는 최소한으로 유지해야 하는데, 기본적으로 직원이 추구하는 목표가 상호 합의에 의해 결정되어야 한다. 하지만 TRM과 상관없이 관리자는 항상 직원의 업무를 충분히 면밀하게 모니터링해야 한다. 앞에서 언급했듯이, 모니터링의 유무는 직원이 일을 열심히 하냐 소홀히 하냐에 영향을 크게 미친다. 직원의 TRM 수준에 따라 효과적인 관리 스타일을 다음의 표에 정리했다.

부하직원의 TRM	효과적인 관리 스타일
낮음	구조적이고 업무 중심 (무엇을, 언제, 어떻게, 얼마나 해야 하는 구체적으로 지시)
보통	개인 중심 (양방향 소통, 지지, 상호 논의에 중점을 둠)
높음	관리자의 관여 최소화 (목표 설정과 모니터링 위주)

효과적인 관리 스타일의 기본적인 변수는 직원의 TRM이다.

여기에서 주의할 사항이 있다. 구조적인 관리 스타일이 의사소통 중심의 관리 스타일보다 가치 없다고 여겨서는 안 된다. '좋다' 혹은 '좋지 않다'는 식으로 생각하거나 행동해서는 안 된다. 가장 효과적인 것이 있을 뿐임을 명심하라.

이는 부모와 아이 사이의 관계가 발전하는 양상과도 비슷하다. 아이가 성장할수록 가장 효과적인 부모의 양육 스타일은 아이의 '삶 관련 성숙도(Life-Relevant Maturity, LRM)' 혹은 나이에 따라 변화한다. 부모는 걸음마를 막 시작한 아이에게 깨뜨리거나 다칠 위험이 있는 물건을 만지지 말라고 말해야 한다. 그 아이는 자기가 가지고 노는 꽃병이 귀중한 가보인지 알지 못하지만 "안 돼"라는 말은 알아듣는다. 아이가 성장하면 자신의 결정에 따라 행동하기 시작하지만 여전히 부모는 아이를 위험에서 지켜주고자 한다. 예를 들어, 아이에게 세발자전거가 아니라 두발자전거를 타라고 권하지만, 아이를 혼자 내보내기보다는 함께 거리로 나가서 안전하게 자전거를 타는 법을 일러주고 넘어지지 않도록 돕는다. 아이의 성숙도가 높아질수록 부모는 시시콜콜한 지시를 줄인다. 아이가 자전거를 타러 나가도 부모는 더 이상 안전규칙을 열거할 필요가 없다. LRM이 충분히 높아지면 아이는 집을 떠나 대학교에 진학한다. 이 시점에서 부모와 아이의 관계는 부모가 아이의 발전을 단순히 모니터링하는 방식으로 다시 변화한다.

아이의 환경이 갑자기 자신의 LRM이 적합하지 않은 쪽으로 변화하면(예를 들어, 학업상 심각한 문제에 봉착한다면) 부모는 예전의 스타일로 돌아가야 할지 모른다.

부모의(혹은 관리자의) 감독이 구조적인 것에서 소통 및 모니터링 중심으로 이동하더라도 아이의(혹은 직원의) 행동을 지배하는 구조의 수준은 실제로 변화하지 않는다. 10대 소년은 자전거를 타고 복잡한 고속도로를 가로지르는 것이 안전하지 않다는 걸 알고 있고 부모도 더 이상 그에게 그렇게 하지 말라고 말할 필요가 없다. 구조는 '외부에서 부과된 것'으로부터 '내부에서 설정한 것'으로 이동한다.

만약 부모가(혹은 관리자가) 아이에게(혹은 직원에게) 일을 행하는 옳은 방법(올바른 운영 가치)을 일찌감치 일러주었다면, 나중에 아이는 부모가 했던 방식으로 결정을 내리게 될 것이다. 사실 관리 스타일의 발전을 위한다면 운영 가치, 우선순위, 선호하는 바를 반드시 공유해야 한다.

그러한 공유가 없다면 조직은 길을 헤매고 목적의식을 잃어버리기 십상이다. 따라서 공동의 가치를 전달하는 책임은 전적으로 관리자에게 달려 있다. 결국 관리자는 자신에게 보고하는 사람들(즉 직원들)의 결과물에 책임을 져야 한다. 또한 공동의 가치를 공유하지 않는다면 관리자는 직원에게 효과적으로 업무를 위임할 수 없다. 항상 탁월하게 업무를 수행하던 내 동료 중 한 사람은 기존의 업무를 맡기려고 젊은 직원 하나를 고용하고 자신은 새로운 일에 전념하려고 했다. 하지만 그 직원은 일을 잘하지 못했다. 내 동료의 반응은 이랬다. "그 친구는 실수를 통해 배워야 해. 그게 일을 배우는 방법이지!" 이때의 문제는 그 직원의 '교육비'를 고객이 부담한다는 것이다. 이런 방법은 완전히 잘못된 것이다. 직원 교육의 책임은 전적으로 상사에게 있고, 내부고객이나 외부고객이 그 부담을 지도록 해서는 안 된다.

관리 스타일과 관리 레버리지

관리자는 실용적인 이유 때문에라도 직원의 TRM을 끌어올리려고 노력해야 한다. TRM이 높은 직원에게 적절한 관리 스타일은 상세하고 구조적이고 감독이 필요한 방법보다 시간이 덜 걸린다. 게다가 직원이 운영 가치를 익히고 TRM이 충분히 높아지면 상사는 직원에게 업무를 위임할 수 있고 그에 따라 자신의 관리 레버리지를 향상시킬 수 있다. 마침내 TRM이 가장 높은 수준에 이르면 직원에 대한 교육은 완성되고, 그의 동기는 관리자가 활용할 수 있는 가장 강력한 에너지의 원천인 내면의 자아실현으로부터 나오게 된다.

이미 언급했듯이, 한 사람의 TRM은 특정한 업무환경에 따라 달라진다. 업무환경이 변하면 그에 따라 TRM이 변하기 때문에 상사에게 요구되는 가장 효과적인 관리 스타일 역시 변한다. 아무것도 일어나지 않는 군대 야영지를 떠올려보라. 분대장은 분대원들을 속속들이 잘 알고 있고 그들과 대체적으로 좋은 비공식적 관계를 맺고 있다. 일과업무는 아주 잘 정해져 있어서 아무에게도 일일이 지시할 필요가 없다. 분대장은 TRM이 높은 분대 상황에 맞게 그저 분대원의 행동을 모니터링하기만 하면 된다. 그런데 갑자기 적이 언덕 위에 나타나 총을 쏴댄다면 어떨까? 분대장은 즉각 구조적이고 업무 중심의 리더십 스타일로 전환하여 모든 이에게 명령을 내리고 무엇을, 언제, 어떻게 할지를 분대원 개개인에게 지시해야 한다. 그런데 이런 전투가 계속되어 분대원이 여러 달을 한 장소에서 싸워야 한다면, 이것 역시 일상적인 일이 되고 만다. 그래서 새로운 과업(전투)에 대한 분대의 TRM은 높아질 것이다. 그러면 분대장은 분대원 모두에게 할 일을 일일이 지시하는 일은 적어질 것이다.

다시 말해, 의사소통과 상호 이해에 근거한 스타일로 사람을 관리할 수 있느냐는 그렇게 할 만한 충분한 시간이 있느냐에 달려 있다. 모니터링이 이론적으로는 관리자에게 가장 생산적인 방식이긴 하지만, 실제 상황을 항상 염두에 두어야 한다. 모니터링만으로 관리가 가능한 시점에 도달했더라도 상황이 갑자기 변하면 '무엇을 — 언제 — 어떻게' 해야 하는지를 지시하는 방식으로 즉각 전환해야 한다.

유능한 관리자는 업무를 일일이 지시하지 않는다는 인식이 있어서인지 일을 그르치고 나서야 늦게 그 방식을 채택하는 경우가 종종 있다. 관리자는 반드시 그러한 편견을 이겨내는 법을 배워야 하고, 그저 관리 방식의 좋고 나쁨을 판단하기보다는 특정 업무환경 내에 있는 부하직원의 TRM에 따라 자신의 관리 방식이 효과적인지 비효과적인지 파악해야 한다. 이것이 바로 여러 연구자들이 단 하나의 가장 좋은 방식을 찾아내지 못한 이유다. 가장 좋은 관리 방식은 매일 바뀔 수 있고 어떨 때는 시간마다 바뀔 수도 있다.

좋은 관리자가 되기란 쉽지 않다

직원의 TRM이 어느 정도인가를 결정하기는 쉽지 않다. 더욱이 관리자가 TRM이 무엇을 의미하는지 잘 안다 해도 본인의 개인적 선호가 논리적이고 적절한 관리 스타일의 선택을 어렵게 만드는 경우도 있다. 예를 들어, 관리자가 직원의 TRM이 '보통'이라고 판단하더라도 실제로 관리자는 '구조적' 관리 스타일이나 '최소한'의 관리 스타일을 선호할 가능성이 있다. 다시 말해, 관리자는 직원의 업무에 사사건건 개입하려 들거나 반대로 자기를 방해하지 말라는 듯 직원을 철저히 방치하는 경우가 많다.

여기서 또 하나의 문제는 바로 관리자 본인에 대한 인식이다. 관리자는 자신을 실제보다 더 의사소통을 잘하고 업무 위임을 잘하는 사람으로 보는 경향이 있다(직원보다 자신이 훨씬 낫다고 여기는 것은 물론이고). 나는 부하직원에게 상사의 관리 스타일을 평가해달라고 요청했고, 각 상사에게는 본인의 관리

스타일이 어떠한지 물었다. 그랬더니 상사의 90%가 부하직원의 평가보다 더 의사소통이나 업무 위임을 잘한다고 생각하고 있었다. 이 커다란 격차는 무엇 때문일까? 부분적으로는 스스로를 완벽한 리더라고 보기 때문이다. 또한 반대로, 직원들이 관리자의 제안을 군대의 명령처럼 받아들이기 때문이기도 하다. 이것이 인식의 격차를 가중시킨다.

한번은 어떤 관리자가 나에게 자신의 상사가 효과적인 의사소통 스타일을 지녔다고 말한 적이 있다. 함께 스키를 타고 술도 같이 마신다는 이유였다. 하지만 그는 틀렸다. 사회적 대인관계와 부하직원의 업무 수행에 요구되는 의사소통 기반의 관리 스타일에는 엄청난 차이가 있다. 업무 외적인 친밀한 관계는 업무적으로 동일한 관계를 형성하는 데 도움이 될 수 있지만 둘을 혼동해서는 안 된다. 나는 서로 상사-부하직원 관계에 있는 두 사람을 알고 있었는데, 그들은 매년 1주일 동안 외딴 곳에서 낚시를 하며 시간을 함께 보냈다. 낚시를 할 때 둘은 당연한 듯 업무에 관해 전혀 이야기를 나누지 않았다. 사실 둘의 업무 관계는 소원했다. 개인적 우정이 업무 관계엔 아무런 영향을 미치지 못했던 것이다.

여기에서 상사와 부하직원 간의 우정이 좋은 것이냐는 오래된 의문이 떠오른다. 어떤 관리자는 같이 일하는 직원과 사회적 관계를 맺지 않는다고 주저 없이 말하기도 한다. 사실 여기에는 좋은 점과 나쁜 점이 존재한다. 직원이 개인적으로 친구 관계라면, 상사는 의사소통 중심의 관리 스타일로 쉽게 이동할 수 있지만 필요한 순간에 '무엇을-언제-어떻게'라는 방식으로 전환하기는 어려울 것이다. 친구에게 명령을 내리는 것은 유쾌하지 않기 때문이다. 나는 상사가 친구 관계에 있는 부하직원에게 명령을 내려야 하는 경우를 몇 번 목격한 적이 있다. 한 번은 둘의 우정이 깨졌고, 또 한 번은 상사의 행동이 효과를 발휘했다. 둘 사이의 강한 사회적 관계 덕분인지 부하직원이 상사가 자신의 직업적 관심사에 신경을 써준다고 느꼈기 때문이었다.

모든 사람들은 무엇이 프로다운 것이고 적절한 것인지를 결정해야 한다. 친구인 부하직원에게 성과 평가를 엄격하게 하는 상황을 상상해보라. 그런 상상을 하면 마음이 거북해지는가? 그러면 직장에서 친구를 만들지 마라. 아무런 느낌이 없다면 개인적 관계를 통해 업무 관계를 강화할 수 있을 것이다.

13장 High Output Management

관리자의 가장 큰 역할
: 성과 평가

왜 문제인가

대부분의 조직에서 성과 평가가 관리 시스템의 중요한 일부인 이유는 무엇일까? 왜 직원의 성과를 평가하는가? 나는 이 두 가지 질문을 중간관리자에게 던져서 다음과 같은 대답을 얻었다.

- 직원의 업무를 평가하기 위해서
- 성과를 향상시키기 위해서
- 동기를 높이기 위해서
- 직원에게 피드백을 주기 위해서
- 연봉 인상 수준을 결정하기 위해서

240

- 성과에 대해 보상하기 위해서

- 징계를 하기 위해서

- 업무 수행의 방향을 제시하기 위해서

- 조직문화를 강화하기 위해서

그런 다음, 나는 그 중간관리자에게 상사로서 부하직원을 평가하는 광경을 머릿속에 그리도록 하고 어떤 기분이 드는지 물었다. 그들의 답변은 이랬다.

- 자부심

- 분노

- 걱정

- 불편함

- 죄책감

- 공감·관심

- 당황스러움

- 좌절감

마지막으로 나는 같은 중간관리자들에게 예전에 받았던 여러 성과 평가를 떠올리도록 한 다음, 잘못된 점이 무엇인지를 질문했다. 그들의 답변은 다음과 같이 다양했다.

- 평가 코멘트가 너무 일반적이다.

- **메시지가 뒤죽박죽이다**(평가가 연봉 인상과 모순된다).
- **어떻게 성과를 향상시켜야 하는지 방법을 알려주지 않는다.**
- **부정적인 의견을 회피한다.**
- **상사가 나의 업무를 알지 못한다.**
- **최근의 성과만 가지고 평가한다.**
- **처음 알게 된 사항들이 많다.**

이러한 답변을 보면 성과 평가가 매우 복잡하고 어려운 일이며, 관리자가 성과 평가를 그다지 잘하지 못한다는 것을 알 수 있다.

성과 평가는 관리자가 제공할 수 있는 업무 관련 피드백의 가장 중요하면서도 유일한 방식이다. 성과 평가는 직원의 성과 달성 수준을 측정하여 그 결과를 개인적으로 전달하기 위한 도구다. 또한 승진, 연봉, 스톡옵션 등의 보상을 결정하는 근거다. 앞에서 살펴봤듯이, 성과 평가는 긍정적으로든 부정적으로든 직원의 성과에 오랫동안 영향을 미친다. 즉 평가는 관리자가 행할 수 있는 가장 높은 레버리지의 행동이다. 간단히 말하면, 평가는 매우 강력한 메커니즘이기 때문에 그것에 대한 구성원의 의견과 감정이 격하고 다양할 수밖에 없다.

그런데 성과 평가의 근본적 목적은 무엇인가? 비록 내 질문에 대한 중간 관리자의 답변이 모두 옳다 해도, 그 어떤 것보다 중요한 것이 하나 있다. 바로 '직원의 성과를 향상시키기 위해서'라는 점이다. 성과 평가는 보통 두 가지 측면에 초점을 맞춘다. 하나는 직원의 '스킬 수준(skill level)'으로서 어떤 스킬이 부족한지 판단하여 그것을 개선하기 위한 방법을 찾는 것이고, 다른 하나는 동일한 스킬 수준으로 더 높은 성과 곡선을 그릴 수 있도록 직원의 '동기'를 강화시키는 것이다(213쪽 표 참조).

성과 평가 과정은 체계화된 리더십의 가장 공식적인 유형이라고 말할 수 있다. 성과 평가는 관리자가 재판관이나 배심원으로 행동해야 하는 유일한 시간이다. 관리자는 직원에 대한 평가를 내리고 그 결과를 대면을 통해 전달해야 하는 것이다.

상사의 책임은 당연히 매우 중요하다. 성과 평가를 올바르게 수행하려면 관리자는 어떤 준비를 해야 할까? 관리자도 한때는 평가를 받는 입장이었으니 어떤 준비가 필요한지 알 것이다. 하지만 우리 사회는 일반적으로 대립을 피하려는 경향이 있다. 오래전에 내가 헝가리에서 미국으로 처음 왔을 때 '논쟁(argument)'이라는 단어조차 미국인들의 얼굴을 찌푸리게 만든다는 사실을 알게 됐다. 헝가리인들에게 '논쟁'이라는 단어는 의견 차이를 뜻하는 말로 자주 사용한다. 내가 영어를 배우기 시작할 때 '논쟁'이란 단어를 사용했더니 사람들은 내게 "저런, 당신이 말하려는 것은 '논쟁'이 아니라 '토론'이겠지요"라고 말했다. 친구와 동료들과는 정치나 종교, 혹은 의견 차이나 갈등을 유발할 수 있는 주제에 대해서는 토론하지 않는 것이 좋다. 축구경기 점수, 정원 관리, 날씨 이야기는 괜찮다. 우리는 교양 있는 사람이라면 잠재적으로 감정적인 문제를 일으키는 이야기를 피해야 한다고 배웠다. 여기에서 요지는 좋은 성과 평가를 수행하고 그 결과를 전달한다는 것은 우리의 문화적 배경과 직업적 환경에서 정말로 특별한 일이라는 점이다.

성과 평가가 거대한 조직에만 해당되는 것으로 생각해서는 절대 안 된다. 두 명의 사무보조원을 둔 보험 대리점이든 교육기관, 정부, 비영리단체이든 성과 평가는 규모와 업종과 상관없이 관리의 핵심 업무가 되어야 한다. 단도직입적으로 말해, 성과가 비즈니스 운영에 중요하다면 성과 평가는 반드시 필요한 일이다.

성과 평가의 두 가지 측면, 즉 성과를 평가하고 그 결과를 전달하는 것은 모두 어려운 일이다. 각각을 더 자세히 살펴보자.

성과 평가하기

직원의 성과를 평가하는 것은 아주 어려운 일이다. 직원의 업무를 완벽하게 측정하고 특징지을 수 있는 딱 부러지는 방법이 없기 때문이다. 평가로 잡아낼 수 있는 결과물이 확실하게 있어야 하는데, 대부분의 업무는 결과물과 바로 연결되지 않는 활동을 포함하고 있다. 하지만 설령 객관적으로 평가할 수 없다는 걸 알고 있다 하더라도 그런 활동에 적절한 비중을 두어 직원의 성과를 평가해야 한다. 직원을 관리 감독하는 사람은 마치 줄타기를 하는 것과 같다. 객관적이어야 하지만, 동시에 주관적인 근거에 의해 판단을 내리는 것을 두려워해서는 안 된다.

평가를 쉽게 하려면 관리자는 직원에게 기대하는 것이 무엇인지 정확하게 알고 있어야 한다. 그래야 직원이 기대에 부합되게 업무를 수행했는지를 판단할 수 있다. 대부분의 평가에서 가장 큰 문제는 직원에게 무엇을 원하는지 관리자가 명확하게 정의하지 않는 것이다. 원하는 것을 알지 못하면 그것을 얻을 수 없을 것이다.

관리의 '블랙박스'란 개념을 다시 꺼내 생각해보자. 블랙박스라는 개념을 사용하면 '결과물 측정값(output measure)'과 '내부적 측정값(internal measure)'으로 성과를 특징지을 수 있다. 결과물 측정값은 블랙박스의 결과물을 나타내는데, 예를 들어 디자인 완성하기, 판매 목표액 달성하기, 생산 공정의 수율 향상시키기 등 도표에 그래프를 그릴 수 있는 것들을 포함하는 개념이다. 내부적 측정값은 블랙박스 안에서 진행하는 활동을 말하는데, 평가 대상 기간 동안 결과물을 산출하기 위해 행한 일과 향후의 결과물 산출을 위해 준비한 일들을 포함한다. 앞으로 2개월 후에 생산직 직원의 얼굴에 불만이 가득하도록 만들 만한 방법으로 생산 목표를 달성하고 있지는 않은가? 향후의 과업을 잘 수행할 수 있도록 직원을 적재적소에 배치하고 개발하고 있는가? 여러 부서들이 잘 운영되도록 할 수 있는 모든 일을 수행하고 있는가? 결과물 측정값과 내부적 측정값의 상대적 중요도를 비교할 수 있는 확실한 공식은 존재하지 않는다. 그때그때의 상황에 따라 50 대 50, 90 대 10, 혹은 10 대 90의 비중이 될 수 있고 매달 그 비중의 배분이 바뀔 수도 있다. 하지만 관리자는 이 두 변수가 서로 트레이드 오프 관계에 있음을 인식해야 한다.

이와 비슷한 트레이드 오프 관계가 또 있는데, 바로 장기 관점의 성과(long-term-orinented)와 단기 관점의 성과(short-term-oriented)다. 제품 설계를 담당하는 엔지니어는 매출을 창출하기 위해 엄격한 일정에 따라 프로젝트를 완료한다. 동시에 그는 미래에 비슷한 제품을 설계하게 될 다른 엔지니어에게 도움이 되도록 일종의 '설계 방법'을 구축하는 일도 수행한다. 따라서 그 엔지니어는 이 두 가지 활동 모두를 평가받아야 한다. 그렇다면 무엇이 더 중요한가? 이 질문의 답을 얻으려면 재무에서 사용하는 '현재 가치(present value)'라는 개념을 사용하면 좋다. "미래 지향적인 활동을 현재 가치로 환산하면 얼마의 가치가 있는가?"라는 질문을 던지면서 말이다.

또한 시간 요소를 고려할 필요가 있다. 평가 대상 기간 동안 산출된 직원의 결과물은 같은 기간 내에 이루어진 그 사람의 활동들과 아주 관련이 크거나, 어느 정도 관련이 있거나, 아예 무관할 수도 있다. 따라서 관리자는 직원의 활동과 그 활동으로 이루어진 결과물 사이의 시간차를 면밀히 살펴봐야 한다. 이 점이 바로 내가 어렵사리 얻은 교훈이다. 한 부서가 어느 해에 탁월한 실적을 거둔 적이 있다. 결과물 측정값들은 모두 훌륭했고, 판매는 신장됐을 뿐만 아니라 이익률 역시 좋았으며 제품은 시장에서 좋은 평가를 얻었다. 이런 부서를 이끄는 관리자를 낮게 평가할 수 없을 것이다. 하지만 걸리는 부분이 있었다. 그 부서의 이직률은 이례적으로 높았고, 직원들 사이에서 불평불만이 너무 많았다. 그 외에도 몇 가지 징후가 더 있었지만, 확실하게 측정 가능한 성과가 그렇게 뛰어난데 어떻게 성과를 의심할 수 있겠는가? 그래서 나는 그 관리자에게 아주 긍정적인 평가를 내렸다.

하지만 다음해가 되자 그 부서의 성과는 곤두박질쳤다. 판매 성장 기조는 사라졌고, 이익률은 감소됐으며, 제품 개발은 지연되었고, 직원들 간의 갈등은 악화되었다. 그 관리자에 대한 평가를 준비하면서 나는 그간 어떤 일이 벌어졌는지 정리해봤다. 그 관리자의 개인 성과는 해당 부서의 결과물 측정값과 마찬가지로 갑자기 악화되었는가? 대체 어떤 일이 벌어졌나? 나는 비록 상황이 끔찍해 보였지만 실제로는 그 관리자의 개인 성과가 전년보다 좋아졌다는 결론을 내렸다. 이는 그의 전년도 성과가 좋지 않았음을 뜻했다. 결과물 측정값들은 마치 몇 광년 떨어진 별에서 날아온 빛처럼 그저 몇 년 전에 행해진(하지만 지금 효과를 발휘 중인) 업무를 나타내는 것에 불과했다. 그 관리자의 업무와 부서의 결과물 사이의 시간차는 딱 1년이었다. 매우 당황스러웠지만, 나는 전년도에 그에게 주었던 높은 평가 점수가 완전히 잘못된 것이라는 결론에 이르렀다. 결과물 측정값이 아무리 높더라도 나는 내부적 측정값을 근거로 그에게 아주 낮은 점수를 부과하는 용기와 판단력을 가졌어야 했다.

활동과 결과물 사이의 시간차는 다른 방식으로도 작용할 수 있다. 인텔 초창기에 나는 기초부터 생산 설비를 설치하는 일을 맡은 어느 직원의 성과를 평가하게 됐다. 아직 생산이 시작되지 않아서 평가하기가 어려웠지만, 그렇다고 해서 손에 잡히는 결과물이 나올 때까지 기다릴 수는 없었다. 설상가상으로 나에게는 구체적인 결과물 기록이 없는 사람을 관리해본 경험도 없었다. 뚜렷한 결과물은 없었지만 나는 결국 그 직원에게 좋은 평가를 내렸다. 이렇듯 관리자는 앞이 잘 보이는 상황에서 성과를 지켜보고 기록하는 것이 아니라 그렇지 않은 상황이라 해도 성과를 '판단'할 수 있어야 한다.

그런데 어떤 관리자를 평가할 때 개인의 성과로 판단해야 할까, 아니면 그가 관리하는 부서의 성과로 판단해야 할까? 나는 두 가지 모두를 가지고 평가해야 한다고 생각한다. 결국 평가의 기준은 부서의 성과이다. 관리자는 부서의 성과에 어떤 식으로든 가치를 부가하기 마련이기 때문이다. 그렇다면 그 가치가 무엇인지 알아내야 한다. 그러려면 이런 질문을 던져라. "그 관리자가 부서원들과 함께 전진하고 있는가?", "새로운 직원을 채용하고 있는가?", "직원을 교육시키고 향후의 팀 성과를 향상시키기 위한 활동을 수행하고 있는가?" 성과를 판단하는 데에 가장 어려운 문제는 바로 이러한 질문을 던지고 판단을 내리는 일일 것이다.

관리자가 피해야 할 큰 함정은 '잠재력이라는 덫'이다. 어떠한 경우라도 성과를 평가해야 하지 잠재력을 평가하지 않도록 늘 경계해야 한다. 여기서 말하는 잠재력은 본질이라기보다 외양이다. 나는 상사에게 높은 평가를 받은 관리자의 평가 결과를 승인해달라는 요청을 받은 적이 있다. 그 관리자는 회사에 손해를 끼쳤고, 매달 매출 예측에 실패했으며, 개발 일정에 차질을 빚는 등 누가 봐도 매년 형편없는 결과물과 내부적 측정값을 보이는 사업 부서를 맡고 있었다. 그래서 나는 그 평가 결과를 승인할 수 없었다. 하지만 그의 상사는 이렇게 두둔하고 나섰다. "그는 뛰어난 관리자입니다. 그는 똑똑하고 스스로를 잘 통제할 줄 아는 사람이에요. 성과가 낮은 것은 부서 때문이지 그 사람 자체의 문제가 아닙니다!" 그러나 나는 동요하지 않았다. 관리자의 성과 평가 점수는 그가 담당하는 부서의 점수보다 높을 수 없기 때문이다! 외양이 아니라 실제적이고 실질적인 성과를 평가해야 하는 것이 매우 중요하다. 만일 '외양이 좋은' 관리자에게 높은 평가를 준다면, 높은 성과를 낼 필요는 없고 그저 좋은 관리자처럼 행동하고 말하라는 신호를 모든 직원에게 주는 꼴이다.

승진 결정은 보통 성과 평가 결과와 연계가 된다. '어떤 사람을 승진시키는가'보다 더 명확하고 확실하게 어떤 관리자가 조직에 가치 있는 사람인지를 알리는 방법은 없다는 사실을 명심하라. 누군가를 승진시킨다는 것은 조직 구성원에게 롤모델이 누구인지를 알려주는 것이다. 옛말에 최고의 영업사원을 관리자로 승진시키면 훌륭한 영업사원을 잃고 나쁜 관리자를 대신 얻게 된다는 말이 있다. 하지만 훌륭한 영업사원을 승진시킬 수밖에 없다.

최악의 영업사원을 승진시킬 수 있겠는가? 최고의 직원을 승진시킴으로써 인텔은 구성원에게 성과가 중요하다는 사실을 일깨운다.

직원의 성과를 평가하는 것은 어려운 일이지만, 성과를 향상시키는 일 또한 어려운 일이다. 하지만 직원이 담당 업무를 얼마나 훌륭히 수행했는가와 관계없이 관리자가 난처함을 느끼지 않으면서도 개선점을 제안할 수 있는 방법을 항상 찾을 수 있다. '20/20 힌드사이트(20/20 hindsight)'라는 방법을 써서 관리자는 직원이 '해낼 수 있었던 것' 대비 '해낸 것'을 비교할 수 있다. 이런 비교를 통해 향후에 어떻게 하면 개선할지를 관리자와 직원이 논의할 수 있다.

평가 결과 전달시 유의점

평가 결과를 전달하기 위해 명심해야 할 세 개의 'L'이 있다. 그것은 바로 '솔직(level)하게' 말하고 상대방의 말을 '경청(listen)'하고 자기 자신을 '배제(leave out)해야 한다'는 것이다.

관리자는 직원에게 '솔직'하게 말해야 한다. 회사에 대한 전반적인 신뢰와 품격은 직원들에게 얼마나 솔직하냐에 달려 있다. 관리자는 누군가를 직접적으로 칭찬하는 것이 그를 주저없이 비난하는 것만큼이나 어렵다는 사실을 깨달아야 한다.

'경청'하라는 말은 여기에서 특별한 의미를 지닌다. 의사소통의 목표는 A라는 사람의 뇌에 있는 생각을 B라는 사람의 뇌로 전달하는 것이다. A의 머릿속 생각이 말로 변환되어 음파를 타고 B의 귀에 도달하면 신경 자극을 타고 B의 뇌에 전달되어 다시 생각의 형태로 변환돼 저장된다. 평가할 때 A가 어떤 말이 오고 갔는지 확인하기 위해서 녹음기를 사용해야 할까? 그럴 필요는 없다. 말 그 자체는 수단일 뿐이다. 생각이 정확하게 전달된다면 그것으로 족하다. B가 너무 감정적이 되는 바람에 남들이 들으면 완벽하게 알아들을 말도 이해할 수 없을지도 모른다. 또한 B가 자신이 답변할 말을 지나치게 생각하느라 A의 메시지를 알아듣지 못할 수 있다. 그리고 B가 방어 심리로 딴 생각에 빠질 수도 있다. 이러한 모든 경우가 발생할 수 있고 실제로도 일어난다. A가 전달하고자 하는 말이 갈등 요인을 담고 있을 때 더욱 그러하다.

그렇다면 어떻게 해야 관리자는 자신의 말을 잘 전달할 수 있을까? 어떤 기술을 사용할 수 있을까? 관리자가 하는 말을 직원이 반복하게 하면 될까? 나는 그렇게 생각하지 않는다. 관리자가 해야 할 일은 자신의 지각능력을 최대한 동원하는 것이다. 자신의 말이 경청되도록 하려면 상대방을 관찰해야 한다. 이슈가 복잡할수록 의사소통이 길을 잃기가 쉽다. 직원이 당신의 말에 적절하게 반응하는가? 그가 당신의 메시지를 받아들이려 하는가? 언어적이든 비언어적이든 그가 당신이 전달한 메시지를 완전히 수용하지 않은 것 같다면, 그가 당신의 의도를 충분히 이해했다고 만족할 수 있을 때까지 이야기를 계속하는 것이 당신의 책임이다.

이것이 바로 내가 말하는 '경청'의 의미다. 당신의 요지를 직원의 뇌에 올바르게 전달하기 위해 지각능력의 모든 도구를 활용하라는 것이다. 경청받지 못하고 경청하지 않으면 성과 평가를 준비했던 노력은 아무런 소득을 얻지 못할 것이다. 강조하지만 당신의 '무기'는 경청하도록 만드는 것이다.

훌륭한 선생님은 이와 같은 방식으로 학생을 가르친다. 그는 자신이 말하는 내용을 학생이 언제 이해하는지를 잘 안다. 이해하지 못한다면 그는 학생에게 주의를 주고 다시 설명하거나 다른 방식으로 이야기한다. 하지만 어떤 선생님은 칠판만 바라보고 중얼거리면서 학생과 시선을 맞추는 것을 피하기도 한다. 그 이유는 자신의 표현이 명쾌하지 못하고 이해하기 어렵다는 것을 스스로도 잘 알기 때문인데, 그런 사실을 드러내지 않으려고 학생의 눈을 피하는 것이다. 따라서 평가 결과를 전달하는 동안에는 그런 잘못된 방식을 따라해서는 안 된다. 직원이 당신의 메시지를 확실하게 전달받게끔 하라. 부하직원이 이해한다는 확신이 들 때까지 메시지를 전달하라.

세 번째 'L'은 '자신을 배제하라'는 것이다. 성과 평가는 직원에 관한 것이고 직원을 위한 것임을 명심하는 것이 매우 중요하다. 따라서 관리자는 불안감, 근심, 죄책감 등 성과 평가와 관련이 없는 감정을 모두 배제시켜야 한다. 성과 평가는 직원에게 주어진 평가이지 상사에 대한 평가가 아니다. 철저히 직원을 대상으로 한 일종의 '재판'이다. 다른 사람의 성과를 평가하는 사람들은 평가하는 동안 무대 공포증이 있는 배우와 같은 감정에 휩싸이기 쉽다. 아무리 평가업무에 경험이 많더라도 그러한 감정을 잘 통제함으로써 평가에 영향을 끼치지 않도록 해야 한다.

이제 성과 평가의 세 가지 유형에 대해 살펴보자.

성과 평가를 잘 전달하기 위해

대부분의 성과 평가는 '긍정적인 평가와 부정적인 평가를 모두 포함'하는 이 유형에 속한다. 피상적이고 상투적인 의견, 성과와 무관한 관찰사항 등이 이 유형에서 공통적으로 나타나는 문제다. 이런 문제는 직원을 혼란스럽게 만들고 '미래의 성과를 향상시킨다'라는 성과 평가의 기본적인 목적을 달성하기 어렵게 한다. 이런 유형의 성과 평가 결과를 원활하게 전달할 수 있는 몇 가지 방법을 알아보자.

핵심은 직원이 대부분의 사람들과 마찬가지로 성과 평가에서 나타난 사실, 문제, 제안사항 등을 받아들이는 능력이 제한적이라는 점을 인식하는 것이다. 당신이 직원의 성과에 대해 일곱 가지의 사실을 지적했으나 그가 네 가지만 받아들인다면 나머지 세 개를 설명하느라 시간을 낭비하는 꼴이 된다. 받아들일 수 없을 정도로 많은 사실을 전달받은 직원은 성과 평가를 통해 아무것도 얻지 못한 상태로 자리를 떠날 것이다. 실제로 사람들은 한번에 많은 메시지를 흡수하는 데 한계를 느낀다. 특히 성과에 대한 메시지일 때는 더욱 그렇다. 평가의 목적은 직원을 관찰하면서 알게 된 진실 모두를 후련하게 드러내는 것이 아니라 '직원의 성과를 향상시키는 것'이다. 그렇기 때문에 적게 말하는 것이 더 좋을 수도 있다.

어떻게 해야 몇 개의 핵심내용에 집중할 수 있을까? 첫째, 직원의 성과에 대해 가능한 한 많은 측면들을 고찰하라. 이를 위해 업무진행 보고서, 분기 목표 대비 실적, 일대일 면담 기록 등과 같은 자료를 살펴봐야 한다. 그런 다음 백지 한 장을 펼쳐놓고 자리에 앉아 직원의 성과에 대해 머릿속에 떠오르는 것을 모두 적어라. 떠오르는 내용을 편집하지 말고 모든 사항을 종이에 써라. 중요한 일뿐만 아니라 사소한 일도 생각나는 대로 적어야 하며, 더 이상 적을 내용이 없으면 모든 참고자료들을 책상에서 치워버려야 한다.

당신이 작성한 워크시트를 보고 각 사항 간의 관계를 찾아보라. 그러면 몇몇 사항들이 동일한 이유에서 온 것임을 발견할 것이고, 특정 강점이나 약점이 왜 존재하는지를 일러주는 근거 또한 찾아낼 것이다. 그런 관계를 알아냈다면, 그것이 바로 직원에게 전달할 '메시지'다. 아래에 나온 예시를 참고하라.

긍정적인 평가	부정적인 평가
• 기획 과정이 아주 훌륭했다(신속한 실시). • 자재위원회에 제출한 보고서가 좋았다. • 매입비용 분석 프로젝트에 기여했다.	• 공정 명시화 : 전혀 하지 않음 • 회의에서의 토론 : 우유부단함 • 공정 교육에 대한 준비 미흡 • 컴퓨터 사용 미숙 • 동료(예 : 제조부서)의 의견을 경청하지 않음

메시지
1. 기획업무에서 좋은 성과를 올렸다(분석적, 재무적 배경지식이 유용하게 사용됨).   2. 명확하고 구체적인 목표를 수립하지 못한다. – 성과를 이끌어내는 것보다 활동에 만족한다.   3. 컴퓨터 지식이 부족하다(아니다. 두 번째 메시지에 집중하자).

성과 평가를 위한 워크시트

이 워크시트를 보면서 결론을 이끌어내고 각각의 사항을 뒷받침할 구체적인 사례를 추출하라. 메시지 목록이 일단 완성되면, 직원에게 전달하고픈 모든 메시지를 그가 기억할 수 있을지 스스로에게 물어보라. 만약 그렇지 않다면 덜 중요한 것들을 지워야 한다. 명심할 점은 이번 평가에 포함할 수 없는 사항들을 다음 평가 때는 올릴 수도 있다는 것이다(그러니 이 워크시트를 다음 번 평가를 위해서 보관해야 한다 ― 옮긴이).

만약 관리자가 1년 동안 자신의 관리 책임을 충실하게 수행했고, 일대일 면담으로 필요한 지침을 제공했다면, 성과 평가를 할 때 미처 생각하지 못했던 '뜻밖의 사항'을 알게 되는 일이 절대 있어서는 안 된다고 생각할 것이다. 하지만 그렇지 않다. 워크시트를 보면 뜻밖의 메시지를 발견하는 일이 종종 생긴다. 그렇다면 어떻게 해야 할까? 그런 내용을 직원에게 전달할까 말까 고민하겠지만 성과 평가의 목적이 직원의 성과를 향상시키는 것이기에 반드시 그 메시지를 전달해야 한다. 뜻밖의 내용이 없으면 좋겠지만 만일 그것을 알게 됐다면 반드시 그것을 끄집어내야 한다. 이 장 맨 뒤에 제시한 평가표 예시를 참고하기 바란다.

문제 해결의 단계

조금만 깊이 생각하면 성과 평가 결과를 보고 성과에 상당한 문제가 있다는 것을 깨달을 수 있을 것이다. 만일 성과를 개선하지 못하면 해고될 위험에 처한 직원이 있다고 하자. 이 문제를 해결하기 위해 관리자와 직원은 모든 유형의 문제 해결 과정, 특히 갈등 해소 과정에서 공통적으로 경험했던 단계를 헤치고 나아가야 할 것이다. 다음의 그림에서 '비방'이 오고 가면서

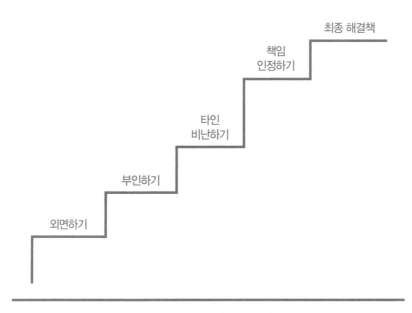

최종 해결책

책임
인정하기

타인
비난하기

부인하기

외면하기

문제 해결의 단계 : 타인 비난하기에서 책임 인정하기로 전환되는 것은 감정적 단계다.

평가가 진행되는 동안과 그 후에 발생할 현상을 뚜렷하게 볼 수 있는데, 기본적으로 이것은 중대한 성과 문제에 대해 서로 어떻게 갈등을 풀어가는지에 관한 좋은 훈련이 된다.

성과 저조자는 자신의 문제를 '강하게 외면하는(ignore)' 경향이 있다. 이때 관리자는 사실과 사례를 확보하여 현실을 보여줄 수 있어야 한다. 만일 직원이 문제의 존재를 수동적으로 외면하기보다 '적극적으로 부인한다(deny)'면 어느 정도의 진전이 있는 것이다. 근거를 제시하면 이 단계를 극복하고 직원이 문제임을 인정하지만 '자신의 문제가 아님을 주장하는(blame others)' 세 번째 단계로 넘어갈 수 있다. 자기방어의 기본적인 수단으로써 다른 사람들을 비난하는 단계에 이르는 것이다. 이런 방어 수단을 써서 자신의 문제를 부정하고 상황 수습에 대한 책임을 회피한다.

이 세 개의 단계는 보통 아주 빠른 속도로 진행된다. 하지만 타인을 비난하는 단계에서 더 이상 진전되지 않고 멈추는 경우가 많다. 만약 직원이 자신의 문제를 인정하지 않고 계속해서 타인을 비난한다면 문제를 해결할 방법은 없다. 문제를 해결하려면 '책임 인정하기(assume responsibility)'라고 불리는 단계로 넘어가야 한다. 문제가 있다는 것뿐만 아니라 그 문제가 자신의 것임을 인정해야 한다. 이런 인정은 곧 더 많은 일이 생긴다는 것을 의미한다. "그게 제 문제라면, 제가 무언가를 해야겠군요. 만약 무언가를 해야 한다면, 그리 유쾌하지는 않을 것이고 제가 할 일이 상당히 늘어난다는 뜻이겠네요." 하지만 책임을 인정하면 최종 해결책(find solution)은 상대적으로 쉬워진다. '타인 비난하기'에서 '책임 인정하기'로 넘어가는 과정은 '감정적 단계'이고 책임을 인정하고 해결책을 찾는 것은 '지적인 단계'이기 때문에 후자가 더 쉬운 것이다.

해결책을 찾는 것은 공동의 과업이지만 직원이 본인의 책임임을 인정하는 단계까지 이르도록 만드는 것은 관리자가 해야 할 일이다. 상사는 각 단계에 어떤 요소가 있는지 계속 파악해야 한다. 부하직원이 계속 부인하고 타인을 비난하는 상태라면 상사가 아무리 해결책을 찾으려 하더라도 소용이 없다. 어느 단계에 있는지 파악하는 것이 상사와 부하직원이 '함께' 단계를 진전시키는 데 도움이 될 것이다.

단계를 진전시킴으로써 발생 가능한 결과는 세 가지이다. 첫째, 직원이 관리자의 평가와 조언을 받아들이고 문제 해결을 '실천'할 것을 약속한다. 둘째, 관리자의 평가는 전적으로 부정하지만 조언은 받아들인다. 셋째, 관리자의 평가에 동의하지 않고 조언도 받아들이지 않는다. 관리자라면 세 가지 중 어떤 것을 문제 해결의 방법이라고 생각해야 할까?

나는 실천에 대한 약속이 있다면 수용할 수 있다고 확신한다. 복잡한 문제는 보편적인 동의를 이끌어내기가 쉽지 않다. 직원이 변화를 실천하겠다고 약속하면 관리자는 그의 말이 진실하다고 가정해야 한다. 여기에서 핵심 단어는 '수용할 수 있다'는 말이다. 물론 관리자와 직원이 모두 문제와 해결책에 동의한다면 더할 나위 없이 좋을 것이다. 그래야 직원이 열정을 가지고 문제를 해결하는 데 전념할 것이라고 확신할 수 있기 때문이다. 따라서 관리자는 어느 정도까지 직원의 동의를 구하도록 노력해야 한다. 하지만 그럴 수 없다면 변화하겠다는 직원의 실천 약속을 수용하라. 감정적 평안함과 운영상의 필요성을 혼동하지 마라. 일이 되게 하려고 다른 사람들을 본인의 의견에 억지로 동의하도록 만들 필요는 없다. 결정된 일련의 행동을 실천하겠다고 약속하게 만들면 그만이다. 자신이 가지 않을 길을 다른 사람이 걸어가기를 바라는 것은 그리 올바른 생각이 아니다. 자신의 심리적 안정이 아니라 직원의 성과에 초점을 맞춰야 한다.

나는 처음으로 진행했던 평가에서 이런 교훈을 얻었다. 나는 부하직원이 나와 같은 관점을 가지도록 무진 애를 썼다. 하지만 그 직원은 내 의견을 따르려 하지 않았고 끝내 나에게 이렇게 말했다. "앤드루, 당신은 저를 설득하지 못할 거예요. 그런데 왜 저를 계속 설득하려는 건가요? 저는 이미 당신이 조언한 것을 실천하겠다고 말한 걸요." 나는 할 말을 잃고 어쩔 줄 몰랐다. 내 고집이 조직 운영을 위한 것이라기보다 내 마음을 편하게 하려는 것이었음을 깨닫는 데까지 오랜 시간이 걸렸다.

부하직원이 타인을 비난하는 단계에서 벗어나지 않으려 한다는 확신이 들면, 관리자의 직권으로 이렇게 말해야 한다. "자네의 상사로서 지시를 내리는 것이네. 자네의 생각이 나와 다르다는 걸 나는 잘 알고 있어. 자네가 맞을 수도 있고 내가 맞을 수도 있지. 하지만 난 자네에게 지시를 내릴 권한이 있어. 이게 자네가 해야 할 일이야." 그런 다음, 직원이 실천을 약속하도록 만들고 그 후에는 그 약속을 얼마나 준수하고 성과를 내는지 모니터링해야 한다.

최근에 내 부하직원 중 하나는 내가 보기에 분석과 깊이가 부족한 성과 평가서(자신의 부하직원에 대한 평가서 − 옮긴이)를 작성했다. 그는 나와의 면담에서 나의 판단에 동의했지만 평가서를 재작성하는 것은 별로 중요하지 않을 것이라고 나에게 말했다. 그 후 더 깊이 이야기를 진행했지만 더 이상 진전되지 못했다. 결국 나는 크게 심호흡을 하고 그에게 말했다. "자네는 평가서를 다시 쓰는 게 별로 가치 없다고 생각하겠지만 나는 다시 쓰길 바라네." 그리고 이렇게 덧붙였다. "자네와 나 사이에 근본적인 차이가 있는 것 같아. 나에게 성과 평가 시스템의 권위는 자네가 생각하는 것보다 더 중요해. 그게 바로 평가서를 다시 작성하라고 말하는 이유이네." 그는 나를 바라보더니 짧게 "좋습니다"라고 말했다. 아마도 그는 내가 지시한 사항을 자기가 별로 중요하게 여기지 않아서 내가 화가 난 모양이라고 생각했던 것 같다. 하지만 그는 평가서를 다시 쓰겠다고 약속했고, 다시 쓴 평가서는 누가 봐도 훌륭했다. 덕분에 그의 부하직원에 대한 훨씬 사려 깊고 완벽한 평가서를 볼 수 있었다. 비록 나와 같은 관점을 갖도록 그를 설득하지는 못했지만 그 결과는 효과적이었다.

우수직원에 대한 평가

　나는 약 20명의 중간관리자와 함께 성과 평가의 원칙을 수립하고 나서 그들에게 한때 받았던 평가를 새로운 기준에 따라 분석해보라고 지시했다. 결과는 내 기대와 달랐지만 거기에서 나는 무언가를 배울 수 있었다.

　그들은 모두 높은 성취도를 보이는 우수직원이었기 때문에 그들이 받은 평가점수는 대부분 아주 높았다. 평가서는 인텔의 일반적인 직원의 것보다 아주 훌륭하게 작성돼 있었다. 하지만 그 내용을 살펴보면 전년도의 성과를 소급하여 평가하고 분석하려는 경향이 나타났다. 평가의 핵심목적이 직원의 미래 성과를 향상시키는 것임에도 불구하고 평가서의 대부분에서 성과를 향상시키거나 현 수준을 유지하기 위해 직원에게 필요한 것을 규명하려는 시도가 전혀 나타나지 않았던 것이다. 관리자들은 우수직원의 훌륭한 성과를 판단하고 '정당화'하려고만 했지 어떻게 하면 더 향상시킬 수 있을지에 관해서는 아무런 관심을 보이지 않았다. 반면 성과저조자에게는 상세하고 세심한 '행동 교정 프로그램(한계상황에 처한 직원을 최소한의 요건을 만족시키는 수준으로 끌어올리는 단계적 방법)'을 제공하면서 그들의 성과를 향상시키는 데 집중하는 경향을 보였다.

　나는 우선순위가 뒤바뀌었다고 생각한다. 우수직원의 성과를 높이는 데 더 많은 시간을 써야 하지 않을까? 우수직원이 조직의 업무수행에 기여하는 비중이 막대한 것이 사실이다. 다시 말해, 스타 직원들에게 집중하는 것이 레버리지가 높은 활동이다. 그들의 성과가 더 높아진다면 그들이 조직의 결과물에 미치는 영향은 매우 클 것이다.

관리자는 우수직원이든 성과저조자든 중요한 사항을 이야기하는 것을 어려워한다. 하지만 한 직원의 성과 수준이 얼마나 뛰어난가와 상관없이 그에게는 항상 향상할 만한 여지가 있음을 명심해야 한다. '20/20 힌드사이트'를 사용하여 우수직원에게도 어떻게 하면 성과를 더 향상시킬 수 있을지를 보여주어야 한다.

그밖의 생각과 실천법

상사에게 평가받기 전에 부하직원에게 '자기평가(self-review)'를 준비하도록 지시하는 것이 좋은 생각일까? 당신이 부하직원이라면 자신의 1년 동안의 업무를 상사가 어떻게 바라볼 것인가를 정말로 알고 싶을 것이다. 만약 자기평가를 해서 그 결과를 상사에게 전달하니 상사는 그저 포맷을 바꾸고 몇 글자 고쳐 쓴 다음 점수를 매겨서 돌려준다면 어떤 기분이 들겠는가? 아마도 무시당한 기분일 것이다. 당신이 상사에게 자신의 성취한 바를 구체적으로 다시 어필해야 하는 상황이라면, 상사는 당신의 성과에 큰 관심이 없다는 뜻이다. 부하직원에 대한 성과 평가는 리더십을 발휘하는 공식적인 행동이다. 평가를 대충하는 상사의 리더십은 부하직원들에게 가식적인 것으로 느껴질 것이다. 따라서 관리자는 자신의 판단에 대한 권위와 품격을 어떤 경우라도 유지해야 한다. 그리고 평가 과정의 정당성과 중요성을 유지하려면 직원의 성과에 대해 솔직한 판단을 내리도록 노력해야 한다.

부하직원이 상사의 성과를 평가하는 것은 어떤가? 나는 좋은 아이디어라고 생각한다. 하지만 관리자의 핵심 업무가 직원의 성과를 평가하는 것임을 직원들에게 명확하게 이해시켜야 한다. 부하직원이 상사를 평가하는 것은 어디까지나 참고사항이라는 뜻이다. 여기서 요점은 '부하직원이 관리자의 리더가 아니다'라는 점이다. 관리자가 부하직원의 리더다. 어떤 상황에서라도 성과 평가가 진행되는 동안 관리자와 부하직원이 동등한 입장에 있다고 간주해서는 안 된다.

서면으로 작성된 평가서를 직원에게 언제 전달해야 할까? 일대일 평가면담 전일까, 아니면 면담 중일까? 혹은 면담이 끝난 후일까? 나는 이 세 가지 시점을 모두 시도해봤다. 각각의 장단점을 살펴보자. 면담을 끝낸 다음에 직원에게 평가서를 전달하면 어떤 일이 벌어질까? 직원은 평가서를 읽어보면서 면담 때는 듣지 못했던 문구를 발견하고 기분이 상하고 말 것이다. 그렇다면 면담 때 서면 평가서를 전달하면 어떨까? 어떤 관리자는 직원에게 평가서를 건네주고 처음 몇 문단을 읽게 한 후에 그에 관하여 이야기를 나눈다고 내게 말했다. 그런 식으로 문단 몇 개씩 묶어서 상사와 부하직원이 평가를 진행한다는 것이다. 나는 이 방법에 문제가 있다고 생각한다. 상사가 부하직원에게 세 번째 문단에서 읽기를 멈추라고 어떻게 말할 수 있을까? 부하직원이 나머지 부분을 계속 읽어나가기를 강하게 원한다면 말이다. 또 다른 관리자는 면담 진행을 본인이 통제하기 위해서 직원에게 평가서 내용을 읽어준다고 한다. 하지만 이때도 문제가 있다. 직원이 평가 점수에 너무나 관심을 가지기 때문에 관리자가 정말로 말하고자 하는 부분엔 집중하지 않을 테니까 말이다. 또한 면담 중에 서면 평가서를 건네주면 직원은 그 내용에 관해 생각할 시간이 충분치 않아서 면담이 끝나면 이렇게 중얼거릴 것이다. "이건

이렇게 대답했어야 하는데, 그건 저렇게 대답했으면 좋았을 것을." 면담을 효과적으로 진행하려면 직원에게 평가서 내용에 대해 생각할 시간을 주어야 한다.

내 경험상 가장 좋은 시점은 일대일 면담 전에 서면 평가서를 직원에게 전달하는 것이다. 그러면 직원은 전체 내용을 읽고 충분히 소화할 수 있다. 여러 '메시지'를 재차 보면서 만족스럽거나 불만스러운 반응을 나타낼 시간을 충분하게 가질 수 있는 것이다. 그렇게 함으로써 직원은 감정적으로 그리고 이성적으로 면담을 준비할 수 있다.

성과 평가를 준비하고 전달하는 것은 관리자로서 수행해야 할 가장 어려운 과업 중 하나다. 그 방법을 배우기 위한 가장 좋은 길은 자신이 받아온 평가 결과를 비판적으로 생각해보는 것이다. 운이 좋은 경우라면 성과 평가 시스템의 권위를 유지하도록 잘 작성된 평가서를 보관하고 공유하는 전통이 있을 것이다. 이런 전통이 없다면, 좋은 평가를 진행하도록 구성원들을 독려할 필요가 있다. 나는 매년 무작위로 100건가량의 평가서를 추출하여 읽어보곤 한다. 나는 각각에 대해 칭찬의 말이나 재작업이 필요하다는 코멘트를 적어 돌려보낸다(다음의 예시 참조). 나는 이러한 일을 최대한 드러나 보이고 떠들썩하게 반복 진행함으로써 인텔의 모든 직원들이 성과 평가 시스템의 중요성을 재차 인식할 수 있도록 한다. 직원에게 줄 수 있는 업무 관련 피드백의 중요성을 강조하는 데 이것보다 적절한 방법은 없을 것이다.

성과 평가서 예시

이름 : 존 도(John Doe)

직무 및 직책 : 자재지원 관리자

평가 대상 기간 : 1982년 2월 ~ 1982년 8월

직무 내용

생산계획 과정 및 제조 명세화 과정 관리

유지보수 및 개발

당기의 성과

생산계획 과정을 금년에 상당히 개선했다. 여러 사 ← 결과물 측정값은
이트를 잘 조정했으며 효과적으로 행정업무를 수행   'good'
했다.

평가(강점 영역 및 개선 필요 영역)

존은 2월에 자재지원 부서로 이동했다. 그가 이 부서
로 이동하는 시점에 생산계획 과정은 몇 가지 어려
움이 있었다. 존은 매우 빠르게 적응했고, 전임자에
게도 아주 효과적으로 업무를 인계받았다.

제조 명세화 과정에서 존은 좋은 성과를 거두지 못
했다. 노력하긴 했지만 결과는 만족스럽지 못했다.
나는 두 가지 원인 때문이라고 생각한다.

- 존은 목표를 명확하고 간명하며 구체적으로 정의하지 못한다. 좋은 목표와 핵심결과를 수립하는 데 어려움을 느낀다는 것이 단적인 예다. 또 다른 예는 3월에 그가 제조 명세화 시스템에 대해 지나치게 감상적인 결론을 내렸다는 것이다. 그래서 제조 명세화 시스템이 어디에 있고 그것이 어떻게 운영될지를 명확하고 완벽하게 알지 못하는 상태다. 구체적인 목표가 없어 목표를 달성하지 않았는데도 '그것에 계속 노력한다'는 함정에 빠지기 쉽다. 이것이 바로 두 번째 문제로 이어진다. ← 내부적 측정값은 '미흡'
- 존은 회의를 하면 일이 진전이 된다고 여기는 것 같다. 예를 들어, 제조 명세와 관련된 교육업무에서 그런 모습을 나타냈다. 존은 회의가 아니라 어떤 구체적인 결과를 본인이 달성해야 하는지 정의하는 데 좀 더 많은 노력을 기울여야 한다. ← 사례로 증명한 문장

재무 분야에서 쌓은 존의 경력은 여러 업무 분야에 정말로 도움이 됐다. 예를 들어, 존은 자발적으로 구매부서가 가진 재무상의 문제를 해결하도록 도왔다. 그런 노력은 그의 업무 범위를 넘어서는 것이었다. ← 칭찬을 하려면 구체적인 사례가 있어야!

존은 승진하길 원한다. 이번에는 아니지만 그의 능력이 언젠가 승진하기에 충분할 것이라고 생각한다. 하지만 승진하려면 존은 제조 명세화 시스템과 같은

복잡한 프로젝트를 수행할 줄 알아야 하고 성과를 내야 한다. 그러려면 문제를 명확하고 간명하게 구분하고, 목표를 설정하며, 그 목표를 달성할 방법을 수립할 수 있어야 한다. 존은 이 모두를 거의 혼자 힘으로 성취해야 할 것이다. 필요하면 내가 도와줄 수 있지만 존이 주도해야 한다. 독립적으로 이 모두를 수행할 수 있다는 걸 보여주어야만 승진할 수 있다.

> 어떻게 해야 성과를 향상시킬 수 있는지를 보여주려는 의도

요약하면, 존은 현재의 직무를 잘 수행한다. 하지만 재무 부서에 있다가 생산 부서로 보직이 이동되면서 어려움을 겪고 있다. 나는 계속해서 그를 도울 것이다. 특히 목표 설정과 달성 방법 수립에 대해서 말이다. 자재지원 부서에서 존의 성과는 '요건에 부합된다'로 평가된다. 향후에 개선이 절대적으로 필요하다.

평가

( ) 요건에 부합되지 않는다.　( ) 요건에 부합된다.
( ) 요건을 넘어선다.　　　　( ) 매우 탁월하다.

> 상호 체크와 균형 유지를 위해 승인 관리자와 매트릭스 관리자를 추가함

직속 관리자 : _____　　날짜 : 1982년 8월 10일
승인 관리자 : _____　　날짜 : 1982년 8월 15일
매트릭스 관리자 : _____　　날짜 : 1982년 8월 10일
인사팀장 : _____　　날짜 : 1982년 8월 18일
피평가자 : 존 도 _____　　날짜 : 1982년 8월 22일

> '이중보고'의 좋은 사례 : 자재 관리자 위원회의 장과 함께 참여하여 평가가 이루어짐

> 피평가자의 사인은 평가서를 받았다는 것을 뜻하지 그가 평가 결과에 동의했다는 뜻은 아니다.

가장 어려운 임무 : 면접과 퇴사 만류

감정적으로 어려운 일이지만 관리자가 수행해야 할 두 가지 임무가 있다. 그것은 잠재적 직원(즉 채용 지원자)을 면접하는 것이고 그만두려는 우수직원을 설득하는 것이다.

면접을 볼 때

면접의 목적은 다음과 같다.

- 성과가 우수한 직원을 선별한다.
- 지원자에게 회사가 어떤 기업인지 알린다.

- 서로 부합하는지를 판단한다.
- 지원자에게 해당 업무를 수행하도록 한다.

관리자가 쓸 수 있는 방법은 보통 한두 시간 면접을 진행하고 지원자의 이력을 살펴보는 것이다. 가까이에서 일하는 모습을 오랫동안 관찰해도 직원의 지난 실적을 평가하는 것은 어려운 일이다. 그런데 어떤 사람을 자리에 앉혀 놓고 1시간 안에 그가 완전히 새로운 환경에서 얼마나 잘 업무를 수행할지 판단해야 한다니! 성과 평가가 어려운 일이라면 면접은 불가능에 가까운 일이다. 물론 면접이 아무리 어렵다 하더라도 그것 외에 달리 선택의 여지가 없는 것 또한 사실이다. 하지만 면접 실패의 리스크가 높다는 점을 미리 인식해야 한다.

지원자의 잠재적 성과를 평가하기 위한 또 하나의 방법은 지원자의 전 직장에 있는 자의 '레퍼런스 체크(reference check)'를 통해 지원자의 과거 성과를 조사하는 것이다. 하지만 완전히 모르는 사람에게서 레퍼런스 체크를 받는 경우가 많다. 또한 그 사람이 지원자에게 대해 자유롭게 의견을 이야기한다 하더라도 면접관은 지원자의 전 직장 상황을 잘 알지 못하기 때문에 별 의미가 없을 수도 있다. 게다가 완전히 거짓말은 아니겠지만 레퍼런스 체크를 해 주는 사람은 지원자에 대해 비판적인 언급은 되도록 피하려고 한다. 그렇기 때문에 면접 없이 레퍼런스 체크만으로는 지원자를 제대로 판별하기 어렵다.

면접 진행하기
면접 시간의 80%를 지원자가 말하게 하고 면접관은 지원자의 말을 주의

깊게 들어야 한다. 적극적인 경청자가 되어야 한다. 1시간 동안 경청하겠다고 다짐해야 한다. 면접관이 질문을 던지면 수다스럽거나 초조한 지원자는 답변을 길게 하려고 할 것이다. 예의를 지키려고 가만히 앉아 답변이 끝날 때까지 기다리지 말고 답변을 중지시켜야 한다. 그러지 않으면 면접관의 유일한 자산인 면접 시간을 낭비하게 되어 충분한 정보와 통찰을 얻기가 더욱 어려워진다. 따라서 지원자가 옆길로 새면 재빨리 그를 바로 잡아야 한다. 필요하다면 사과를 하고 이렇게 말하라. "이야기 주제를 X, Y, 혹은 Z로 바꾸면 좋겠네요." 면접을 통제하는 사람은 면접관이다. 통제를 못한다면 그 책임은 모두 면접관이 져야 한다.

면접관과 지원자 모두에게 친숙한 주제로 이야기를 진행한다면 가장 효과적인 면접이라 말할 수 있다. 지원자는 자신에 관한 사항과 여러 경험들, 잘 완료했거나 그렇지 못했던 일들에 관해 이야기해야 한다. 그런 이야기들은 면접관에게 친숙한 용어로 이루어져야 하는데, 그래야 각각의 중요성을 파악할 수 있기 때문이다. 간단히 말해, 사용되는 단어의 의미가 면접관과 지원자 모두에게 일치해야 한다는 것이다.

면접에서 이야기를 나눠야 할 주제는 무엇일까? 인텔의 관리자들은 가장 좋은 질문을 이렇게 꼽는다.

- **높은 평가를 받았던 프로젝트들, 특히 당신의 직속상사보다 위의 경영진들이 높게 평가한 프로젝트가 있다면 말씀해주십시오.**
- **당신의 약점은 무엇인가요? 약점을 극복하기 위해 어떤 노력을 하고 있나요?**
- **왜 우리 회사가 당신을 채용해야 하는지를 설득해보세요.**

- 현재 당신이 직면한 문제는 무엇입니까? 그것을 해결하기 위해 어떻게 하고 있나요? 그 문제가 표면으로 드러나기 전에 했어야 할 일은 무엇이라고 생각하나요?

- 새로운 직무에 준비가 되어 있다고 생각하는 이유가 무엇인가요?

- 지금까지 가장 중요한 성취는 무엇이라고 생각합니까? 그것이 당신에게 중요한 이유는 무엇인가요?

- 지금까지 가장 중대한 실패는 무엇이라고 생각합니까? 그 실패에서 무엇을 배웠습니까?

- 마케팅 직위에 엔지니어를 뽑아야 하는 이유를 무엇이라고 생각합니까?
  (상황에 따라 다르게 변형하여 질문하라)

- 대학 때 당신에게 가장 중요한 과정이나 프로젝트는 무엇이었습니까? 왜 그것이 그토록 중요한가요?

이 질문들은 네 개의 카테고리로 깔끔하게 분류할 수 있다. 첫 번째는 지원자의 '기술적 지식(technical knowledge)'을 묻는 질문이다. 이는 공학적 혹은 과학적 지식이 아니라, 지원자가 자신이 원하는 직무에 대해 무엇을 아는지, 즉 스킬 수준을 알기 위한 질문이다. 회계사에게 기술적 지식은 회계에 대한 이해이고, 세무사에게는 세법이며, 보험계리인에겐 통계학과 보험 통계표 사용법이다. 두 번째는 지원자가 자신의 스킬과 기술적 지식을 사용하여 이전의 직무를 어떻게 수행했는지를 평가하는 질문이다. 다시 말해, 지원자가 아는 것 자체가 아니라 아는 것을 바탕으로 무엇을 했는지를 알기 위함이다. 세 번째는 지원자가 알고 있는 것과 수행한 것, 그의 능력과 성과와의 불일치가 발생한 이유를 알기 위한 질문이다. 마지막으로 네 번째는 지원자가 어떤 조직가치를 가지고 직무에 임하게 될지를 파악하는 질문이다.

앞의 질문들을 네 가지 카테고리로 분류하면 다음과 같다.

1. 기술적 지식·스킬
- 수행했던 프로젝트에 관한 질문
- 약점에 대한 질문

2. 지식을 바탕으로 수행한 것
- 과거의 성취에 대한 질문
- 과거의 실패에 대한 질문

3. 능력과 성과와의 불일치
- 실패로부터 배운 것에 관한 질문
- 현재 겪고 있는 문제에 관한 질문

4. 조직가치
- 새로운 직무를 수행할 준비가 됐는지에 관한 질문
- 채용해야 하는 이유에 관한 질문
- 마케팅 직위에 엔지니어를 뽑아야 하는 이유에 관한 질문
- 대학 때 가장 중요했던 과정과 프로젝트에 관한 질문

면접의 궁극적인 목적은 지원자가 새로운 환경에서 얼마나 능력을 발휘할지를 판단하는 것이다. 이것은 앞에서 성과 평가에 대해 강조했던 원칙, 즉 '잠재성'의 함정에 빠지지 말라'는 원칙과 배치된다. 채용시에는 잠재적 기여를 판단해야만 한다. 면접관은 면접을 진행하는 동안 자유롭게 지원자

의 과거와 현재를 넘나들어야 하고 지원자의 과거 성과에 대한 설명을 기초로 새로운 환경에서 미래에 달성할 성과를 추측해야 한다. 관리자의 업무로서 이는 분명 까다롭고 리스크가 큰일이지만 피할 방법이 없다.

지원자의 자기평가에 휘둘리기가 쉽다는 점도 유의해야 한다. 하지만 질문의 방향을 정하기 위해 직접적인 질문을 이끌어내는 것은 나쁜 방법이 아니다. 예를 들어 면접관이 "당신은 얼마나 기술적으로 탁월한가요?"라고 묻는다면 지원자는 잠시 생각하다가 목소리를 가다듬고 조심스럽게 말할 것이다. "글쎄요. 저는 상당히 탁월하다고 생각합니다." 이런 답변을 통해 면접관은 지원자가 실제로 얼마나 능력이 있는지를 이해할 수도 있을 것이다. 직설적으로 말할까 봐 걱정하지 마라. 직접적으로 질문해야 직접적인 답을 얻을 수 있다. 직접적인 대답을 듣지 못한다 해도 직접적인 질문을 던짐으로써 지원자에 대한 다른 통찰을 얻어낼 수 있다.

지원자가 가상의 상황을 어떻게 대처하는지를 살피는 것도 효과적인 방법이다. 나는 인텔의 원가회계 부서에서 일할 사람을 인터뷰한 적 있다. 그는 하버드에서 MBA를 취득했고 식품 서비스 산업에서 경력을 쌓았다. 그는 반도체 비즈니스에 대해 아무것도 알지 못했고 나는 재무에 관해 문외한이었기에 우리 둘은 원가회계 직무에서 필요한 기술적 능력에 관하여 세부적인 내용을 서로 이야기할 수 없었다.

나는 그에게 반도체 제조 과정을 단계별로 일러주기로 했다. 모르는 게 있으면 그에게 물어보라고 한 후에, 나는 그에게 웨이퍼의 최종 원가가 얼마일지 질문했다. 그는 몇 가지 질문을 하더니 잠시 문제를 숙고했다. 그는 기본적인 반도체 원가회계 원리를 통해 방법을 인터뷰 도중에 생각해냈고 결국 올바른 답에 도달했다. 그는 채용됐다. 이런 테스트가 그의 문제 해결 능력이 최고임을 보여주었기 때문이다.

인터뷰에서 사용할 수 있는 또 하나의 방법이 있는데, 그것은 지원자에게 질문하도록 하는 것이다. 지원자는 면접관에게 질문을 던짐으로써 자신의 능력, 스킬, 가치를 상당히 어필할 수 있다. 지원자에게 회사나 직무에 대해 알고 싶은 것이 있는지 물어라. 그가 던지는 질문은 그가 회사에 대해 이미 알고 있는 게 무엇인지, 무엇을 더 알기를 원하는지, 얼마나 면접을 잘 준비했는지를 면접관에게 일러준다. 하지만 이것 역시 완벽한 방법은 아니다. 한번은 어느 관리자와 면접을 한 적이 있는데, 그는 인텔의 연례보고서를 들고 면접장에 들어섰다. 연례보고서를 이미 매우 세심하게 읽은 그는 나에게 핵심을 찌르는 질문들을 던졌는데, 사실 나는 질문 대다수를 답변할 수 없었다. 나는 깊은 인상을 받았고 그를 고용했다. 하지만 그는 업무에는 젬병이었다. 다시 강조하지만, 면접은 리스크가 높은 일이다.

레퍼런스 체크에 대해 알아둘 마지막 요점. 레퍼런스 체크를 하는 이유는 지원자에게서 직접적으로 얻어내지 못했던 정보를 확보하기 위해서다. 레퍼런스(레퍼런스 체크를 해주는 사람 – 옮긴이)와 개인적으로 아는 사이라면, '진짜' 정보를 얻을 가능성이 매우 클 것이다. 아는 사이가 아니라면, 레퍼런스와 개인적인 관계가 형성될 정도로 충분히 오랫동안 전화로 이야기를 나누어라. 공통적인 취미를 알아냄으로써 유대감을 형성하면 레퍼런스는 면접관에게 더욱 개방적으로 나올 것이다. 내 경험에 따르면, 레퍼런스와의 30분간 통화에서 마지막 10분이 처음의 10분보다 훨씬 가치가 있다.

가능하다면 레퍼런스 체크를 한 후에 새로운 관점을 가지고서 지원자를 다시 만나보라. 이러한 후속 면접을 통해 초점이 더욱 뚜렷한 이야기를 나눌 수 있을 것이다.

트릭을 사용하는 것은 어떤가? 미 해군의 핵잠수함 프로그램에 들어가려고 했던 누군가로부터 들었던 이야기가 가장 좋은 예다. 리코버(Rickover) 제독은 각 지원자와 개인적으로 면접을 진행했는데 다리가 세 개뿐인 의자에 지원자를 앉히는 트릭을 썼다. 의자가 넘어지면서 지원자는 마룻바닥에 나가떨어지기 마련이다. 리코버는 이런 트릭이 당황스러운 상황에 대처하는 능력을 평가하는 방법이라고 생각했다.

하지만 나는 면접은 정직해야 한다고 생각한다. 지원자는 잠재적 직원임을 명심하라. 그는 처음의 인상을 가슴 속에 강하게 담고서 면접장을 떠날 것이다. 그 처음의 인상이 나쁘다면 그를 채용한다 해도 인상이 지워지기까지 오랜 시간이 걸릴 것이다. 따라서 회사의 상황을 있는 그대로 보여주어야 한다는 점을 기억하라.

면접의 성공을 보장하는 방법이 과연 존재할까? 몇 년 전에 나는 인텔의 고위직에서 일할 사람을 면접한 적이 있다. 나는 가능한 한 조심스럽고 신중하게 이 면접을 진행했다. 나는 그 사람의 스킬, 과거 성과, 가치 등이 매우 마음에 들어서 그를 채용했다. 하지만 첫 출근일부터 그는 골칫거리였다. 나는 의기소침해져서 면접 기록과 레퍼런스 체크 때 나눴던 대화를 모두 살펴보았다. 하지만 지금까지도 내가 왜 그 사람의 상당히 큰 결점을 발견하지 못했는지 모르겠다. 아무리 주의를 기울여 면접을 진행하더라도 아무것도 보장하지 못한다. 행운을 얻을 확률을 조금 늘려줄 뿐이다.

직원이 그만둘 때

관리자로서 내가 가장 두려워하는 일은 매우 유능한 직원이 그만두겠다고 말하는 것이다. 여기서 내가 말하는 직원은 다른 회사에서 더 많은 돈과 보상을 준다고 떠나려는 자가 아니라 자신의 일에 헌신적이고 충성도가 높지만 인정받지 못한다고 생각하는 사람을 뜻한다. 그런 직원을 잃고 싶은 관리자는 없을 것이다. 회사를 그만두겠다는 결정은 관리자로 하여금 스스로를 돌아보게 한다. 만약 직원이 자신의 노력을 아무도 인정하지 않는다고 느낀다면, 관리자는 임무를 다하지 못한 것이고 관리자 역할에 실패한 것이다.

직원이 그만두겠다는 말을 꺼내는 시점은 보통 한창 업무가 진행될 때다. 중요한 미팅에 참석하러 가는 길에 직원이 다가와서 목소리를 낮추며 "시간 좀 있나요?"이라고 묻는다. 그러고는 회사를 그만두겠다고 속삭인다. 관리자는 놀란 눈으로 직원을 바라본다. 관리자의 첫 반응은 괴로움 그 자체일 것이다. 관리자는 미팅에 참석해야 하니까 나중에 이야기하자고 중얼거린다. 거의 모든 경우, 직원들은 자신이 관리자에게 중요한 사람이 아니라고 느끼기 때문에 그만두려고 한다. 그만두겠다는 말에 대한 첫 반응을 제대로 하지 못하면 직원의 느낌(자신이 중요한 사람이 아니라는 느낌)을 확신시키고 그만큼 상황을 되돌리기가 요원해진다.

하던 일을 중단하라. 그를 자리에 앉히고 그만두려는 이유를 물어라. 그가 말하도록 하되 직원과 논쟁을 벌이지 마라. 내 말을 믿어라. 그 직원은 몇 날 밤 잠을 못자면서 자신의 말을 수없이 연습했을 것이다. 직원이 회사를 떠나려는 이유(별로 유쾌하지 않은 이유일 것이다)를 모두 말하고 나면 그에게 질문을 던져라. 이때도 역시 그가 말하도록 하라. 준비해둔 말을 다 하고 나면 진짜 문제가 튀어나올 수 있기 때문이다. 논쟁하지 마라. 가르치지 마라. 허둥대지 마라. 지금은 아직 탐색전이지 전쟁은 아니라는 점을 명심하라. 전쟁을 벌이면 이기기는커녕 질 수밖에 없다! 그가 얼마나 중요한 존재인지를 설득하고 그를 정말로 괴롭힌 것이 무엇인지 찾아내야 한다. 직원의 마음을 바로 돌리려고 하지 말고 대신 시간을 벌어라. 그가 하고 싶은 말을 다 하면, 이후에 다시 만나서 이야기를 나눌 수 있는 시간을 요청하라. 하지만 관리자는 자신이 취하기로 한 조치를 이행해야 한다는 점을 명심하라.

그 다음에는 어떻게 해야 할까? 이는 중요한 문제이기 때문에 상사를 찾아가서 도움과 조언을 구하라. 상사 역시 중요한 회의에 참석하러 가는 길일지 모른다. 그도 나중에 이야기하자고 미룰 텐데, 관심이 없기 때문이 아니라 이런 상황은 상사보다 관리자 자신에게 더 많은 영향을 끼치기 때문이다. 결국 그만두기로 결심한 사람은 관리자의 부하직원이니까 말이다. 상사가 이 문제에 관심을 갖도록 하고 해결책에 조언하도록 만드는 것은 관리자 본인에게 달렸다.

다음에 발생할 상황에서는 '기업 시민의식(corporate citizenship)'이 상당히 중요한 역할을 발휘할 것이다. 그만두겠다는 직원이 회사에서 가치 있는 존재라면 온갖 수단과 방법을 사용하여 그를 회사에 붙잡아두어야 한다. 비록 그를 다른 부서로 이동시키는 한이 있어도 말이다. 만약 그렇게 해서 문제를 해결할 수 있다면 관리자는 모든 것이 잠잠해질 때까지 해결책 수행의 '프로젝트 관리자'가 되어야 한다. 왜 회사를 그만두려는 직원을 붙잡아야 하는지 의문일 수도 있다. 그 이유는 바로 '관리자는 회사를 위해 직원을 붙잡아두기로 회사와 약속했다'는 기본적 원칙 때문이다. 오늘 관리자가 회사를 위해 유능한 직원 하나를 붙잡아두면 내일 그는 자신이 받은 혜택을 관리자에 돌려줄 것이다. 장기적으로 모든 관리자들이 자신의 몫을 잘 해내면 모두에게 윈윈일 것이다.

관리자가 해결책을 들고 직원을 찾는다. 그만두려는 진짜 이유에 대해서 회사가 그에게 보답으로 제공할 혜택이 바로 해결책이다. 이렇게 하면 직원은 자신이 관리자에게 중요한 사람임을 알게 되지만, 새로운 혜택(직위나 업무, 보상)은 이미 오래전에 자신에게 주어졌어야 한다고 말할지 모른다. 또한 자신이 그만두겠다고 하니까 이제야 이런 혜택을 주는 것이냐고 항변할 수도 있다. "만일 제가 계속 회사를 다니기로 한다면, 팀장님은 내내 저를 협박꾼으로 생각하겠죠?"라고 말하면서 말이다.

관리자는 새로운 조치와 관련하여 직원의 마음을 편안하게 해줘야 한다. 이렇게 말하면 어떨까? "자네가 협박했다고 아무도 생각하지 않는다네. 자네가 그만두겠다고 말하고 나서야 회사가 얼마나 잘못했는지 깨달았어. 진작에 했어야 할 조치를 취하는 것뿐이라네."

그런데 직원은 이미 새 직장으로 들어가기로 약속했기에 되돌릴 수 없다고 대답할지 모른다. 그래도 관리자는 그가 이직을 포기하도록 만들어야 한다. 두 가지 약속을 한 셈이라고 그에게 말하라. 하나의 약속은 잘 알지 못하는 미래의 고용주와의 약속이고 다른 하나의 약속은 현재의 고용주와의 약속이다. 매일 함께 일했던 사람과의 약속이 만난 지 얼마 안 된 사람과의 약속보다 훨씬 강하다는 점을 설득하라.

다시 말하지만, 이런 일은 직원에게나 관리자에게나 쉽지 않다. 하지만 관리자는 최선을 다해야 한다. 왜냐하면 그가 회사의 이익에 큰 영향을 끼칠 뿐만 아니라, 단지 한 명의 유능한 직원을 보유하는 것 이상으로 중요한 의미가 있기 때문이다. 그 직원이 유능하고 중요한 이유는 그를 그렇게 만드는 속성을 그가 가지고 있기 때문이다. 따라서 다른 직원들은 그를 존경하기 마련이고, 그런 이유로 그를 자신들과 동일시한다. 따라서 그처럼 유능한 다른 직원들은 그의 뒤를 따르려고 할 것이다. 그러니 회사에 대한 직원들의 직업 윤리와 헌신은 그 사람의 결정에 달려 있다고 해도 과언이 아니다.

피드백을 통한 보상

매슬로의 각 욕구 단계에서 돈은 중요한 요소로 작용한다. 사람들은 생리적 욕구와 안전 욕구를 만족시키기 위해 음식을 구입하거나, 집을 마련하거나, 보험에 가입하는데 그러려면 돈이 필요하다. 그보다 높은 욕구 단계로 이동하면 돈은 경쟁적인 환경 속에서 자신의 가치를 측정하는 척도로 의미를 지니기 시작한다. 앞에서 나는 누군가에게 돈이 어떤 역할을 하는지를 알아보는 간단한 테스트를 설명한 바 있다. 연봉 인상의 '절대적' 금액이 중요하다면, 그 사람은 아마도 생리적 혹은 안전 욕구에 따라 동기가 생기는 자일 것이다. 반면 인상액의 '상대적' 크기(즉 타인과 비교해 얼마나 많은가)를 중시한다면, 그는 자아실현 욕구에 의해 동기가 부여되는 사람일 것이다. 그에게 돈은 필요요소가 아니라 측정도구이기 때문이다.

보상 수준이 높아질수록 돈의 증가액이 가지는 물질적 유용성은 점점 줄어들 것이다. 내 경험에 따르면 중간관리자들은 보통 돈이 결정적으로 중요한 물질적 요소가 아닐 정도로 충분히 보상을 받지만, 그렇다고 해서 돈이 아무런 의미가 없는 것은 아니다. 물론 돈에 대한 중간관리자의 욕구는 자녀 수, 배우자의 맞벌이 여부 등 개인이 처한 상황에 따라 매우 다를 수 있다. 관리자는 직원의 돈에 대한 다양한 욕구에 큰 관심을 가져야 하고 공감하는 모습을 보여야 한다. 관리자 자신의 상황을 그들에게 투영시키는 일이 없도록 특히 주의해야 한다.

관리자의 관심은 직원에게 높은 성과를 끌어내는 것이다. 그렇기 때문에 관리자는 '업무 관련 피드백'의 도구로서 돈을 지출하고 할당하고 사용해야 한다. 그렇게 하려면 보상은 성과에 확실히 연계되어야 한다. 하지만 이미 살펴봤듯이 성과를 정확하게 평가하기란 매우 어렵다. 일의 분량에 따라 중간관리자에게 돈을 지급할 수 없기 때문에 그의 직무는 단순히 결과물만으로 정의될 수 없다. 또한 그의 성과는 팀 전체의 성과에 걸쳐져 있기 때문에 중간관리자 개인의 성과에 직접적으로 연계된 보상 방식을 설계하기가 어렵다.

하지만 절충할 수 있는 방법이 있다. 중간관리자의 성과에 대한 보상의 일부를 '성과급(performance bonus)'으로 설정하면, 중간관리자의 총보상액에서 성과급이 차지하는 비율은 총보상액에 맞춰 올라가야 한다. 따라서 높은 보상을 받는 고위관리자들, 즉 돈의 절대적 크기가 서로 큰 차이가 없는 고위관리자들의 성과급 비중은 50% 정도로 높아야 한다. 반면 중간관리자의 성과급 비중은 총보상액에 따라 10~25%의 범위로 설정되어야 한다. 이런 보상 정책은 실제 상황에 따른 여러 변동 요인 때문에 적용하는 데 어려움이 따르긴 하지만, 적어도 업무 관련 피드백의 도구로서 의미가 있다.

성과급 체계 설계시 고려할 점

성과급 체계를 설계하려면 여러 가지 문제를 고려해야 한다. 대부분의 성과가 팀에서 나오는지, 아니면 개개인의 업무에서 따로따로 산출되는지를 알아야 한다. 만약 전자의 경우라면 누가 팀을 구성했는지를 알아야 한다. 또한 그 팀의 단위가 프로젝트 팀인지, 사업부인지, 아니면 회사 전체인지 파악해야 한다. 그리고 성과급의 대상 기간을 설정할 필요도 있다. 보통 성과의 원인과 결과 사이에 시간차가 있긴 하지만, 성과급은 직원이 왜 그런 보상을 받았는지 기억할 수 있도록 업무가 행해진 시기와 가능한 한 가까운 시점에 지급되어야 한다. 또한 성과급이 명확한 수치(예 : 재무적 성과)나 측정 가능한 목표 달성치에 따라 엄격히 정해져야 하는지, 아니면 마치 미인대회처럼 주관적인 요소에 따라 결정해야 하는지도 고려해야 한다. 물론 회사가 파산할 정도로 돈을 퍼주는 성과급 체계를 설계하면 곤란하다.

이 모든 사항을 고려한다 해도 성과급 결정 방식이라는 복잡한 문제에 봉착할 것이다. 관리자의 성과급을 결정할 때 세 가지 요소를 고려할 수 있을 텐데, 첫 번째 요소는 상사의 평가에 근거한 관리자 개인의 성과일 것이다. 두 번째는 그가 관리하는 직속팀의 객관적 성과이고, 세 번째 요소는 회사 전체의 재무적 성과일 것이다. 예를 들어, 관리자의 성과급 비중이 20%라면 이를 세 개로 구분하여 세 가지 요소 각각을 반영하는 식으로 성과급을 결정할 수 있다. 어떤 성과급 체계든 완벽하지는 않겠지만 성과급 체계가 있어야 성과를 강조할 수 있고 업무 관련 피드백을 줄 수 있다.

기본급 체계 방식

이제 기본급 체계에 대해 살펴보자. 기본급을 결정하는 방식에는 두 가지가 있다. 하나는 경력만으로 결정하는 것이고, 다른 하나는 성과만으로 결정하는 것이다. 경력만으로 결정하는 방식에서 직원의 기본급은 특정 직위에서 근무한 시간에 따라 인상된다. 하지만 여기에서 알아두어야 할 핵심 포인트는 어떤 직무라 하더라도 가치의 한계점이 있다는 점이다. 그림에서 보듯이 특정 시기에 이르면 기본급은 더 이상 인상되지 않는다.

성과만으로 결정하는 방식을 따르면 기본급은 경력과 무관하다. 이것은

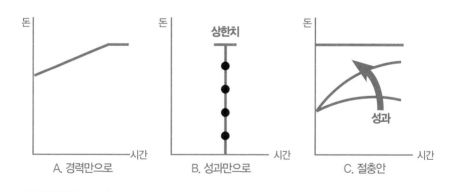

기본급 결정 방식은 두 가지가 있는데, 대부분은 절충안을 사용한다.

"나는 당신이 대학 중퇴자이든 20년 경력의 직원이든 상관하지 않겠소. 나는 그저 당신이 이 직무에서 얼마나 성과를 보이는지만 관심이 있소"라고 말하는 것과 같다. 물론 여기에서도 마찬가지로 상한치가 존재한다. 그러나 현실에서 잘 지켜지지 않는 경우가 종종 있다. 모든 직무에는 더 이상 기본급을 인상해서는 안 되는 상한치가 있다는 걸 잘 알아도 경영자가 계속해서 올려주는 탓에 지나치게 많은 보상을 받는 개인이 존재하기 마련이다.

많은 기업에서 기본급을 경력으로만 결정한다. 일본의 대기업들은 가장 높은 생산성을 발휘하는 기간인 입사 후 10년 동안 성과에 따른 개인별 보상 차등을 허용하지 않는 경향이 있다. 이와 마찬가지로, 협동조합이나 대부분의 정부기관도 경력만으로 기본급을 결정하는 방식을 따른다. 이것이 공정한지의 문제는 차치하고 이런 기본급 정책이 주는 메시지는 '성과가 그리 중요하지 않다'는 것이다. 학교 교사를 예로 들어보자. 훌륭한 교사라 하더라도 경력이 같으면 불량한 교사와 똑같은 연봉을 받는다. 교사를 평가하는 방식은 보상과 연결되는 경우가 흔하지 않다.

마찬가지로 성과만으로 기본급을 결정하는 방식 역시 실용적이지 못하다. 개인의 경력을 무시하고 공정한 연봉을 지급하기란 매우 어렵다. 따라서 대부분의 기업들은 앞의 그림에서 보듯이 두 가지 방식을 절충한다. 곡선의 모양이 경력만으로 결정하는 방식과 유사하지만, 동일한 기본급 수준에서 시작한 사람들이 각자의 성과에 따라 '다른 속도'로 다른 위치에 도달하는 모습을 볼 수 있다.

이 세 가지 방식 중에서 경력만으로 결정하는 방식이 분명 가장 관리하기가 쉽다. 직원이 기본급 인상에 불만을 가진다면, 그에게 그가 일한 기간을 보여주기만 하면 그만이다. 즉 그가 그 직무에 X만큼의 기간을 일했다면 그 기간에 해당하는 기본급인 Y를 보여주는 것이다. 성과만으로 결정하는 방식이나 두 가지를 절충하는 방식을 운영하는 상사라면 한정적인 자원인 돈을 부하직원에게 할당하는 일에 꽤나 신경을 많이 써야 한다. 이런 방식을 적용하고자 한다면 경쟁적이고 비교 가능한 개인별 평가가 필요하다는 원칙(관리자를 골치 아프게 만드는 원칙)을 받아들여야 한다.

승진의 의미

성과 기반의 보상정책은 1등이 있다면 꼴찌도 있다는 점을 수용하지 않는다면 제대로 작동될 수 없다. 미국인은 스포츠 경기의 경쟁 순위를 자연스럽게 받아들인다. 경기에서 꼴찌로 들어온 자라 해도 '당신은 꼴찌야'라고 일러주는 스포츠 경기의 속성에 불만이 없다. 하지만 불행히도 기업 조직에서 경쟁 순위는 매우 중요하지만 받아들이기도 관리하기도 어려운 문제다. 그러나 연봉이 성과를 향상시키는 수단이 되려면 경쟁 순위는 필수적이다.

개인에게 직무의 본질적 변화라고 말할 수 있는 승진은 조직을 건강하게 유지하는 데 매우 중요하기 때문에 그 운영에 상당히 많은 신경을 써야 한다. 개인의 입장에서 승진은 큰 폭의 연봉 인상을 뜻한다. 앞에서 살펴봤듯이, 누가 승진하는가는 구성원에게 항상 노출되기 마련이라서 승진은 회사 전체에 가치 시스템을 소통하는 데 매우 중요한 역할을 담당한다. 승진은 반드시 성과에 근거해야 한다. 그렇게 해야만 성과의 의미를 강조하고 계속 유지할 수 있다.

승진제도를 운영하려면 '피터의 법칙(Peter Principle)'을 고려해야 한다. 피터의 법칙은 이런 뜻이다. '누군가가 일을 잘 하면 승진한다. 그는 무능함을 보이는 수준에 이를 때까지 승진하고 거기에서 멈춘다.' 피터의 법칙은 잘 그린 캐리커처처럼 성과 기반의 승진제도를 운영하는 조직에서 실제로 벌어지는 모습을 포착하고 있다.

아래의 그림을 보면서 누군가의 승진을 따라가보자. 점 A에서 직무 1의 요구가 그에게 부과되고 평균 수준의 성과를 나타낸다면 그는 성과 평가에서 '요건에 부합된다'라는 평가를 받는다. 이 시기가 지나자 그가 좀 더 많은 교육을 받고 좀 더 동기가 높아져서 평균 이상의 성과를 내어 해당 직무에서

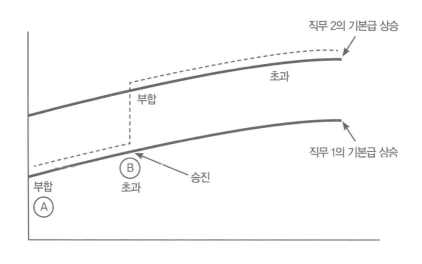

회사원은 회사를 다니는 동안 '요건에 부합한다'와 '요건을 초과한다'라는 평가를 반복적으로 경험한다.

'요건을 초과한다'는 평가를 받으면, 그는 직무 2로 승진된다. 여기에서 처음에서 '요건에 부합한다'는 수준이다가 경력이 쌓이면서 다시 해당 직무의 '요건을 초과한다'는 평가를 받을 것이다. 이런 방식으로 그는 승진을 거듭하면서 주기가 반복된다. 이렇게 성취도가 높은 사람이라면 '요건에 부합한다'와 '요건을 초과한다'를 왔다 갔다하며 승진할 것이고, 이러한 반복은 결국 그가 더 이상 '요건을 초과한다'는 평가를 받지 못해서 승진할 수 없을 때까지 이어진다. 이것이 바로 피터의 법칙이 작용하는 과정이다.

이런 승진 방식에 대한 대안이 있을까? 나는 없다고 생각한다. 직무 1에서 '요건을 초과한다'는 평가를 받았음에도 점 B에 있는 사람에게 더 많은 업무와 더 큰 도전을 제의하지 않는다면, 회사의 인적자원을 충분히 활용하지 못하는 것이다. 시간이 지나면서 그는 위축될 것이고 성과는 '요건에 부합한다' 수준으로 떨어지고 말 것이다.

여기서 우리는 '요건에 부합한다'는 평가를 받은 사람이라 해도 두 가지 유형으로 구분된다는 사실을 알 수 있다. 하나는 더 많은 성과를 낼 동기가 없거나 더 큰 도전을 받아들일 의지가 없는 사람이다. 이런 사람은 경쟁하지 않고 현재의 직무에 안주하려는 유형이다. 다른 유형은 경쟁적인 사람으로서, '요건을 초과한다'는 평가를 받을 때마다 승진 후보자가 되고 승진이 이루어지면 바로 '요건에 부합한다'는 평가를 받는 자다. 이런 유형이 바로 피터 박사가 이야기했던 사람이다. 승진이 불가능한 단계, 즉 '무능함' 수준에 도달할 때까지 승진시키는 것 외에 다른 선택은 없다. 적어도 이 방식을 통해 직원이 더 높은 성과를 추구하도록 독려할 수 있다. 비록 '요건에 부합한다'는 수준의 성과를 보인다 하더라도 더 도전적이고 더 까다로운 직무를 수행하도록 만들기 때문이다.

아주 높은 위치까지 승진한 사람이 오랫동안 평균 이하의 성과를 보이는 경우가 많다. 이에 대한 해결책은 그를 '재생(recycle)'하는 것이다. 즉 그를 승진하기 전 일을 잘 해내던 때의 직무로 돌려놓는 것이다. 하지만 애석하게도 이 방법은 사회 정서상 실행하기가 매우 어렵다. 사람들은 이를 실패로 보는 경향이 있다. 그러나 사실, 그를 더 큰 역할을 맡을 수 있다고 잘못 판단한 관리자에게 책임이 있다. 자신의 능력에 비해 큰 역할로 승진한 사람들에게는 보통 한 자리 아래로 내려오라고 하기보다 회사를 나가라고 강요하곤 한다. 이것은 '본인을 위해서 그만두는 게 낫다'라는 말로 종종 합리화되기도 한다. 하지만 나는 이런 상황에 처한 사람을 회사 밖으로 내모는 것이 옳지 않다고 생각한다. 관리자는 그를 해고하기보다 자신의 판단 실수를 인정하고 그가 할 수 있는 직무에 배치하는 솔직하고 신중한 조치를 취해야 한다. 관리자는 당혹스러움을 느낄 그 직원을 도와야 한다. 이러한 '재생'이 솔직하고 공개적으로 이루어진다면, 그러한 당혹스러움이 오래 가지 않는다는 사실을 알고 모두들 놀랄 것이다. 내 경험으로는 그런 사람들은 자신감을 회복하고 나면 다음에는 뛰어난 승진 후보자로 우뚝 서곤 한다.

결론적으로 관리자는 직원을 정직하게 평가하고 성과에 기반하여 공정하게 보상할 책임이 있다. 그렇게 한다면 조직 전체적으로 가치 있는 성과가 창출될 것이다.

직원 교육이 관리자의
책임인 이유

　한번은 아내와 함께 밖에서 저녁식사를 하기로 했다.[19] 예약 전화를 받은 여성은 당황한 듯했고 묻지도 않았는데 자신이 신참이라서 업무를 잘 알지 못한다고 털어놨다. 어쨌든 예약하고 저녁식사를 하러 그 식당을 찾았다. 헌데 그 식당은 주류 판매 자격을 상실해서 손님이 마시고 싶은 와인을 직접 가져와야 하는 상황이었다. 지배인은 죄송한 표정으로 "전화로 그런 말씀을 듣지 못했나요?"라고 우리에게 물었다. 우리는 와인 없이 식사를 해야 했는데, 손님이 들어올 때마다 지배인은 같은 질문을 반복했다. 아무도 신참 직원에게 상황이 그렇다는 것을 예약 손님들에게 알리라는 지시가 없었던 것 같았다. 미리 지시를 내리지 않은 탓에 지배인은 옹색한 변명을 반복해야 했고, 와인을 따로 가져온 손님은 아무도 없었다. 이 모든 게 직원을 제대로 교육하지 않았기 때문이다.

충분히 교육받지 않은 직원이 초래하는 결과는 이보다 훨씬 심각할 수 있다. 인텔의 실리콘 제조공장에서 '이온 임플랜터'라고 불리는 생산기계 중 하나가 약간의 고장을 일으킨 적이 있었다. 기계 조작원은 그 식당의 여직원처럼 신참이었다. 그녀는 기계를 조작하는 데 필요한 기본적인 기술을 교육받았지만 특이 조건에 관한 이상 신호에 대해서는 아는 바가 없었다. 그녀는 이상 신호에도 불구하고 거의 완성 단계에 이른 하루분의 실리콘 웨이퍼를 밀어넣고 기계를 계속 작동했다. 고장이 났다는 걸 알아차렸을 때는 이미 100만 달러 상당의 재료가 기계를 통과한 후였고 죄다 폐기해야 할 지경이었다. 새로운 재료를 투입해 손실을 만회하려면 2주 이상이 걸리기 때문에 납기를 지킬 수 없었다.

이와 같은 상황은 비즈니스를 하다 보면 아주 자주 일어나곤 한다. 충분히 교육받지 못한 직원은 좋은 의도를 갖고 있다 해도 비효율, 비용 초과, 고객 불만, 위험한 상황 등을 초래한다. 따라서 직원을 신속하게 교육시키는 것은 관리자에게 매우 중요하다.

누가 교육해야 하는가

업무가 많은 관리자는 '누가 교육을 해야 하는가'라는 좀 더 까다로운 문제에 직면한다. 대부분의 관리자는 직원 교육이 다른 사람들, 예를 들어 교육 전문가의 업무라고 생각하는 것 같다. 하지만 나는 교육은 관리자의 업무라고 확신한다.

그 이유는 '관리자의 결과물이란 무엇이어야 하는가'라는 가장 기초적인 정의에 대한 나의 신념에서 비롯된다. 나는 관리자의 결과물이 그가 관리하는 조직의 결과물이라고 생각한다. 그 이상도, 그 이하도 아니다. 그러므로 관리자 자신의 생산성은 그가 이끄는 팀으로부터 더 많은 결과물을 산출할 수 있는가에 달려 있다.

일반적으로 관리자에게는 직원의 개별적 성과 수준을 끌어올리는 두 가지 방법이 있다. 하나는 업무를 잘 해내겠다는 개인의 동기를 높이는 것이다. 다른 하나는 개인의 능력을 향상시키는 것인데, 바로 이것이 교육이 개입되는 부분이다. 직원의 동기를 높이는 것은 모든 관리자의 핵심업무라는 말은 당연하게 받아들여지고 있다. 그런데 어떤 이유로 결과물을 향상시키기 위한 도구 가운데 하나인 교육은 관리자의 의무로 여겨지지 않는 것일까?

교육은 관리자가 수행할 수 있는 '가장 높은 레버리지'의 활동 중 하나다. 부서 직원들에게 연속으로 1시간짜리 교육 네 개를 진행한다고 가정하자. 교육 준비시간을 각각 3시간이라고 보면 모두 12시간이 필요하다. 직원 열 명에게 교육을 실시한다고 하자. 각 직원은 다음 해에 총 2,000시간을 근무할 텐데(열 명에 대해서는 2만 시간), 교육을 실시함으로써 직원들의 성과가 1% 향상된다면, 20시간(열 명에 대해서는 200시간)의 성과에 해당하는 효과를 얻게 된다. 교육 시간 12시간을 투자해서 말이다!

물론 이와 같은 가정은 업무를 향상시키기 위해 알아야 할 것을 정확히 교육시킨다고 전제할 때 나올 수 있다. 하지만 외부에 교육을 위탁하면 통조림처럼 획일적인 교육을 받기 때문에 업무 향상에 필요한 사항을 습득하기가 어렵다. 따라서 교육이 효과적이려면 조직에서 실제로 이루어지는 업무와 깊이 연관되어야 한다.

최근에 인텔은 직원의 경력개발 과정을 외부 컨설턴트에게 위탁했다. 그들의 교육 방식은 체계적이고 학문적이었지만 회사의 실정과는 맞지 않았다. 그들은 세심하게 조정된 직무순환에 근거하여 몇 년 앞을 내다보는 경력계획을 제시했지만, 회사는 전통적으로 자유시장 체제와 같은 방식으로 운영돼왔다. 인텔에서는 회사에서 어떤 직무가 공석이라고 공지하면 직원들은 본인의 의지에 따라 자유롭게 그 자리에 지원할 수 있다. 외부 컨설턴트의 경력개발 과정과 실제 상황이 서로 맞지 않았기에 교육 참석자들은 혼란스러울 수밖에 없었다.

교육이 효과적이려면 믿음직하고 일관된 체계를 유지해야 한다. 직원들은 체계적이고 계획적인 교육을 받아야 하지 일시적인 문제 해결을 위한 '구조 수단'으로 교육을 받아서는 안 된다. 다시 말해, 교육은 과정이어야 하지 이벤트여서는 안 된다.

동기부여와 마찬가지로 교육이 직원의 성과를 향상시키는 방법이라는 것, 가르치는 내용이 업무의 현실과 밀접하게 연계되어야 한다는 것, 교육이 한 번의 이벤트가 아니라 지속적인 과정이어야 한다는 것을 받아들인다면, 교육의 주체는 바로 당신, 관리자임이 명확해진다. 관리자는 직속 부하직원들을 지도해야 하며 어쩌면 그들 밑의 직원들까지도 지도해야 한다. 직원들역시 그렇게 해야 하며, 관리자 위에 있는 모든 상사들 역시 마찬가지다.

관리자만이 직원의 교사 역할을 수행할 수 있는 또 하나의 이유가 있다. 교육은 적절한 롤모델이 될 수 있는 사람이 진행해야만 한다. 아무리 어떤 분야의 전문가라 할지라도 관리자가 아닌 사람들은 롤모델의 역할을 할 수 없다. 강의실 앞에 서는 사람은 믿음직스러워야 하며 가르치는 주제에 대해 실무적인 권위를 지녀야 한다.

나의 교육 방법

인텔에서는 일선 관리자부터 CEO에 이르는 모든 사람들이 교육을 가치 있는 활동이라고 믿고 있다. 직원들 근무시간의 2 ~ 4%를 교육시간에 할애하고 교육의 대부분을 관리자들이 진행하고 있다.

인텔에는 50개의 강좌 목록이 적힌 이른바 '대학 카탈로그'가 있다. 강좌의 범위는 '전화 예절'부터 시작하여 올바로 사용하는 법을 배우려면 민간 조종사 자격증을 따는 데 드는 시간보다 무려 다섯 배가 많은 200시간에 가까운 OJT(on-the-job training)가 필요한 '이온 임플래터 조작법' 등 복잡한 생산 교육에 이르기까지 아주 다양하다. 인텔은 관리자에게 인텔에서 선호하는 문제 해결 방식인 '건설적인 갈등 대처 기술'뿐만 아니라 '전략적 계획'과 같은 기법도 가르친다.

내가 직원들을 대상으로 가르치는 과목은 '성과 평가 준비 및 결과 전달하기'와 '생산적으로 회의하기'뿐만 아니라, 3시간 동안 인텔의 역사와 목표, 조직, 경영 현황 등을 설명하는 '인텔에 대한 소개'가 있다. 수년 동안 나는 이 '인텔에 대한 소개'를 상당히 많은 직원들에게 강의했다. 또한 나는 다른 관리자 교육 과정에 대타 강사로 불려 다니고 있다(애석하게도 나는 최신 기술을 가르치기에는 너무 뒤떨어졌다).

인텔은 교육 과정은 두 가지 범주로 구분한다. 하나는 조직의 새로운 구성원들에게 직무 수행에 필요한 스킬을 가르치는 것이고, 다른 하나는 기존 구성원들에게 새로운 아이디어, 원리, 스킬을 가르치는 것이다.

'신규직원 대상의 교육'과 '기존직원 대상의 신규 스킬 교육'을 구분하는 이유는 각각의 규모가 아주 다르기 때문이다. 신규직원 과정의 업무 크기는 회사에 입사한 신규직원의 수에 따라 결정된다. 예를 들어, 어떤 부서의 이직률이 10%이고 1년마다 인력 규모가 10%씩 커진다면, 부서 전체 직원의 20%를 매년 교육시켜야 한다. 직원 가운데 20%를 교육시키는 것은 대규모 업무다.

새로운 원리나 스킬을 부서 전체를 대상으로 교육하는 것은 훨씬 더 큰 업무다. 1년 내에 전체 직원들을 교육하려면 전체 중 20%를 차지하는 신규 직원들을 교육시키는 것보다 다섯 배나 큰 업무 부담을 각오해야 한다. 최근에 나는 하루짜리 신규 교육 과정을 중간관리자에게 가르치는 비용을 살펴봤는데, 교육 시간의 기회비용(일하지 않고 교육을 받음으로써 포기해야 하는 인건비를 말함 — 옮긴이)만 따져봐도 100만 달러가 넘었다. 그러니 이런 교육을 가볍게 취급해서는 안 된다.

교육의 필요성을 절감한다면 관리자인 당신은 무엇을 해야 할까? 먼저 직원이나 부서 구성원이 교육을 받아야 한다고 생각하는 것들을 목록으로 작성하라. 목록의 범위에 한계를 두지 마라. 간단한 것들(예약 전화를 받는 교육)부터 부서, 공장, 회사의 목표와 가치 시스템과 같은 고차원적이고 보다 보편적인 것에 이르기까지 모두 목록에 포함시켜야 한다. 직원들에게 필요한 것이 무엇인지 물어라. 아마도 그들은 당신이 생각지도 못했던 요구사항을 말할 수도 있다.

그런 다음, 관리자들 중에서 강사를 정하고 목록에 적힌 교육 과정을 진행하는 데 필요한 자료를 수집하라. 그리고 나면 교육 과정의 우선순위를 설정하라.

이런 일을 전에 해본 적이 없다면 소박하게 시작하라. 가장 시급한 주제에 대해 3~4개의 강의로 구성된 단기 교육 과정 하나를 만드는 것부터 시작하는 것이다. 당신이 강사로서 직원들을 가르친다면 오랫동안 보유해오던 스킬(잠을 자면서도 할 정도로 숙달된 스킬)을 실행하는 것보다 설명하는 게 훨씬 어렵다는 것을 알게 될 것이다. 무언가를 설명하려고 애쓰느라 당신은 교육의 원래 목적이 모호해지는 지경에 이르도록 배경지식을 계속 파고들고 싶은 욕구가 들지 모른다.

교육 준비라는 어려운 업무에서 교착상태에 빠지는 경우를 피하려면 과정 준비 일정을 수립하고 그에 따라 행동하라. 전체 과정의 윤곽을 그리고 첫 번째 강의를 바로 준비하라.

첫 번째 강의가 끝나면 두 번째 강의를 준비하라. 이때 첫 번째 강의에 대한 기억을 버려라. 아마도 그 강의는 별로 대단하지 않았을 것이다. 얼마나 노력했는지 간에 부족하게 느껴지기 마련이다. 괴로워하지 말고 첫 번째 강의가 불만족스러울 수밖에 없다는 사실을 받아들여라. 첫 번째 강의는 두 번째 강의를 좀 더 만족스럽게 만드는 과정이라고 생각하자. 첫 번째 강의가 무익한 것이 아니었음을 확인하려면 좀 더 경력이 있는 직원들에게 그 강의를 해보라. 그들은 강의 내용을 어려워하는 대신 비판과 반응을 통해 강의를 완벽하게 만들어줄 것이다.

두 번째 강의에 앞서 스스로에게 최종적으로 질문을 던져보라. "조직의 모든 구성원을 혼자서 가르칠 수 있을까? 한두 번의 교육으로 모든 직원을 교육할 수 있을까? 아니면 10차수 혹은 20차수로 반복해야 할까?" 강의를 여러 차수로 나눠 반복해야 할 만큼 조직이 크다면 첫 번째 강의 때부터 여러 명의 강사를 양성하라.

교육을 마친 다음에는 수강생에게 익명으로 피드백을 받아라. 숫자로 평가할 수 있는 설문뿐만 아니라 주관식 설문도 교육평가지에 포함시켜라. 응답 결과를 분석하고 연구하되 수강생을 모두 만족시킬 수 없다는 점을 명심하라. "교육 내용이 지나치게 상세했다", "너무 피상적이었다", "그저 좋았다" 등이 전형적인 피드백일 것이다. 강사로서 당신의 궁극적인 목표는 시도한 것을 성취해냈음에 만족하는 것이어야 한다.

만약 처음으로 강의를 진행한다면, 다음과 같은 몇 가지 흥미로운 일들을 경험할 것이다.

- **교육은 힘든 일이다.** 강의를 준비하고 쏟아지는 모든 질문에 대처할 준비를 한다는 것은 어렵다. 현 직무에서 오랫동안 일했고 직원의 직무를 속속들이 잘 안다 하더라도 자신이 모르는 게 엄청나게 많다는 사실에 놀랄 것이다. 실망하지 마라. 당연한 것이니까. 어떤 업무를 수행하는 것보다 가르칠 때 훨씬 더 많은 지식이 필요하다. 내 말을 믿지 못하겠다면, 누군가에게 전화를 걸어서 수동 변속기가 달린 자동차를 운전하는 법을 설명해보라.
- **누가 교육을 통해 가장 많이 배울까? 바로 당신이다.** 교육 과정을 개발하다 보면 자신의 업무에 대한 이해가 높아지는데, 그것만으로도 노력할 가치가 매우 충분하다.
- **교육 과정이 잘 진행될 때의 즐거움은 직원이 배운 내용을 실천하는 것을 볼**

때의 가슴 따뜻한 기분에 비하면 아무것도 아니다. 그런 즐거움과 훈훈한 기분을 만끽하라. 두 번째 과정을 준비하는 데 도움이 될 것이다.

한 가지 더!

    당신은 이 책을 사려고 돈을 지불했고, 최소 8시간 정도를 투자해 이 책을 읽었을 것이다. 다이어트 관련 책의 저자처럼 보일까 염려되긴 하지만, 나는 당신이 구체적인 것을 실천하기 기대하면서 몇 가지 숙제를 던져주고자 한다. 다음에 나열하는 항목 중에서 마음에 드는 것을 몇 개 선택한 다음, 꾸준히 실천하라. 당신이 최소 100점을 얻는다면 의심할 나위 없이 지금보다 더 좋은 관리자가 될 것이다.

생산	점수
자신의 업무에서 공정, 조립, 검사 등과 비슷한 활동을 규명하라.	10
현재 수행 중인 프로젝트가 있다면 '제한단계'를 규명하고 그것을 중심으로 업무의 흐름을 그림으로 그려보라.	10
자신의 업무에서 자재 검수, 공정 중 검사, 최종 검사에 해당하는 활동을 정의하라. 이러한 검사 활동들이 모니터링적인 성격이어야 하는지 아니면 '합격/불합격'의 성격이어야 하는지를 결정하라. 검사를 완화할 수 있는 조건이 무엇인지 규명하고 '가변 검사 체계'로 전환하라.	10
부서의 결과물을 나타내는 여섯 개 내외의 새로운 지표를 규명하라. 그런 지표로 결과물의 양과 질을 모두 측정할 수 있어야 한다.	10
이렇게 새로 설정한 지표들을 일상적인 업무 속에 적용하고 직원과의 미팅을 통해 정기적으로 리뷰하라.	20
현재 추진 중인 가장 중요한 전략(행동 계획)은 무엇인가? 그 전략을 추진하게 만든 환경의 요구가 무엇인지, 그리고 현재의 상황이나 진행속도가 어떠한지 설명해보라. 전략이 성공적으로 구현되면 그 전략은 당신 또는 당신의 조직에 만족스러운 상황을 만들어줄 수 있는가?	20
레버리지	
매우 지루하고 시간을 많이 잡아먹는 업무를 단순화하는 작업을 수행하라. 모든 단계 중에서 적어도 30%를 제거하라.	10
당신의 결과물을 정의하라. 무엇이 당신이 관리하고 영향력을 미치는 조직의 결과물인가? 그 결과물을 중요도 순서로 나열하라.	10
당신의 정보 및 지식 수집 체계를 분석하라. '헤드라인', '신문 기사', '주간지 뉴스'들이 적절하게 균형을 맞추고 있는가? 서로 중복되는 것은 없는가?	10
'여행'을 떠나보라. 그런 다음, 여행 중에 본인이 관여했던 거래를 목록으로 적어보라.	10
한 달에 한 번 여행을 떠나기 위해 그럴 듯한 이유를 만들어라.	10
직원에게 위임한 차기 프로젝트를 어떻게 모니터링할 것인지 설명해보라. 무엇을, 어떻게, 얼마나 자주 들여다볼 것인가?	10
자유시간에 당신이 참여할 수 있는 프로젝트로 어떤 것들이 있는지 뽑아보라.	10
직원과 일대일 면담 일정을 잡아라. (일대일 면담에서 어떤 이야기를 할지 미리 설명하라. 준비할 수 있도록 하라)	20

지난주의 일정을 살펴보라. 수행했던 여러 활동들을 '낮은', '중간', '높은' 레버리지의 활동으로 분류하라. 높은 레버리지에 해당하는 활동을 더 많이 할 수 있도록 계획을 수립하라. (어떤 활동을 줄여야 할까?)	10
다음 주의 일정을 예상해보라. 회의에 어느 정도의 시간을 쓸 것 같은가? 그런 회의가 과정 지향의 회의인가? 아니면 미션 지향의 회의인가? 만약 미션 지향이 회의가 업무시간의 25%를 넘는다면, 그것을 줄이기 위해 무엇을 해야 할까?	10
향후 3개월간 당신 조직이 추구할 가장 중요한 목표 세 개를 정의하라. 목표 각각에 대해 핵심결과(key result)를 설정하라.	20
조직 목표와 핵심결과를 철저하게 토론한 후에 각 직원들도 자신의 목표와 핵심결과를 설정하도록 하라.	20
당신이 결정내려야 하는데 아직 결정하지 못한 사항들이 무엇인지 뽑아보라. 그 중 세 개를 선택한 다음 '여섯 개 질문 방식'을 사용하여 의사결정 과정을 구조화하라.	10
성과	
매슬로의 욕구 단계의 관점으로 당신의 동기 상태가 무엇인지 평가해보라. 직원들에 대해서도 해보라.	10
직원들을 '경주 트랙'에 오르도록 하라. 즉 각 직원에 대해 성과지표를 정의하라.	20
직원이 받는 업무 관련 피드백의 여러 가지 형태를 목록으로 적어보라. 그런 피드백을 통해 직원이 자신의 진척 과정을 얼마나 잘 측정할 수 있는가?	10
각 직원의 업무 관련 성숙도를 '낮음', '중간', '높음'으로 분류하라. 각 부하직원에게 가장 적절한 관리 스타일이 무엇일지 판단하라. 당신의 관리 스타일을 '바람직한 관리 스타일'과 비교해보라.	10
당신이 받은 최근의 성과 평가와, 당신이 업무 관련 피드백을 줄 목적으로 직원을 대상으로 실시한 성과 평가 결과를 평가해보라. 그 평가가 성과를 향상시키는 데 얼마나 도움이 됐는가? 평가 결과를 전달할 때의 의사소통 과정은 어떠했는가?	20
바람직한 성과 평가가 되도록 그때의 평가를 다시 실시해보라.	10

이 책에 도움을 주신 분들

이 책에 소개된 여러 아이디어는 수년간 같이 일한 인텔의 수많은 관리자
와 함께 얻어낸 결과물이다. 나는 그들 모두에게 감사 인사를 전한다. 어떻게
경영해야 하는지에 관한 모든 것을 그들에게 배웠기 때문이다. 특별히 인텔
의 창립자 중 한 사람인 고든 무어에게 고마움을 느낀다. 그는 나의 '엔지니
어적 피부' 속에 경영자의 싹이 자라고 있음을 나보다 먼저 알아차렸다.

기분 좋게 실험 대상을 자청한 회사의 중간관리자에게도 감사 인사를 전
한다. 내가 여러 가지 아이디어를 처음 시도하는 과정이라 고생할 수밖에 없
었음에도 그들은 관리자로서 얻은 경험을 나에게 아낌없이 알려주었다. 나
는 이 책의 몇몇 주제를 설명하기 위해 그들의 사례를 사용했는데, 각주에
각 관리자의 이름을 명시해놓았다. [20]

또한 랜덤하우스의 편집자인 그랜트 우지푸사(Grant Ujifusa)에게 특히 감사한다. 그는 엔지니어의 언어로 쓴 거칠고 산만한 내 아이디어와 글을 다듬어서 번듯한 책으로 만들어주었다. 팸 존슨(Pam Johnson)은 여러 번 내 원고를 수정해줬다. 무엇보다 내 비서인 샬린 킹(Charlene King)은 토론 기록에서 사례 수집에 이르는 책 작업 전체를 진행하는 데 도움을 주었을 뿐만 아니라, 문법적으로 오류투성이의 글을 고쳐줌으로써 내가 인텔 경영에 좀 더 전념할 수 있도록 해줬다.

기술이 발전할수록 관리의 힘은 커진다

나는 연초부터 연이어 세 권의 책을 옮기느라 지친 나머지 잠시 번역 청탁을 거절하고 쉴 계획이었다. 하지만 인텔의 회장이었던 앤드루 그로브의 책을 번역해달라는 편집자의 이메일을 읽자마자 곧바로 요청을 수락한다는 답신을 보냈다. 나는 1996년에 우리말로 소개된 이 책의 초판을 접했는데 저자의 명성에 비해 내용의 깊이가 부족하다는 인상을 받았고 그가 말하는 관리의 의미를 이해하기 어려웠다. 그런데 이 책을 번역하기 위해 원문을 접하고 보니 그렇게 오해했던 이유가 상당 부분 번역의 오류에 있음을 깨달았다. 번역하는 내내 경영학 사례에 항상 등장할 정도로 많은 기업들이 따라하고 싶은 기업, 인텔의 CEO가 직접 느끼고, 직접 경험한 경영의 지혜를 내가 우리말로 다시 전달해야 한다는 일종의 사명감 비슷한 감정이 마음 밑바닥에서 올라오곤 했다.

특이하게도 그로브는 일반적인 책들과 달리 리더십이 아니라 생산의 관점으로 '관리'를 바라본다. 아마도 이 책의 독자들 중 상당수가 관리와 생산 사이에 어떤 공통점이 있는지 처음엔 의아하게 생각했을 것 같다. 원자재를 기계에 공급하고 조립하여 완성품을 만들어내고 검사하는 일련의 생산 과정은 이른바 '블루칼라의 일'이고, 직원의 성과 목표를 설정하고 그 결과를 측정한 다음 알맞게 피드백하는 관리자의 업무는 '화이트칼라의 일'이라는 생각 탓이다. 더욱이 지금은 정보혁명을 넘어 '4차 산업혁명'이라고 불리는 시대가 아닌가? 그런데 공장 굴뚝을 연상케 하는 생산이라니 너무나 시대에 뒤떨어진 관점이 아닌가?

이런 의문이 고정관념이고 편견이라는 이유를 그로브는 '레버리지'라는 말로 간명하게 설명한다. 요리사가 손님 테이블에 가져다주는 식사를 완성품으로 간주한다면 관리자의 역할은 요리사가 훌륭한 식사를 낮은 비용으로 빠른 시간에 준비하도록 하는 것이다. 즉 요리사가 한 번에 두 개의 달걀을 조리하고 두 대의 토스터를 조작함으로써 남들보다 두 배의 레버리지를 달성하도록 이끌어가는 것이 관리자의 일이다. 생산성과 완성품의 품질을 높이기 위해 더 좋은 기계를 투입하고 더 숙련된 기사를 배치하듯이 관리자는 직원들의 '성과 창출 과정'에 본인의 지식과 기술을 투입하고 적절하게 피드백을 제공함으로써 1인분을 생산할 시간과 비용으로 2인분을 생산하도록 이끌어야 한다. 관리는 곧 생산임을 보여주기 위해 그는 회의와 교육, 전화

통화 등 자신의 하루 일정을 있는 그대로 공개한다. 자신이 어떤 식으로 관리의 레버리지를 높이는지를 예시하고 그런 활동이 '성과'라는 아웃풋을 산출하는 생산 활동과 다를 바 없음을 증명한다. 이 책의 제목이 'High Output Management'인 이유가 바로 이것이다.

그로브는 중간관리자가 이 책을 읽기를 간절히 바란다. 중간관리자는 CEO를 비롯한 경영자의 방침이 구체적인 성과로 이어지게 하려면 조직의 목표를 직원들에게 이해시키고 목표로 향하는 길에서 벗어나지 않도록 안내하는 존재로서 중요성이 그 누구보다 높다고 그로브는 생각한다. 다른 책에서 찾아보기 힘든 이 책의 미덕은 중간관리자가 직원과 일대일로 면담하는 방법, 올바르게 의사결정을 내리는 방법, 내일의 성과를 내다보는 계획의 과정, 그리고 아직도 생소한 개념인 '이중보고'와 '네트워크 조직'의 개념 등을 거대 글로벌 기업의 CEO였던 자가 친히 '가르친다'는 점이다. 널리 알려져 있듯이 그로브는 CEO로 재직하는 동안 따로 자기 방을 갖지 않고 직원들 사이에 책상을 놓고 일할 정도로 현장 중심의 인물이었다. 본인이 명확한 비전을 제시하고 이를 하달하기보다는 여러 계층의 직원들과 격의 없는 면담과 피드백을 통해 사업 차별화의 전략적 방향에 공감대를 형성한 독특한 경영자이기도 했다. 이런 점에서 볼 때 이 책에서 제시하는 여러 아이디어는 중간관리자를 다그치기만 하는 이상론이 아니라 직원의 성과를 최대로 끌어올리는 현실적이고 실용적인 방법임을 번역하는 내내 느낄 수 있었다.

《착각하는 CEO》 등을 쓴 저자로서 내가 개인적으로 반가웠던 점은 직원의 심리를 이해하는 것이 조직 경영에 매우 중요하다는 점을 그로브가 오래 전부터 인지하고 현업에 적용해왔다는 것이다. 매슬로의 욕구 5단계 이론을 그저 이론으로 이해하지 않고 직원의 동기 요소가 어디에서 비롯되고 또 어떻게 변화하는지를 현장에서 관찰하는 도구로 활용했다는 점 또한 그로브의 '과학적인 경영 마인드'에 옷깃을 여미게 한다. 이렇게 엔지니어적 관점으로 이론을 현장에 적용하려고 애쓰는 경영자를 나는 여태 보지 못했다. B2B 기업이 '인텔 인사이드(Intel Inside)'라고 불리는, 최종 소비자를 대상으로 한 역사상 가장 강력한 마케팅 프로그램을 탄생시킬 수 있었던 배경에는 앤드루 그로브의 끊임없는 관찰과 실험이 있지 않았을까?

이 책의 개정판이 나오고 1년 후인 2016년 3월에 '영원한 편집광'인 그는 파킨슨병으로 사망했다. 4차 산업혁명 시대에도 이 책이 여전히 유효한 이유는 부가가치의 진정한 창출은 생산이라는 개념에서 벗어나지 않는다는 것이 진리이기 때문이다. 어느 것 하나 허투로 놓치는 법이 없는 그의 편집광적인 성격 덕분에 이 책이 나왔다. 그에게 감사하며 영면을 빈다.

유정식

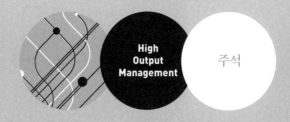

High
Output
Management

주석

1. 나는 생산에 관련된 많은 것들을 "블랙박스 위에 창을 낸다"라는 비유로 설명할 수 있음을 내 오랜 동료인 진 플래쓰(Gene Flath)로부터 배웠다.

2. "La Dolce Visa," 〈Time〉, 1981년 6월 22일자, 16페이지, 19페이지.

3. 내가 유별나다고 생각하겠지만 그렇지 않다고 즉각 반박하고 싶다. 다행히도 나는 여느 관리자들의 하루도 나와 거의 비슷하다는 헨리 민츠버그(Henry Mintzberg)의 연구("The Manager's Job: Folklore and Fact,", 《Harvard Business Review》, vol. 53, no. 4, 1975년 7~8월, 49~61페이지.)를 찾아냈다.

4. '넛지'라는 아이디어가 의사결정 과정의 요소로 중요하다는 점은 내 동료인 레스 바다즈(Les Vadasz)가 알려주었다.

5. Peter Drucker, 《People and Performance: Peter Drucker on Management》, New York: Harper's College Press, 1977, 57페이지.

6. Robert L. Simison, "Ford Fires an Economist," 〈Wall Street Journal〉, 1980년 7월 30일자, 20페이지.

7. 동료집단 신드롬과 롤 플레잉 실험은 인텔의 고참 과학자인 게리 파커(Gerry Parker)가 처음 제안했다.

8. 의사결정 과정을 신속히 진행하기 위한 '여섯 개의 질문'은 인텔의 레스 바다즈(Les Vadasz)가 제안했다.

9. Afled P. Sloan, Jr., 《My Years with General Motors》, New York: Doubleday, 1964, 512페이지.

10. 역사에 대해 무지한 나에게 콜럼버스 이야기를 각색하도록 도와준 나의 동료인 해리 채프먼(Harry Chapman)과 로즈메리 레머클(Rosemary Remacle)에게 감사한다.

11. 위에서 언급한 Afled P. Sloan의 책, 505페이지.

12. 매트릭스 경영에 대한 책들이 많이 나와 있다. 대표적으로 다음의 책을 참고하기 바란다. Jay R. Galbraith, 《Designing Complex Organizations》, Mass., Addison-Wesley, 1973.

13. John A. Prestbo, "Pinching Pennies: Ohio University Finds Participatory Planning Ends Financial Chaos", 〈Wall Street Journal〉, 1981년 5월 27일자, 1페이지, 20페이지.

14. Oliver E, Williamson, 〈Markets and Hierarchies: Analysis and Antitrust Implications〉, New York: Free Press, 1975.; Raymond L. Price and Willam G. Ouchi. "Hierarchies, Clans and Theory Z: A New Perspective on Organization Development", Organizational Dynamics, 1978년 가을, 35~44페이지.

15. Abraham H. Maslow 《Motivation and Personality》, New York: Harper & Row, 1954년.

16. "Fight One More Round", 〈Time〉, 1981년 12월 14일자, 90페이지.

17. Bundsen의 칼럼, Peninsula Times Tribune(Palo Alto Calif.), 1982년 9월 18일자, B~3C페이지.

18. 업무 관련 성숙도와 관련된 연구를 보려면 다음의 책을 참고하라. Paul Hersey and Kenneth H. Blanchard, 《Management of Organizational Behavior》, 제2판, New York: Prentice-Hall, 1972년.

19. 이 장의 내용은 〈포천(Fortune)〉 1984년 1월 23일자에 게재된 바가 있다.

20. 여기에 언급하는 중간관리자들에게 감사 말씀드린다. C. Bickershaff, J. Crawford, R. Hamrick, B. Kraft, B. Kubicka, D. Lenehan, D. Ludingtonx.

어떻게 성과를 높일 것인가
High Output Management 하이 아웃풋 매니지먼트

1판 1쇄 발행 2018년 6월 22일
1판 9쇄 발행 2024년 4월 3일

지은이 앤드루 S. 그로브
옮긴이 유정식
펴낸이 고병욱

펴낸곳 청림출판(주)
등록 제2023-000081호

본사 04799 서울시 성동구 아차산로17길 49 1009, 1010호 청림출판(주)
제2사옥 10881 경기도 파주시 회동길 173 청림아트스페이스
전화 02-546-4341 **팩스** 02-546-8053

홈페이지 www.chungrim.com **이메일** cr1@chungrim.com
인스타그램 @chungrimbooks **블로그** blog.naver.com/chungrimpub
페이스북 www.facebook.com/chungrimpub

ISBN 978-89-352-1218-7 03320